D1177062

¡Pregúntale al Mexicano!

Gustavo Arellano

AGUILAR

A mis padres:
Papi, quien demostró que un inmigrante ilegal
puede ser algo en este maravilloso país,
y Mami, quien me enseñó el alfabeto cuando niño
a pesar de no saber inglés.
Los amo.

¡No contaban con mi astucia!
EL CHAPULÍN COLORADO

AGUILAR

Título original: *Ask a Mexican*, by Gustavo Arellano.
© 2007, by Village Voice Media Holdings, L.L.C.

Spanish Language Translation copyright © 2008 by Santillana USA Publishing

This translation published by arrangement with the original publisher, Scribner, an Imprint of Simon & Schuster, Inc.

De esta edición:
D.R. © 2008, Santillana USA Publishing Company, Inc.
2105 N.W. 86th Avenue
Doral, FL 33122
Teléfono: (305) 591-9522
www.alfaguara.net

Traducción: Patricia Escandón

Ilustraciones de cubierta: Mark Stutzman
Ilustraciones de interiores: Mark Dancey
Adaptación de cubierta: Antonio Ruano Gómez
Diseño de interiores: Gerardo Hernández Clark

Primera edición en español: octubre de 2008

Impreso en los Estados Unidos by HCI Printing
Printed in the United States by HCI Printing

ISBN-13: 978-1-60396-213-1
ISBN-10: 1-60396-213-1

Índice

∽

Introducción

ೲ

El entendimiento cultural a través de los chistes sobre espaldas mojadas

¡Los mexicanos! Picosos, *wabby*, borrachos, soñadores. El ocaso de Estados Unidos. Su salvación. Los mexicanos podan nuestros prados, se gradúan en las universidades, nos timan. Son gente con valores familiares: el machismo, muchos hijos, grandes camionetas. Nuestros vecinos al sur de la frontera. Nuestro futuro. ¡Tequila!

¿Quién no ama a los mexicanos? Ya sean nuestros familiares, nuestros amigos, o los ilegales con dientes de oro que abominas, los mexicanos han sido el centro de las obsesiones de Estados Unidos, desde los días de Sam Houston hasta los de los corporativos multinacionales de la actualidad. Les damos empleos, los ridiculizamos y devoramos comida mexicana a la misma velocidad a la que ellos consumen nuestros servicios. Pero jamás nos hemos tomado la molestia de *conocerlos*. Nunca ha habido un espacio neutral para que los estadounidenses preguntemos a nuestros amigos sobre sus costumbres, en principio porque jamás nos hemos molestado en aprender español. Además, ¿cómo preguntar a un mexicano, digamos, por qué muchos de ellos roban o por qué hablan con acento, sin recibir una patada en los cojones, palabra que, por cierto, ningún mexicano utiliza?

Con esto en mente, Will Swaim, el editor del *OC Weekly* me llamó a su oficina en noviembre de 2004. El *OC Weekly* es mi hogar: un periódico alternativo con sede en el condado de Orange, California; sin duda el mejor periodicucho que existe, descontando el *Weekly World News*. Aparentemente, de camino al trabajo había visto un espectacular que mostraba a un DJ mexicano y bizco, que traía puesto un casco vikingo.

"Ese fulano da la impresión de ser el tipo de gente al que le puedes preguntar cualquier cosa sobre los mexicanos y te dará la respuesta", me dijo animadamente. "¿Oye, por qué no lo haces tú? ¿Por qué no pides a tus lectores que te envíen preguntas sobre los mexicanos y tú las respondes?"

Mi editor es un jefe cortés y tolerante, pero está obsesionado con los mexicanos, como lo está el resto de los buenos gabachos. A lo largo de mis cinco años en el *Weekly* he reflexionado sobre muchas de sus preguntas respecto de la cultura mexicana, desde por qué los varones mexicanos viven con sus padres hasta el momento de casarse, hasta las razones de la obsesión mexicana con los travestis. Will recurrió a mí no sólo porque soy el único latino del equipo y podo sus árboles de la banqueta, sino por mis antecedentes —hijo de inmigrantes mexicanos (¡un ilegal!), con una maestría en estudios latinoamericanos, un frijolero confiable—, que me colocaban en una posición privilegio: la de autoridad en toda cuestión relativa a los mexicanos.

Resoplé de incredulidad ante la petición de Will, pues aunque me parecía divertido responder a sus preguntas, no creía que a nadie más pudiesen interesarle. Mi jefe insistía. Estábamos desesperados por llenar nuestra sección de noticias la semana que él vio el espectacular del DJ mexicano. Además, prometió, se trataría de una broma que dejaríamos de lado si nadie enviaba preguntas.

Esa tarde me inventé la siguiente pregunta con su respuesta:

Querido mexicano: ¿por qué los mexicanos llaman gringos a los blancos?

Querido gabacho: los mexicanos no llaman gringos a los gringos. Sólo los gringos llaman gringos a los gringos. Los mexicanos los llaman gabachos.

A la columna la titulamos "¡Pregúntale al Mexicano!" y la acompañamos de una ilustración, lo más estereotipada posible, de un mexicano: gordo, con sombrero y cananas, de bigote y cuello peludo y con un reluciente diente de oro. Mi papá en sus años mozos. Nos reímos.

La reacción fue instantánea. La gente de pensamiento liberal criticó el logo, el nombre de la columna y hasta su existencia misma. A los conservadores les disgustó que llamara gabachos a los blancos, término peyorativo y escasamente más suave que *nigger*. Los activistas latinos llamaron a Will para pedir mi renuncia y lo amenazaron con boicotear al *Weekly*. Pero una cantidad aún mayor de personas de otras razas consideró que "¡Pregúntale al Mexicano!" era una idea grandiosa. Y, lo más sorprendente: las preguntas empezaron a caer en cascada: ¿Por qué las chicas mexicanas usan vestidos con volantes? ¿Qué relación tienen los mexicanos con las agresiones a los homosexuales? ¿Es verdad que los mexicanos hacen tamales en Navidad sólo para que sus hijos tengan algo que desenvolver?

Todavía no nos entusiasmábamos con la idea; eso ocurrió hasta después de un mes de vida de la columna, cuando la sacamos de circulación durante una semana por limitaciones de espacio. Las preguntas nos inundaron de nuevo: ¿Dónde está el Mexicano? ¿Por qué deportaron al Mexicano? ¿Cuándo regresa el Mexicano?

Desde entonces, el *Weekly* ha editado semana tras semana "¡Pregúntale al Mexicano!" y la columna se ha ido infiltrando por todo Estados Unidos. Las universidades me invitan a dar charlas sobre ella. En mayo de 2005 la extendí a dos preguntas por semana y empecé a responder en vivo por la radio. La columna aparece ahora en más de 20 publicaciones y tiene una circulación semanal de más de un millón. Lo más importante, las preguntas siguen atiborrando mi buzón: ¿A los mexicanos les gustan los *tríos* en la cama? ¿Cuál es la parte de *illegal* que no entienden? ¿Y qué hay de su amor por los enanos?

En los dos años transcurridos desde su aparición, "¡Pregúntale al Mexicano!" ha pasado a ser, de una columna de chiste de ocasión a uno de los esfuerzos más trascendentes para el mejoramiento de la relación entre México y Estados Unidos, desde *Betty la fea*. Pero aún hay mucho que hacer. La continua inmigración de mexicanos a este país asegura que, en las décadas venideras, sigan constituyendo una especie exótica. Los conflictos son inevitables, pero ¿por qué recurrir a los puños y a las peleas cuando se pueden descargar las frustaciones en mí? ¡Vamos, Estados Unidos: yo soy tu piñata! Como lo probarán las siguientes páginas, todas y cada una de las preguntas son bienvenidas. Sacúdanme lo suficiente y les daré todos los dones de mi gloriosa raza. Pero tengan cuidado: esta piñata también responde a los golpes.

Este libro ofrece la descripción más completa de los mexicanos en esta tierra; no los gastados clichés de los inmigrantes, sino un pueblo matizado, repulsivo, fabuloso. Si respondo no es tanto para informar, cuanto para desacreditar los tópicos, las confusiones y los mitos sobre la minoría más picosa de Estados Unidos, con la esperanza de que los estadounidenses puedan hacer a un lado sus seculares recelos respecto de los hijos e hijas de Pancho Villa y logren aceptar a los mexicanos como lo que son: el grupo de nuevos estadounidenses más trabajador y fiestero que se ha visto aquí desde los irlandeses.

En la presente obra figuran un par de los mejores "¡Pregúntale al Mexicano!" que he publicado, así como ensayos serios y nuevas preguntas, para que los fans de la columna compren este pinche libro en vez de buscar el material en internet. ¿Y para ustedes, que nunca han leído la columna? Continúen leyendo…

1

Idioma

Maldiciones, grasientos y chiflidos lujuriosos

Queridos gabachos: bienvenidos a *¡Pregúntale al Mexicano!*, ¡la obra más completa sobre la minoría más picosa de Estados Unidos! El Mexicano puede responder cualquier pregunta respecto de su raza: desde por qué colocamos la imagen de la Virgen de Guadalupe en todas partes, hasta el motivo de nuestra obsesión con los tacos y las *green cards*. Para responder de la manera más elocuente, el Mexicano se valdrá de ciertos términos y frases que se explican a continuación, acompañados de algunos útiles ejemplos de aplicación en oraciones en *spanglish*, todo para que tú también puedas convertirte en un mexicano. ¡Bien, cabrones: ríanse y aprendan!

¡: Signo de exclamación invertido. Se utiliza antes de una oración exclamatoria. *¡Ohmidios, José metió su soplador de hojas a la sala!*

¿: Signo de interrogación invertido. Se coloca al principio de una pregunta. *¿Quién le regaló a María mi vestido viejo?*

~: Tilde. Puesto sobre la letra *n*, de vez en vez, produce un sonido como "nyuck". *Sí, Candelario tiene un montón de niños.*

Aztlán: El mítico lugar de origen de los aztecas. Los chicanos emplean este término para referirse al suroeste de Estados Unidos. Los chicanos son unos idiotas. *Citlali dice que Aztlán está en alguna parte de Ohio.*

Baboso: El animal llamado babosa o una persona que babea. También significa *pendejo* o *bruto* según el contexto. *No seas babosa con el baboso de tu hijo, Josefina.*

Burrito: Una tortilla de harina que envuelve diversos alimentos. También expresión calumniosa usada contra los mexicanos. *Ese burrito se comió un burrito grande anoche.*

Cabrón: Literalmente, chivo castrado. Los mexicanos lo usan en el sentido de *asshole* o *badass*.

Chica caliente: Hembra deseosa. Todas las mexicanas son chicas calientes. *¿Dónde puedo encontrar algunas chicas calientes?*

Chicanos: Los primos más pobres, tontos y asimilados de los mexicanos. Conocidos también como mexicano-estadounidenses. *Por sus chistes sin gracia, George López parece chicano.*

Chingar: Fornicar. Sus diversos derivados se emplean en una deliciosa gama de insultos, tales como: *chingadera* (una situación desafortunada), *chingadazos* (puñetazos) y *chinga tu madre, cabrón* (*jódete a tu madre, imbécil*). *Chinga tu madre, cabrón: si no detienes esta chingadera, te voy a chingar a chingadazos.*

Chino: Literalmente, originario de China, pero se trata de la designación general que usan los mexicanos para todos los asiáticos, sin importar la nacionalidad. *Mi comida china favorita es la vietnamita.*

Chúntaro: El *redneck*, el naco mexicano. Vocablo que utilizan mayoritariamente los mexicanos contra otros mexicanos. *Jeff Foxworthy es un chúntaro blanco.*

Cinco de mayo: Fiesta conmemorativa de una oscura batalla entre franceses y mexicanos ocurrida en la década de 1860 y que todo mundo aprovecha en Estados Unidos como pretexto para empedarse. Es nuestro Día de San Patricio.

Cochinadas: Cosas asquerosas. Proviene de la palabra *cochino*, que significa cerdo. *¡Ya deja de ver esas cochinadas del Playboy!*

Conquista, la: Se refiere a la conquista española de América durante el siglo XVI. A siglos de distancia, los mexicanos aún no pueden superarla: aunque tú tampoco podrías, sabiendo que cerca de 100 millones de tus ancestros fueron masacrados.

¡Cu-le-ro!: El equivalente mexicano de la porra del Bronx. Significa imbécil.

Culo: La obsesión de todo varón mexicano.

Estados Unidos: ¡Vamos, ésta no es tan difícil de entender! ¿Qué no?

Familia: Si hemos de creer a los grandes medios de comunicación masiva, es lo más importante para la cultura mexicana después del tequila.

Frontera, la: El límite territorial, específicamente el de México con Estados Unidos.

Gabacho: Gringo. Pero los mexicanos no llaman gringos a los gringos. Sólo los gringos llaman gringos a los gringos. Los mexicanos los llaman gabachos.

Gringo: Vocablo en jerga mexicana para designar al estadounidense blanco. Eso que los gringos llaman gringos.

Guatemalteco: Los alemanes tenían a los irlandeses; los irlandeses tenían a los italianos; los italianos tenían a los polacos. Los mexicanos tienen a los guatemaltecos: las eternas víctimas de nuestros chistes.

Güey: Derivado de *buey* y es el equivalente de *ass* (en el sentido de animal, no de trasero). *Ese imbécil es un güey*.

Hombre: El indiscutible gobernante de México.

Joto: Marica. Uno de los favoritos del insulto masculino.

Madre: Significa progenitora, pero también es una de las palabras más vulgares del español mexicano. En sus diversas formas, puede significar cualquier cosa, desde una golpiza (*madrear*), hasta *chúpamela* (*mámamela*).

Malinche: Nombre de la mujer indígena que sirvió de traductora mientras los españoles hacían carnicerías en su ruta hacia los aztecas. Los mexicanos crearon a partir su nombre la palabra *malinchista*, que es sinónimo de traidor. Típico de México, que de todo culpa a las mujeres.

Mami: Diminutivo de *madre*, pero también expresión cariñosa de carga sexual para la novia. *Ay mami, dame un poco de tu dulce culo.*

MEChA: Acrónimo del Movimiento Estudiantil Chicano de Aztlán. Grupo universitario y preparatoriano que ayuda a los niños mexicanos a ingresar y permanecer en la educación superior. De ahí que los conservadores calumnien a la agrupación y a sus miembros como a ninguna otra organización desde los cienciólogos.

Mensa: Nombre de una organización para gente con un IQ superior en dos por ciento al de la población en general. También es el femenino de *menso* o tonto en español. Y dado el triste panorama, los miembros de Mensa no pueden ser tan listos, ¿o si?

Mexicanidad: Esencia o condición de mexicano. Ridícula traducción para un ridículo concepto.

Mexicano: La más grandiosa de las razas humanas… cuando está en Estados Unidos. Si se encuentran en México, sólo son mexicanos.

México: País justo al sur de Estados Unidos, con una población estimada de 105 millones. El eterno Paris Hilton de Estados Unidos.

***Migra*, la**: Apodo que se da a los agentes de inmigración. Los camisas pardas de la sociedad mexicana.

Mujer: Trabajadora mexicana cuyo único fin en la vida es regalar cotidianamente a la familia con tortillas frescas.

Naco: *Slang* mexicano para *chúntaro*.

Norte, el: Estados Unidos.

Otro lado, el: Igualmente, Estados Unidos.

Papi: Diminutivo de *padre*, pero también expresión cariñosa de carga sexual para el novio: *Ay papi, dame un poco de tu* green card.

Pendejo: Literalmente, vello púbico. Es el equivalente de *asshole* en el léxico mexicano. ¡Cuántos sinónimos tiene el español mexicano para *asshole*! *Ese pendejo debería rasurarse los pendejos.*

Piñata: Juguete que los mexicanos golpean para que derrame sus regalos. También conocido como Estados Unidos.

Pinche: Ayudante de cocina. También adjetivo que significa imbécil o despreciable.

Pinche puto pendejo baboso: Textualmente, significa despreciable marica vello púbico baboso, y es el equivalente de *fucking stupid-ass asshole*. Sin duda, la mejor combinación de maldiciones en mexicano. *Cállate, pinche puto pendejo baboso.*

Pocho: Un mexicano americanizado.

Por favor: *Please.*

Puro: Genuino. Colócalo enfrente de cualquier palabra para quedar como un fanfarrón: ¡un mexicano! *Ese chúntaro es puro mexicano.*

Puto/puta: El primero significa marica; el segundo, prostituta. Se cuentan entre los insultos más populares en español mexicano.

¿Qué no?: Expresión del español mexicano para corroborar; algo así como: ¿verdad?, ¿no es así?

Raza cósmica, la: Se refiere a un movimiento de los intelectuales mexicanos de los años veinte, según el cual, los mexicanos tenían sangre de todas las razas del mundo: blanca, negra, indígena y asiática, por lo que trascendían al mundo.

Reconquista: Teoría adoptada por excéntricos chicanos y conservadores que insisten en que México está tratando de anexarse el suroeste de Estados Unidos, el territorio que los yanquis tomaron de los mexicanos como botín después de la guerra de 1847 entre ambos países.

Santana: Santa Ana, California, donde surgió "¡Pregúntale al mexicano!" La mayor ciudad latina en Estados Unidos, de acuerdo con el censo del 2000. Por favor, pronuncia el nombre de la ciudad como sus nativos: *Santana*, como el famoso guitarrista, y no *Santa Ana*, como una combinación de Claus y Karenina.

Señorita: Una dama educada. Generalmente asociado con *picosa*. *Salma Hayek es una señorita picosa.*

Taco: Una tortilla de maíz rellena de algo. También término despectivo aplicado a los mexicanos. *Por supuesto que los tacos aman los tacos, ¿qué no?*

Tapatío: Una marca popular de salsa picante que se anuncia con un hombre de bigote y sombrero. Los mexicanos la consumen de la cuna a la fosa.

Tejana: Sombrero vaquero de fieltro marca Stetson. Alude a Texas, donde supuestamente se originó.

Tequila: Licor destilado de la planta de agave que crece en México central. Líquido que igualmente fluye en la sangre de cualquier auténtico mexicano.

Tortilla: Un fino disco de harina de maíz que los mexicanos consumen desde tiempo inmemorial. También hace un fantástico *frisbee* improvisado.

Ustedes: Una forma elegante de decir *y'all*. *Los veré a ustedes mañana en Aztlán.*

Virgen de Guadalupe: La santa patrona de México. En la sociedad mexicana aparece en todas partes: iglesias, camisas de seda y tapones de llantas.

Wab: La versión del condado de Orange de *espalda mojada*. Difunde nuestro odio a lo largo y a lo ancho, por favor.

Querido mexicano: ¿por qué los mexicanos llaman gringos a los blancos?

El Gringo-nator

Querido Gabacho: Los mexicanos no llaman gringos a los gringos. Sólo los gringos llaman gringos a los gringos. Los mexicanos los llaman gabachos, palabra cuyas raíces etimológicas arraigan en el prejuicio castellano contra los nacionales de Francia, y no tiene nada que ver con don Gabacho, el personaje central del clásico espectáculo japonés de marionetas de los años sesenta, *Hyokkori Hyotan-Jima*. Así, la próxima vez que te quieras lucir frente a tus amigos mexicanos, diles: "No quiero esa comida mexicana gabacha que hacen en Taco Bell: lo que quiero es la pinche neta".

Por décadas he escuchado que los mexicanos se llaman *güey* unos a otros. Por ejemplo, el otro día oí por casualidad que un mexicano se dirigía a su amigo como *pinche güey*, y que el amigo le respondía: "Ay, güey". ¿De qué se trata esto del *güey*?

Answer My Güestion, Por Favor

Aquí va mi solicitud: me gustaría pedir traducciones de todas las soeces descalificaciones de *spanglish* callejero que mis educadísimos maestros de español ni siquiera soñarían en enseñarme. Por ejemplo, siempre he pensado que *pendejo* significa que se le cae aquello, algo así como "no puedo hacer que se pare", un mariquita, un despreciable afeminado. ¿Es correcto? ¿Qué significa *gabacho*? ¿Qué quiere decir *cabrón*? ¿Algo relativo a cabras?

Grinning Gringa

Queridos Pocho y Gabacha: Bienvenidos al fantástico mundo de la grosería hispano-mexicana, en que las palabras adoptan significados diversos según su ubicación pero que, en último término, remiten a las gónadas. *Güey* proviene de la palabra *buey*, que se refiere a una res pero que significa imbécil. Es la navaja suiza del insulto español mexicano: lo usamos afectuosamente (*¡no mames güey!* se traduciría como: *no chupes verga, imbécil*, pero en realidad significa *no me cuentees, hermano*), con ira (*¡eres un pinche güey!*, lo que vendría a ser: *eres un reverendo idiota*), o bien para presumir (*¡no me haces güey!: a mí no me haces tonto*). Por su parte, las palabras *pendejo* y *cabrón* son sinónimos de *estúpido*, pero sus verdaderas definiciones son vello púbico y chivo castrado, respectivamente.

Sin embargo, los mexicanos pocas veces utilizan *güey, pendejo* o *cabrón* de manera literal. Usualmente los combinamos para crear insultos inusitadamente barrocos. Por ejemplo, cuando un mexicano dice a un amigo: *¡Güey, no seas pendejo, cabrón!*, está diciendo: *Oye tú, no seas estúpido, idiota!*, pero literalmente significa: *¡Buey, no seas vello púbico, chivo castrado!* Mucho mejor que el equivalente en inglés *stupid-ass fucking faggot*, ¿no? En cuanto al significado de *gabacho*, Gringa, parafraseando a Louis Armstrong, si preguntas es porque lo eres.

Siempre que oigo que la gente se llama a silbidos por la calle para comunicarse, resultan ser mexicanos. ¿En México es ilegal hablarse a gritos y el chiflido viene a ser un resquicio de la ley? ¿O será que la frecuencia del silbido va más lejos que la de la voz en un rancho, en el desierto o en los embotellamientos de tránsito de la Ciudad de México? ¿O se trata de una conducta aprendida a fuerza de vivir en un medio ambiguo (amistoso y adverso a un tiempo con el inmigrante) y el silbido resulta algo más discreto? ¿O es más divertido chiflar que gritar el nombre de la otra persona?

WHISTLING GÜERO

Querido Gabacho: Es todo lo que has dicho. Según *Whistled Languages*, un libro publicado en 1976 por René-Guy Busnel y A. Classe, que los lingüistas consideran el estudio capital en la materia, los lenguajes silbados surgieron en culturas que ocupaban áreas donde las dificultades del terreno y las distancias impedían las conversaciones cómodas. Muchos de tales grupos étnicos tuvieron que ver en la formación de la nación mexicana. Antes de la conquista, las grandes lenguas indígenas, como el náhuatl, el zapoteco y el totonaco, ofrecían dialectos exclusivamente silbados. Luego de la Conquista, los migrantes de las Canarias, patria del más famoso lenguaje silbado del mundo, Silbo Gomero, se contaron entre los primeros colonizadores de Texas. Y como el pasado siempre es algo presente para los mexicanos, desde el punto de vista sociológico es sensato afirmar que la propensión mexicana al lenguaje silbado, como nuestra obsesión con la muerte y la brillantina Three Flowers, es una reliquia cultural completamente viva.

Pero no creas, Whistling Güero, que hay algún misterio gnóstico detrás de su uso. En realidad hay sólo cuatro frases en el lenguaje silbado mexicano: un chiflido agudo para llamar la atención de alguien, una versión más larga para mostrar desaprobación en un espectáculo y el lujurioso silbido, de prolongada nota doble, que aflige a tantas gabachas. Sin embargo, la frase de peor fama en el lenguaje silbado mexicano es *chinga tu madre* (o sea *jódete a tu madre*): cinco rápidos y sucesivos trinos que, más o menos, suenan como la horrenda carcajada del Pájaro Loco. Este último silbido es nuestro favorito, especialmente porque podemos emplearlo en las narices de los cándidos gabachos sin consecuencias. Pero no debes usarlo si estás entre mexicanos, a menos que te andes buscando un puño prieto en el ojo y una limpia patada mestiza en la cola.

¿Por qué los mexicanos tienen 16 nombres? Gilberto Sánchez Ramírez de los Lobos Contreras García de la Concha Gutiérrez es demasiado, ¿no?

NAMES ALWAYS COME OUT

Querido NACO: Por un instante traté de creer en tu afirmación, pero es falsa de medio a medio. En México generalmente usamos tres nombres: el propio, el apellido del padre y el apellido de la madre. En Estados Unidos los acortamos a sólo el primero y el segundo. Pero ya en la época en la que andamos economizando y ahorrando para una casa nueva, nada más podemos darnos el lujo de emplear un solo nombre. Piensa en las prometedoras celebridades mexicanas: Pedro, de *Napoleon Dynamite*. Lupe, la sirvienta de *Arrested Development*. Rosie, la chacha de *The OC*. El único nombre en trabalenguas que anda circulando por ahí entre los mexicanos famosos pertenece al alcalde de Los Ángeles, Antonio Villaraigosa, y Tony ha hecho trampa: combinó su apellido, Villa, con el de su mujer, Raigosa. De vuelta a Freud: el mexicano que alarga su nombre tiene fijaciones paternas o desea enfurecer a los gabachos del mundo atreviéndose a ostentar un apellido de más de dos sílabas.

Cuando inscriben a sus retoños no anglohablantes en nuestro sistema escolar y éstos se examinan con el resto de los alumnos, baja el nivel de calificaciones de la escuela. ¿Por qué mis hijos tienen que padecer que los de ustedes no comprendan el idioma? Así que, por el amor de Dios, ¿sería mucho pedirles, pendejos frijoleros, que por favor, aprendan un poquito de inglés?
PISSED-OFF WHITE MAN IN SAN CLEMENTE

Querido Gabacho: Eres uno de esos padres que no soportan que sus niños aprendan a contar hasta tres en español, ¿verdad? Y en vez de aprovechar esta confluencia cultural, prefieres llamar frijoleros a los niños mexicanos. Pissed-Off, haz a un lado tu rabia gabacha y recicla esto: el mundo se está encogiendo y en el futuro inmediato la gente tendrá que saber dos idiomas sólo para sobrevivir (o tres si los chinos continúan uniendo esfuerzos). Pero si lo tuyo no son las múltiples ventajas del bilingüismo, Pissed-Off, entonces recuerda que el mal desempeño escolar tiende a obtener mayor atención y más fondos federales. Así que da las gracias a la oleada de mexicanos que se está mudando a tu pueblo, pues te está garantizando que tu encantador poblado no se convertirá en otro Detroit.

¿Por qué algunos mexicanos que hablan un inglés fluido y sin acento insisten en pronunciar sus nombres y lugares de origen hispánicos con pronunciación española? En particular los reporteros: "Aquí, Julio Luis Sánchez, informando desde Nicaragua". Entiendo que el suroeste fue alguna vez territorio español y mexicano, que muchos mexicanos de aquí pueden rastrear sus orígenes varias generaciones atrás y que muchos de los nombres de poblaciones están en español, pero yo no utilizo acento irlandés para pronunciar mi apellido, no decimos Anaheim con acento alemán, ni nos referimos a Des Moines como "*Day Mwahn*". Está bien pronunciar las palabras correctamente: *La Hoy-a* y no *La jol-la*, pero el acento sobreactuado cae mal y suena pretencioso (igual que cuando alguien que habla español se topa con una palabra inglesa y deja su acento, como para decir: "Mira, ¡soy bilingüe!"). Y sobre esto mismo, ¿los mexicanos se encabronan cuando los no latinos que hablan español hacen esto?

A Cunning Yet Clueless Linguist

Querido Gabacho: No me jodas. A todos les gusta que su apellido se pronuncie correctamente, ya seas un Jáuregui, Nguyen ("Win"), Scho ("Scou", y no "Shu") o Limbaugh. Si adviertes que los reporteros mexicanos lo hacen más a menudo que otros amanuenses de apellido étnico, es porque a ellos no les avergüenza corregir de manera activa las décadas de mala pronunciación. En realidad, Cunning, ¿por qué no le das un dejo a cualquiera que sea tu alias irlandés? ¿Temes que los ingleses pisoteen tu cosecha de papas?

"¿Por qué pronuncio mi nombre en español? Pues porque es la única forma de que suene bien", dice Adolfo Guzmán López, un reportero chingón del KPCC-FM 89.3 en Pasadena, California. Frecuentemente se topa con extraños que no comprenden su nombre hasta que le da pronunciación inglesa. "Si eres bilingüe y bicultural, sabes cómo manejarte en ambos mundos", le dijo Guzmán López al Mexicano. "Pero crecí hablando español, y mi nombre nunca ha sonado bien si lo pronuncio de cualquier otra manera que no sea en español. Además, probablemente mi mamá se enojaría si lo hiciera de otro modo".

A propósito, a los mexicanos les encanta que los gabachos traten de pronunciar el español correctamente. Oh sí, en general masacran nuestra enrollada doble *r* y la *n* con su garabatito encima, pero apreciamos su esfuerzo. Compara esto con lo que hacen mis colegas gabachos, que aúllan cuando la jodo con palabras como *gamut* (yo digo *gamut,* no *gamot*) y *harpsichord* (te ahorraré la cacofonía de chirridos laríngeos y salivosos). Los gabachos podrán profesar todos los ideales progresistas que les dé la gana, pero ponlos al alcance del oído de un mexicano que valientemente trata de hablar el inglés del rey y escucharás risitas por todas partes.

¿Qué chingados se traen ustedes, cholos bandidos de la frontera, con la tipografía Old English? Ésas son cosas espantosas, como todo lo que tiene que ver con su cultura y su gente.
REALLY ABHORS CALIFORNIA-INVADING STUPID TOMATEROS

Querido RACIST: La popularidad de la tipografía Old English es un fenómeno carcelario que trasciende la raza: basta con que veas algunos de los tatuajes de tus primos partidarios de la supremacía blanca la próxima vez que aparezcan en tu día de campo familiar con todo y sus Pit Bull, o los símbolos en un distrito histórico del pueblo. Pero, ¿qué se traen los gabachos que se apropian de las modas gangsteriles para sus propias marcas de diseño? Es imposible asistir hoy en día un concierto de *indie-rock* sin encontrarte con un gabacho granujiento y mugroso, enfundado en una camiseta que dice: "Jesús es mi colega", escrito en letras que parecen sacadas de una Biblia de Gutenberg. En el lado opuesto del espectro de la gente a la moda, las princesas llevan bolsas L.A.M.B. de la colección Gwen Stefani (puro Anaheim, esa). Es una especie de inversión de papeles y es tan vieja como la humanidad (echa un vistazo a las fiestas medievales del mundo al revés, las cencerradas, en que las prostitutas se vestían de curas y los curas como… ¡Oye! ¡Si es la Iglesia católica hacia 2007!)

¿Pasará mucho tiempo antes de que veamos a los mexicanos vestidos como la *migra*?

¿**Cómo llamarías a un aspirante a gabacho cholo como yo?** *Wexican* [*Mexican wannabe*, "aspirante a mexicano"] **suena bastante idiota.** *Wiener* [*white beaner*, "frijolero blanco"] **es mucho más ofensivo que** *wigger* [*white-nigger*, "pinche negro blanco"]. **Como soy lo contrario a un pocho, me llamo a mí mismo** *chopo*. **¿Crees que esto se impondrá?**

EL CHOPO

Querido Gabacho: No.

¿**Por qué los mexicanos pronuncian** *shower* [regadera] **como "chower" y** *chicken* [pollo] **como "shiken"?**

VIETNAMESE ABOUT TO ORATE

Querido VATO: Mi columna ya ha dado a su público lector abundantes indicadores de las diferencias existentes entre los mexicanos recién llegados y los que han vivido aquí por generaciones: tono de piel, compras de coches, o si el mexicano en cuestión echa el papel de baño sucio a la taza o lo avienta al bote de basura. Otro método infalible es el de la prueba fonética *ch/sh*. El español genuino no tiene ningún sonido *sh* (que entre los lingüistas se conoce como fricativo linguapalatal), de modo que la mayoría de los mexicanos pronuncia las palabras inglesas de sonido *sh* con el más aspero de la *ch* (conocido como africado lingualveolar). Sin embargo, muchas lenguas autóctonas mexicanas emplean fricativos linguapalatales. El ejemplo más famoso es el de la pronunciación original de *México*: como se dijo, en náhuatl, la palabra suena como "me-shi-co". Los españoles no podían pronunciar la media consonante y por ello, en la primera etapa de la conquista, la sustituyeron por una *j* gutural ("me-ji-co"). En las décadas inmediatas aniquilaron a la mayoría de los indígenas de México, pero el sonido autóctono de la *sh* nunca desapareció del todo; si escuchas a un mexicano que emplee *sh*, probablemente se trate de un indígena. De manera que la próxima vez que oigas a un mexicano pedir un "shinese shicken sandwish with sheddar sheese" [sándwich chino de pollo con queso cheddar], VATO, por favor, abstente de "shorearlo".

Un amigo mío llama *wabs* a los mexicanos, pero como es un cretino, ni siquiera sabe lo que significa, más allá de que no es algo políticamente correcto. ¿Qué quiere decir?

THESAURUSAURUS MEX

Querido Gabacho: *Wab* es una palabra peyorativa que los mexicanos asimilados emplean para referirse y denigrar a los mexicanos recién llegados. Se le puede usar como sustantivo (*Refugio is such a wab* [Refugio es tan *wab*]), como verbo (*Look how that idiot Refugio wabbed up his truck with a bull sticker!* [¡Mira cómo el idiota de Refugio *wabbed up* su camioneta con una calcomanía de toro]), o incluso como adjetivo (*Refugio's mustache is so wabby* [El bigote de Refugio es tan *wabby*]). Se desconoce la etimología de *wab*, pero pudiera ser una corrupción de *wetback* [espalda mojada] o *wop*.

Pero lo que resulta fascinante respecto de *wab* es que parece ser un término distintivo del condado de Orange. Cuando le pregunté a Oscar Garza —por largo tiempo periodista de *Los Angeles Times* y ahora editor del magnífico y reluciente *Tu Ciudad Los Ángeles*— si conocía el significado del vocablo, Garza respondió: "Ni idea". El periodista *freelance* Ben Quiñones tampoco sabía lo que era *wab*. En tanto que Lalo Alcaraz, decano de la comedia chicana y autor de la tira cómica de circulación nacional "La cucaracha", suponía que su significado era *White-Ass Bitch* [puta de culo blanco]. Pinche pocho racista.

La palabra final sobre *wab* la tiene el doctor Armin Schwegler, profesor del Departamento de Español y Portugués de la Universidad de California Irvine, quien se especializa en dialectología y español en Estados Unidos. Ha enseñado en la escuela a lo largo de 20 años y propone trivias de lenguaje con la misma frecuencia con que algunos dejan de pagar las letras de su coche. ¿Sabías, por ejemplo, que el área entre Denver y la costa del Pacífico es el mayor conjunto dialectal del mundo, lo que significa que el inglés occidental estadounidense es una lengua aburrida? Pero Schwegler nunca había oído nada sobre *wab*. Empero, no le sorprende que exista el epíteto. "La gente siempre cree, ingenuamente, que el idioma sólo sirve para comunicarse", dijo el buen doctor al Mexicano. "Pero el idioma es importante porque también constituye un identificador. Con *wab* se puede advertir esto vinculado a la cuestión de la identidad nacional. Arraiga en la discriminación social. Tú acuñas un término y luego sale a la circulación." Así que ¡regocíjate Thesaurusaurus Mex! ¡*Wab* es todo nuestro!

Queridos Gabachos: Luego de que ofrecí mi teoría sobre la palabra *wab* —es decir, que es una corrupción de *wetback* [espalda mojada] o de *wop* y que es un término peyorativo exclusivo del condado de Orange— los lectores inundaron mi buzón. En su mayor parte, las teorías se ubican en alguna de las dos escuelas de pensamiento: la asiática y la fronteriza.

Va la asiática:
Mexicano, Mexicano, Mexicano… muchas veces no se requiere de un hábil lingüista para saber cuál es la fuente de donde mana el insulto étnico. Obviamente se trata de una cuestión de pronunciación si no es que de ortografía: wab es una mezcla del peyorativo clásico *wetback* [espalda mojada] y del asiático *fob* (*fresh off the boat*) [recién salido del bote]. Muy probablemente, la perspectiva del condado de Orange obedece a la proximidad con las respectivas poblaciones, por ejemplo, Garden Grove, Westminster, etcétera. Así, cabe preguntar: ¿cómo es posible que un chico blanco de Laguna Beach crea que descubrió el hilo negro en esta materia? O ahí está también el caso de *kike,* antes de que lo cooptaran los antisemitas, el epíteto favorito de los judíos aplicable a los nuevos judíos. Mmm, ¡judíos!
J<small>ESUS</small> I<small>SN'T A</small> R<small>EAL</small> N<small>AME</small>

En cuanto dijiste que *wab* se aplica a los recién llegados, supuse que era la versión mexicana de *fob*, nombre que los amigos asiáticos de mis hijos dan a los recién llegados y significa *fresh off the boat*, es decir, recién salido del bote. Apuesto a que *wab* es en realidad *wob*: *wetback off the boat* [espalda mojada recién salido del bote]. Lo que, indudablemente, echa por tierra las absurdas etimologías que propone la fauna intelectual. ¿Por qué no le preguntas a alguien de la preparatoria? De seguro lo saben.

No Slurs Allowed in the Car Pool

Y aquí va la perspectiva de la frontera:
Siempre he sabido que wab es un acrónimo de *walk across the border* [cruza la frontera]. Schwengler [el profesor de español de UC Irvine] tiene ahora algo nuevo en qué pensar; quizá incluso debería publicarlo para que la gente se "enculturice". ¡Hasta la victoria!

Sleeps With Five Men on a Couch

Durante 12 años hemos vivido en el lado oeste de Costa Mesa, donde la gran mayoría de los residentes son latinos. Mi hija escuchó la palabra *wab* de uno de sus amigos latinos, quien le dijo que significaba *walk across the border* [cruza la frontera].

Gimme Chile

Wab quiere decir *went across the border* [cruzó la frontera], lo que casa perfectamente con la explicación de que se le emplea para "describir y menospreciar a los mexicanos recién llegados". Ahora ya lo sabes.

Gimme Nalgas

Una dama asegura que *wab* no es un fenómeno privativo del condado de Orange:
Hace unos 10 años me topé con un texto de William Finnegan en *The New Yorker* acerca de una familia de Yakima Valley, en Washington. Los padres eran inmigrantes mexicanos, los típicos miembros de la Unión de Campesinos (UFW, por sus siglas en inglés), mientras que los hijos eran unos alienados fanáticos de Nirvana que pensaban

que todo aquello era basura. Y a lo largo de la obra los hijos y sus amigos humillaban a los wabs. Una de sus amigas se rehusaba a llevar a su hija con sus propios padres, porque la vestían al estilo *wabby*. Ni antes ni después supe de algo parecido. Nadie explicó el origen, pero parece que tiene que ver con *wetback*.

WHO ASKED BOBBI

Y aquí se incluye esta nota directamente de la prisión:
Pasé algunos años trabajando en una institución de máxima seguridad y lo que les puedo decir es que, cuando menos desde el punto de vista de los internos, *wab* es acrónimo de *wannabe American boy* [chico aspirante a estadounidense].

OPEN YOUR EYES, ESE

Hemos seguido de cerca tus lecciones de "wabología" y nos preguntamos si alguna vez escuchaste la palabra *chunti*. La gente de la meca agrícola de Central Valley en California la emplea para designar a los mexicanos recién llegados y aún por asimilarse, o bien a los que todavía no saben cómo lograrlo. De lo que hablamos es de un Dodge Neon modelo 96, horrendamente equipado y con tapones de "mexicromo", cuyo conductor usa una camiseta decorada con pinturas en aerosol en que una Virgen de Guadalupe vela por tres *gangsta* y sus autos "achaparrados". No sabemos si la palabra es exclusiva de Central Valley, pero no la hemos vuelto a escuchar desde que nos mudamos al sur de California, y ninguna de nuestras amistades locales está familiarizada con ella.

THE POCHO & HIS GÜERA WIFE

Queridos Pocho y Gabacha: Nosotros, los mexicano-estadounidenses del condado de Orange inventamos *wab* para designar a nuestros hermanos y hermanas *wabby*. ¿Y lo único que se les ocurre, wabs de Central Valley, para insultar a sus paisanos no asimilados es *chunti*? *Chunti* es abreviatura de chúntaro, nombre que los mexicanos de México dan a los mexicanos más pobres, a los del campo, a quienes los wabs llaman wabs. En tanto ofensa, chúntaro nunca ha ganado popularidad entre los hijos de los inmigrantes mexicanos, como *wab* o guatemalteco. Sin embargo, los inmigrantes mexicanos le dan vuelta al término, como a tortilla sobre comal: mi mamá, originaria de un pobre pueblecillo mexicano, siempre me advertía que no me juntara con *chúntaros*, porque "se visten mal, son prietos y dicen estupideces". ¿Y no es cierto?

¿Por qué se llama *grasientos* a los mexicanos? ¿Será porque, después de bañarse, se untan la manteca rancia de sus sucias cocinas, en vez de usar aceite de bebé o agua de colonia como hacemos los limpios y civilizados anglos?

GREASER GREG

Querido Gabacho: Mira, güey, la única grasa que nos embarramos es la de la brillantina Three Flowers, que los varones mexicanos emplean para barnizar el cabello a tal extremo que los astrónomos frecuentemente confunden el reflejo de nuestras cabezas con el de la galaxia Andrómeda. Esto nos hermana con los rebeldes gabachos de los años cincuenta, a quienes la sociedad hegemónica también vilipendiaba llamándolos grasientos. Pero el motivo por el que *grasiento* conserva su poder de permanencia como epíteto antimexicano —y los etimologistas datan su origen en los años treinta del siglo XIX— es porque se refiere, como correctamente sugieres, a nuestra dieta. En su compendio de ensayos lingüísticos *Unkind Words: Ethnic Labeling, from Redskins to WASP* [*Palabras altisonantes: clasificación étnica, de pieles rojas a WASP*] (1990), el sociólogo Irving Lewis Allen dedica un capítulo a la predominancia de los alimentos que, en el inglés estadounidense, se desdoblan como ofensas étnicas. "Todos estos insultos del *slang* estadounidense", apunta Allen, "indican una gran conciencia histórica respecto de la comida nativa de origen extranjero, a su preparación, a su consumo: otro caso de repulsa a quien es distinto". Allen también señala que los gabachos han llamado grasientos a los italianos, griegos y puertorriqueños en distintos momentos de su experiencia estadounidense. Pero el odio alimentario, Greg, se mueve en ambas direcciones: llamamos *bolillos* (pan francés) y *mayonesa* a los gabachos y, desde una perspectiva general de cosas, yo prefiero que la gente me designe por algo sabroso, como la grasa o los frijoles, y no por un condimento que siempre recuerda al olor de la orina.

¿Qué hay con el uso que los mexicanos dan a la palabra *madre*?

YO MAMA

Querido Gabacho: Mientras que la expresión *yo mama* se emplea mundialmente como un insulto, el español mexicano es absolutamente singular en cuanto a su uso del término *madre* para crear vulgaridades verdaderamente atroces. En vez de concentrarse en características como el peso corporal o las inclinaciones sexuales, la sintaxis hispano-mexicana se sirve de *madre* en diversas formas gramaticales para denotar cualquier cosa: desde la amenaza de violencia física hasta la aversión a los padres. Es la omnicomprensiva categoría universal de la maldición latina.

En tanto sustantivo, *madre* puede significar lo que sea, desde mierda —como en *no vale madre*— hasta culo, puesto que en *te voy a partir la madre* —que se puede traducir literalmente por *te voy a dividir la madre*— lo que se quiere decir es *te voy a patear el pinche culo*.

Asimismo es posible emplear *madre* como adverbio. *Te voy a dar un chingadazo en la madre* significa *te voy a dar un puñetazo en la madre*, aunque en realidad se pretende decir *te voy a dar un golpazo allí donde más te duela*. O bien puedes decirle a tu cuate más cercano: *vete a la madre*, lo que no supone en realidad que

lo estés mandando a ver a su progenitora, sino que es sinónimo de *vete al demonio*.

Si a *madre* le añades la terminación *ar*, ya tienes el verbo *madrear*, que significa joder a alguien. Así por ejemplo, si le dices a tu mamá *te voy a madrear*, no le estás indicando que la vas a cuidar como si tú fueras su madre, sino que le vas a patear su pinche culo. Por supuesto, desaconsejamos del todo hacer esto.

Y una mutación de *madre*, *madrazo*, denota golpe demoledor. *Te voy a dar un madrazo* quiere decir *te voy a dar un fuerte puñetazo*.

Indicar cómo te relacionas con la autora de tus días también se vincula con la ofensa. *Hijo/hija de tu madre* significa literalmente eso mismo, pero la frase la profieren los padres para referirse a sus hijos irresponsables únicamente cuando están enojados con ellos. Si intentas decírsela a tu mamá, ella recompensará tu perspicaz discernimiento biológico con un buen madrazo en la cara.

Aun la variante más benigna de madre, *mamá*, se puede convertir en grave insulto si no eres cauteloso. Suprime el acento y te quedas con *mama*, presente de indicativo del verbo mamar, que significa chupar. Y cuando dices semejante cosa, no estás precisamente enseñándole a un bebé cómo extraer la leche del biberón.

¿Por qué los mexicanos no se muestran lo suficientemente agradecidos con Estados Unidos por enseñarles a hablar inglés? ¿Son demasiado tontos o demasiado flojos? ¿Es que no pueden aprender dos o tres palabras al día? ¿Será pedirles demasiado?
TOOK FOUR YEARS OF SPANISH IN HIGH SCHOOL

Querido Gabacho: El gobierno de Estados Unidos comparte tu preocupación, Took Four Years. La Comisión Dillingham publicó en 42 volúmenes un estudio sobre las oleadas de inmigrantes cuya conclusión fue: "En su conjunto, los nuevos inmigrantes son mucho menos inteligentes que los antiguos... En términos generales, fueron ideales distintos los que los impulsaron a venir: la inmigración antigua venía para convertirse en parte integrante del país, en tanto

que la nueva —en gran medida— llega con la intención de benefi-
ciarse, desde el punto de vista económico, de las superiores ventajas
que ofrece el nuevo mundo, para luego regresar a su lugar de origen".
El informe Dillingham reprocha a los nuevos inmigrantes su falta de
asimilación y su carencia de habilidades para el inglés; los compara
de continuo con las generaciones previas de inmigrantes para cerrar
con la recomendación de que se impongan urgentes restricciones
a la migración. Suena familiar, ¿no? Aunque el informe Dillingham
se elaboró en 1911 y las masas inasimilables a que se refiere eran las
que provenían del sur y del este de Europa. La Comisión Dillingham
demuestra que aquella venerable anécdota de los conservadores, que
las generaciones tempranas de inmigrantes saltaron de los barcos,
acortaron sus mulitisilábicos apellidos y aprendieron inglés de inmediato, no es más que un pinche embuste. El racismo estadounidense
es un carrousel, y aquí vamos de vuelta.

**Ustedes, espaldas mojadas de California, no son más que un
montón de *wannabes* [aspirantes]. Aquí en Texas tenemos el
Río Grande, así que *mojado* es una buena descripción. Pero al
oeste de El Paso, y más allá de alguna lloviznita, no hay absolutamente nada que empape a un mexicano cuando se cuela al otro
lado de la frontera. Y, como bien dicen, en el sur de California
nunca llueve. Así que ya no estén chingando, y dejen de usar la
expresión *espalda mojada*.**

WET AND WILD

Querido Gabacho: Estudia a conciencia tu diccionario de racismo,
Wet and Wild. Poquísima gente llama ya a los mexicanos *espaldas
mojadas, frijoleros, spics, grasientos, Mescans, bandidos de la frontera, grillos de la frontera, Mexi-can'ts, cucarachas, tacos, burritos,
frijoles saltarines, ahoga-chiles* o cualquiera otro de los nombres
peyorativos que los gabachos empleaban en el pasado para infamar
a los mexicanos. Si *espalda mojada* aún pervive es a causa de la
política exterior norteamericana. Según un artículo publicado en
2003 por Kim Pearson, profesor de periodismo en el College of

New Jersey, *espalda mojada* (o *wetback*) no alcanzó popularidad en la escala nacional sino hasta 1954, cuando la administración de Eisenhower instrumentó un programa para deportar a todos los inmigrantes ilegales. Pero siendo Estados Unidos Estados Unidos, la *migra* se fue sobre los mexicano-estadounidenses, inmigrantes legales, y en realidad, sobre cualquiera que fuera moreno. ¿El nombre del programa? Operación Espalda Mojada. Desde luego, la experiencia estadounidense es cíclica, así que cabe esperar que la historia se repita.

Parece que muchos mexicanos entienden más inglés de lo que aparentan. ¿Por qué disimulan?

No Espeak Espanish

Querida Gabacha: Empezaré esta respuesta recordando el hecho de que el inglés y el español son primos segundos, hijos de la familia lingüística indoeuropea. El inglés se alinea con el clan germánico, mientras que el español lo hace del lado de la familia románica, donde el latín viene a ser el papi principal. Pero el inglés también es heredero del latín a través de los romanos y de Guillermo el Conquistador, lo que debería hacer que resultase más accesible para los mexicanos, ¿no es cierto? Aunque un mexicano inteligente llega a este país con la certeza de que los gabachos siempre lo catalogarán de idiota. En consecuencia, muchos mexicanos fingen no entender inglés para que sus jefes gabachos les confíen los secretos de la empresa: claves, estadísticas financieras y el imprescindible número telefónico personal de la secretaria.

¿Cuál es la razón de que no haya más mexicanos aprovechando las clases de inglés disponibles, en vez de que dependan de que sus hijos les traduzcan?

No Hablar Español Bueno

Querido Gabacho: Créeme, No Hablar, muchos más mexicanos tomarían esas clases si no estuvieran ya atestadas de mexicanos. Además, ¿qué hay de malo en utilizar a los hijos como traductores? Al contratar a sus niños para traducir todo, desde boletas electorales hasta el marcado del 911 o la tarea de las clases de inglés, lo que hacen los padres mexicanos es contribuir a que sus hijos asimilen más rápido y se conviertan en adultos responsables y maduros. La primera generación de inmigrantes se compromete con una vida de trabajo, no con la asimilación, que será la tarea de sus hijos. Por supuesto, es riesgoso encomendar a los niños responsabilidades de vida o muerte y puede resultar divertidísimo presenciar los esfuerzos de un niño de ocho años para describir al doctor la diabetes de su padre, pero ¿qué mejor forma de enseñar a los niños mexicanos que la vida en Estados Unidos es dura pero gratificante si tienen padres inmigrantes?

Cuando trabajaba como recaudador telefónico de fondos para diversas obras de caridad, me percaté de que siempre que llamaba a un hispanohablante (porque todos los hispanohablantes son mexicanos, ¿verdad?), me respondía con un *bueno*. Ciertamente no puede decirse que mi español sea fluido, pero no tengo dudas respecto del significado de *bueno*. ¿Por qué los mexicanos dicen *bueno* cuando contestan el teléfono?

PACO BELL

Querido Gabacho: ¡Realmente, y para tus rudimentarios conocimientos de español, has hecho un *bueno* trabajo! Pero, salte un poco de tus moldes estadounidenses: cada país tiene su propio saludo telefónico. Desde hace bastante tiempo, los sociólogos han documentado las peculiaridades nacionales del saludo telefónico. Por ejemplo, los alemanes generalmente contestan el aparato repitiendo su apellido, en tanto que los italianos dicen *pronto* (listo) y los árabes responden con un soberbiamente florido *que tu mañana sea buena*. Cada saludo refleja el respectivo porte cultural: los alemanes son industriosos, los italianos idiotas, los árabes excesivamente dramáticos (echa un vistazo al islamismo wahhabi). De manera parecida, el *bueno* del saludo mexicano abre una ventana hacia nuestra cortesía. Tiene su origen en nuestros saludos cotidianos: buenos días, buenas tardes y buenas noches; de ahí que la salutación telefónica no sea sino una versión abreviada de las demás. Recuerda que el mexicano es uno de los pueblos más felices del planeta y nada irradia tantas vibras positivas como decir *bueno*.

La otra noche fui a Del Taco y vi a dos clientes que charlaban en español. Pero en cuanto llegaron al mostrador se dirigieron, en impecable inglés, a un empleado de Del Taco que, evidentemente, era hispanohablante. Y no es la primera vez que veo un caso similar. ¿De qué se trata?

DAN THE DEL TACO GUY

Querido Gabacho: Ésta es la trampa lingüística fatal de los mexicanos en Estados Unidos: si hablan español se les acusa de separatismo; si hablan inglés son causa de irrisión por su fuerte acento y su vocabulario limitado. Muchos mexicanos se dirigen en inglés a los trabajadores mexicanos sólo por gratitud: el mostrador del restaurante de comida rápida es el único sitio donde los mexicanos pueden sentirse estadounidenses, al hablar con los trabajadores mexicanos la lengua compartida del regateo sobre el precio de las papas fritas.

Cuando leo tus artículos y críticas me imagino la voz de Ricky Ricardo (no en mexicano, sino la real, ¿cuál sería la diferencia para un blanco?) A veces utilizo la voz de: "¡Aquí no necesitamos malditas placas!" En otras ocasiones leo tus escritos con la voz de Speedy González. Y, de vez en cuando, los leo con el tono monocorde de un maestro de español de la preparatoria. ¿Cuál prefieres?

SÍ, SEÑOR!

Querido Gabacho: En la misma medida del amor que tantos mexicanos sienten por las viejas caricaturas de Warner Bros., en lo que a mí respecta, el tal estudio puede irse a la chingada. Por culpa suya los gabachos siempre tratan de imitar a los mexicanos con acentos más refritos que un especial de Taco Bell. Y no sólo eso, sino que Warner Bros. echó esta maldición lingüística sobre la nación mexicana no una, sino dos veces. La primera llegó por cortesía de la excesivamente ponderada voz de Mel Blanc: primero como Sy el mexicano, en el *Show de Jack Benny* (donde popularizó el alargado *sí*) y luego con su tarabillesca interpretación de Speedy González (que —bien, admitámoslo— fue un documental sobre la vida mexicana). El segundo mal reputado acento mexicano de la inventiva de Warner Bros. llegó vía un mexicano en la vida real, Alfonso Bedoya, el bandido homicida del clásico de 1948, *El tesoro de la Sierra Madre*. Él fue el pendejo que profirió esa desgraciada línea de "las malditas placas" (documenten su racismo, gabachos: la cita exacta es: "¿Placas? Aquí no tenemos placas. ¡No necesitamos placas! No tengo que mostrarte ningúna maldita placa", que viene a ser la versión mojigata de la línea de la novela original: "¿Placas?, ¡al diablo con ellas! Aquí no tenemos placas. Ni necesitamos placas. No tengo que mostrarte ninguna maldita placa, tú, maldito cabrón y chinga tu madre!" Y lo peor en cuanto a los acentos de la Warner Bros., es que en la vida real hay acentos mexicanos que resultan todavía más graciosos que aquéllos: por ejemplo, el sonsonete del chilango vulgar de la Ciudad de México, las oraciones elididas de los ranchos y el español ceceado de las elites. ¡Warner Bros., si has de ser racista, por lo menos hazlo como se debe!

¿Por qué los mexicanos abusan del claxon? En lugar de bajarse del coche y llamar a la puerta de alguien, lo utilizan como si fuese un timbre, o bien como reloj despertador para sacar de la cama a su cuate de coche compartido (y de paso, a todo el vecindario). Igualmente, lo usan como juguete de sus hijos, que esperan dentro del auto mientras el conductor corre a la tienda de volada.

Y por último, aunque no de menor importancia, viene a ser un reemplazo de los frenos.

WONDERING POCHO

Querido Pocho: Tú también tocarías como un virtuoso si tuvieras cláxones tan divertidos como los nuestros. En todos los barrios de Estados Unidos nos hacemos escuchar con los compases iniciales de "La cucaracha", "Para Elisa" de Beethoven, "Yeah!" de Usher y el loco instrumental de los setenta, "Bailarina de la caja de música". Mi favorita es la que los gabachos conocen como "Shave and a haircut, two bits", pero que los mexicanos, en nuestra infinita obscenidad, hemos convertido en *chinga tu madre, cabrón*. Esta especialización en cláxones nos permite a los mexicanos distinguir entre un furioso residente de los suburbios y un camión de legumbres, entre la *migra* y el matutino coche compartido. Es nuestro código Navajo. Y en cuanto a tus quejas sobre los timbres, Pocho, déjame explicártelo así: ¿dejarías tu coche a la mitad de un barrio donde los lugares de estacionamiento son más raros y escasos que un departamento libre de moho, y donde los cho-los se ocultan detrás de las defensas para saltar sobre el primer coche disponible, sólo para llamar a la puerta de tu ami-go? ¿O soltarías de tu ronco pito "El jarabe tapatío"?

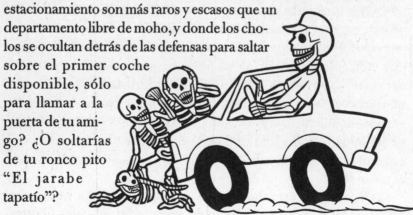

¿**Por qué los mexicanos bautizan a sus hijos varones como Jesús y Guadalupe? Darle a tu hijo el nombre de Cristo resulta blasfemo, pero colgarle el de la Virgen de Guadalupe es mariconada.**

CHICHIS CHRIST

Querido Gabacho: ¿Tiene algo de malo llevar el nombre de la propia
familia? Muchos gabachos bautizan a sus hijos con los nombres de
sus padres; entonces, ¿por qué no utilizar los del hijo de Dios y de su
santa Madre? Pero si no te gusta tal blasfemia onomástica, puedes
culpar a la enrevesada comprensión que tienen los mexicanos de la
Trinidad. El Cordero de Dios es una figura menor en la teología católica mexicana; es la Virgen de Guadalupe —una creación sincrética
de la diosa madre azteca Tonantzin y de María de Belén— la que
acapara la veneración del catolicismo mexicano. Esto es fácilmente
perceptible en multitud de parroquias mexicanas, donde el icono
de la virgencita —una madona embarazada, de piel morena y envuel-
ta en una túnica verde que inclina la mirada hacia sus hijos— hace
sombra al crucifijo, si es que de casualidad éste se encuentra por
ahí. Por tanto, darle a tu niño el nombre del Nazareno no resulta
nada particular y viene a ser tan común como llamarlo Juan o Jorge.
Contrariamente, el culto mariano está tan arraigado en la psique
mexicana que no pocas familias bautizan a sus niños, varones como
Guadalupe casi tantas como las familias musulmanas que dan a sus
chicos el nombre de Muhammad (que la paz esté con él). En el caso
de los niños, las familias mexicanas acortan el Guadalupe a Lupe,
tanto por respeto a Guadalupe como para ahorrarle a los hijos la
dura vida reservada a "un niño que se llamaba Sue". Y antes de que
acuses a los mexicanos de incurrir en mariconerías, me permito
recordarte que los gabachos dan a sus hijos nombres harto jotos,
como Taylor o Kelly, ¿verdad?

**Me gusta hablar español, pero si lo hago parecería que estoy
incurriendo en un acto político de apoyo a intenciones ocultas
hispánicas, cosa que, desde luego, no promuevo. ¿Hablar español
con un trabajador indocumentado significa que apruebo su presencia ilegal? ¿Está bien que hable español cuando lo desee?**
NEED TWO DAY LABORERS FOR TOMORROW

Querido Gabacho: Por principio de cuentas, ¿cuáles son esas
intenciones ocultas "hispánicas" de la que hablas? ¿El derecho a

convertirse en estadounidense? ¿El derecho a trabajar? ¿Nuestro complot para preparar sesos gabachos fritos con salsa? Hablar español no apoya más intención oculta que asegurar tu porvenir y garantizar que lo que ordenaste en la taquería sea lo correcto. El español ya no es la materia en que se dormían los estudiantes del tercer año de preparatoria; es la cuarta lengua más hablada en el mundo. Es la lengua preferida en el hemisferio occidental y una creciente necesidad en nuestro mundo actual de fronteras abiertas y Tratado de Libre Comercio. Así que practica español tanto como te sea posible para asegurar tu futuro. Por otro lado, el deseo de hablar sólo una lengua es algo que también comparte otra cultura del planeta: la de los talibanes.

Conocí tu aspecto físico en *The Colbert Report*. **Admiro tus conocimientos y tu erudición, pero me percaté de que pronunciaste mal la palabra española** *paciencia*. **Le dijiste a Colbert que el término era** *pacencia*, **en vez de la forma correcta,** *paciencia*. **¿Por qué los mexicanos asimilados como tú pierden su idioma y encuentran aceptable el** *spanglish*?

EL ERUDITO

Querido Wab: Ciertamente, aparecí en el pinchemente hilarante *Colbert Report* y es verdad que dije *pacencia* en lugar de *paciencia*, que sé que es lo adecuado. Pero no soy ningún pendejo: simplemente estaba poniendo en práctica la elisión, fenómeno lingüístico que consiste en que los hablantes suprimen consonantes o vocales de las palabras. Las elites hispánicas han etiquetado durante mucho tiempo a los mexicanos como los Elizas Doolittle del mundo hispanoparlante por su tendencia a la elisión o a la epéntesis (el añadido de vocales o consonantes), casi tanto como los gabachos ridiculizan a los sureños por sus dialectos Dixie. Abundan los ejemplos de elisión en el español mexicano: *pa'* en lugar de *para*, *apá* en vez de *papá*, *Santana* por *Santa Ana*, *pos* en lugar de *pues* y también mi supuesto barbarismo. La elisión es más común entre las clases pobres y trabajadoras, lo que no quiere decir que cualquier mexicano que se exprese de tal manera esté masacrando la lengua de Cervantes, sino sólo que probablemente es de extracción rural, como mis padres, originarios de los ranchos de la sierra zacatecana. Puedes torcerle el gesto a la elisión, Erudito, pero forma parte de la belleza del lenguaje, independientemente de lo que piensen tú y otros autodesignados guardianes del idioma. No encaja en las ideas de pureza o uniformidad y quienquiera que intente meter a la fuerza a las lenguas en estrechos moldes lingüísticos es un ignorante de la condición humana… o un miembro de la Academia Francesa.

¿Cómo es posible que los mexicanos de Estados Unidos se enca-bronen si uno asume que son mexicanos y les habla en español?
SPANISH-SPEAKING MEXICAN FROM MEXICO

Querido Wab: No quieren que se les acuse de ser mexicanos.

Tu inglés es fantástico. ¿Por qué tus compadres prefieren no adaptarse al acento estadounidense cuando hablan inglés?
NACHO MAMA

Querida Gabacha: Para empezar, ¿qué rayos es el acento estadouni-dense? ¿El lento arrastre sureño? ¿Las desmayadas "uhs" del litoral del sur de California? ¡Como si no fuera ya suficientemente difícil aprender una segunda lengua, para que tú salgas ahora con que de-seas que los mexicanos adopten un mítico acento estadounidense! Cuando un mexicano conserva su acento no hace otra cosa que continuar la orgullosa tradición étnica estadounidense de permitir que la propia lengua nativa influya en la cadencia de la región. Los ejemplos incluyen el cantadito escandinavo común en Minnesota y Dakota del Norte, el dejo irlandés de Boston, el apresurado italiano de Filadelfia, las inflexiones nasales judías de Nueva York, etcétera. Incluso el inglés lento de los principiantes mexicanos sólo imita la pereza de California, que, a su vez, es un subproducto de los tontos de Oklahoma. Perder tu acento equivale a volverle la espalda a la asimilación. De suerte que cuando los mexicanos hablan su mal inglés, sólo acatan el estilo estadounidense. Otro nacho pasado por el crisol cultural.

¿Por qué los mexicanos no renuncian jamás al español? Incluso la tercera o cuarta generación de mexicano-estadounidenses sigue hablándolo en mayor o menor grado. Yo hablo japonés, pero lo estoy perdiendo a toda velocidad y cuando mi madre muera, con ella se irá mi lengua. El típico niño asiático-estadounidense puede asistir los sábados a una escuela china, coreana o japonesa pero, ¡adivina qué!, lo hace porque sus padres lo obligan a asistir y juraría que todos hablan inglés en el recreo.

FEELING A BIT NIPPY

Querida Chinita: Todavía no te asimilas a Estados Unidos, ¿eh? El español ha tenido presencia constante en este país, incluso desde antes que el inglés. La ciudad más antigua de Estados Unidos es St. Augustine, Florida, fundada por los españoles en 1565, 21 años antes de que la corona inglesa se tomara la molestia de explorar el continente estadounidense. La capital estadounidense de mayor antigüedad es Santa Fe, cuyo establecimiento data de 1609 y que antecedió en más de 150 años al nacimiento de Estados Unidos y en casi 250 a la conquista final de lo que hoy es el suroeste del país, que entonces dejó de pertenecer a los mexicanos. El español es la lengua autóctona de esta vasta franja territorial, que abarca California, Utah, Nevada, Arizona, Texas, Florida y Colorado; está presente en diversos topónimos y se le ha hablado constantemente en todos estos siglos. Y tú, Nippy ¿pretendes que los mexicanos dejen su idioma? Chinita, el español *es* la más estadounidense de las lenguas; el inglés, apenas un intruso que los mexicanos graciosamente han dejado existir.

Entiendo que la Copa Mundial es la gran cosa y que todo mundo se emociona; por tanto, también comprendo que cuando cae una

anotación, el comentarista eternice la parte del "¡Gooooooolllllll!", digamos unos cinco minutos. Pero ¿a qué viene tanto drama? Porque aquello nunca termina. ¿Cómo es que todos los comentaristas mexicanos de radio y televisión logran que las frases más simples, como cinco minutos (ciiiinnnncoooo minuuuuuutooosss), acaben por sonar como si se tratara del fin del mundo?

SHADDUP, SUCKERS!

Querido Gabacho: Mi teoría en relación con los exaltados locutores es la siguiente: se trata de un hábito tomado de la vida real. Los ingeniosos mexicanos ya tienen por costumbre estirarlo todo en sus vidas: sueldos que no pagan impuestos, privacía en hogares compartidos con otras 17 personas, tarjetas falsificadas del Seguro Social que circulan entre docenas de amigos… ¿Por qué no alargar también las vocales y consonantes? Y no sólo eso, sino que —con la sola excepción del xhosa, pletórico de chasquidos— el español es la lengua más divertida de pronunciar: está llena de fricativos, africados y diptongos, sonidos palatales (como el infame de la ñ) y aproximantes laterales (la *ll*); oooooooooes profundas, agudas aaaaaes e iiiiessss y el trino alveolar, la enrollada doble *r*, que se oye como el estruendo matutino de una Harley en un suburbio. ¿Y el sonido más disfrutable del inglés? El rechinido de dientes siempre que un mexicano se queda con el empleo de otro gabacho haragán.

2

Cultura

Pollos, enanos
y la conexión Osama-futbol

Querido mexicano: ¿cómo es posible que los mexicanos siempre se sientan estúpidamente felices? No importa si hay una decena de ellos hechos bola en la caja de una pick-up destartalada a 38° C: son todo sonrisas. ¿Siempre están ebrios o qué les pasa?
Looking for Mexican Drinking Buddies

Querido Gabacho: Me recuerdas una de las canciones favoritas de papi: "El muchacho alegre", una ranchera que Francisco *el Charro* Avitia hizo famosa y que empieza así: "Yo soy el muchacho alegre / Que me amanezco cantando / Con mi botella de vino / Y mi baraja jugando". "El muchacho alegre" debería ser el himno nacional porque incluye todo lo que un mexicano necesita para divertirse: bebida, prostitutas, juego, canto, tiroteos, sexo anal, eso que los psicólogos definen como escapismo pero que yo llamo martes por la noche. Además ¿qué razón hay para no sentirse feliz, gabacho? ¡Todo es fantástico en el universo mexicano! ¡La pinche economía, la explotación en el Norte! ¡La diabetes y el alcoholismo endémicos! ¡La HR 4437! ¡La mediocre selección de futbol! ¡Lou Dobbs! Ya sea que se trate de música, de bebida, de juego, de trabajo o de mordisquear quesadillas de chapulines, siempre nos sentimos encantados, a no ser por un solo y deplorable negrito en el arroz: que somos mexicanos.

Querido mexicano: Trabajé en una tienda departamental el pasado periodo vacacional. Día con día, puntualmente, siempre que escuchaba el lloriqueo o el grito de un chiquillo, o si veía a un niño correteando por la tienda, se trataba de un niño mexicano. Vi mocosos que aullaban como la Llorona, mientras sus padres fingían no darse cuenta. Y escucha esto: soy mexicano y mis padres, sin duda, me habrían dado una patada en la cabeza si de niño me hubiera atrevido siquiera a hablar en voz alta en la tienda. ¡Chihuahua! ¿Cuándo cambiaron las reglas?

SHUT UP YOUR MOUTH

Trabajo en un negocio de ventas al menudeo y trato con gente de todo el mundo. Sin importar de dónde sean, todos se dirigen a mí en inglés, excepto los mexicanos. Los mexicanos siempre me abordan en español. ¿Por qué asumen que todo mundo habla su lengua?

ENGLISH ONLY, POR FAVOR

Queridos Pocho y Gabacho: Shut Up, lamento estar en desacuerdo contigo: no sólo son los mexicanos quienes permiten que sus hijos correteen en las tiendas —como si tuvieran todo el tiempo la frontera en sus narices— conteniendo el muy paterno impulso de soltarles un buen soplamocos de sentido común. Tengan presente la encuesta de *ABC News* (2000), la cual reveló que 65 por ciento de los estadounidenses adultos aprueba el correctivo de golpear a los niños, que resulta menor al 83 por ciento que en 1986 se mostró favorable a ello, en una encuesta similar de Gallup. Intenté reunir una muestra de los gabachos más gabachos que pudiera encontrar para comentar el tema, pero Pat Boone y Jerry Falwell no estaban disponibles. No obstante, el hecho es que la disciplina "huarache a nalga" lleva el mismo camino que la inmigración legal. En cuanto

a la segunda pregunta, English Only, te respondo con dos palabras:
China Town.

¿Por qué la afición de los mexicanos a los cohetes?
BLOWN AWAY IN THE BARRIO

Querido Gabacho: todo se reduce a que los mexicanos tienen más
acceso a ellos. El mejor mercado negro de petardos, Tijuana, está
en México. ¿Y quién dice que eso de aventar cohetes es sólo asunto
de mexicanos? Los gabachos también tienen su propio fetiche bum-
bum: se llama guerra de Irak.

¿Por qué será que cuando invitas mexicanos a una fiesta se sienten obligados a venir con 30 de sus parientes?
NOT ENOUGH FOOD FOR EVERYONE

Querido Gabacho: Mexicanos y fiestas: ¿hubo alguna vez un binomio
más espectacularmente grotesco? Bebemos mucho, comemos mucho, peleamos mucho, amamos mucho, nosotros mucho de mucho.
Al analizar la inclinación mexicana por la fiesta, el premio Nobel
mexicano, Octavio Paz, escribió: "La manera explosiva y dramática,
a veces suicida, con que nos desnudamos y entregamos, inermes
casi, revela que algo nos asfixia y cohibe. Algo nos impide ser. Y
porque no nos atrevemos o no podemos enfrentarnos con nuestro
ser, recurrimos a la fiesta".

Pero hay algo que ya no hacemos, Not Enough Food, y es llenar
las fiestas con nuestra familia extensa. Hubo un tiempo en que los
inmigrantes mexicanos alquilaban naves industriales para celebrar
en grande bodas, fiestas de quince años y bautizos, y exhortaban al
rancho entero a invitar a todo mundo: más de mil personas asistieron
al bautizo de mi hermano menor en 1992, ¡hasta la estrella de norteño, Juan Zaizar! Pero los mexicanos de mi generación preferimos
las celebraciones moderadas: sólo con invitación, sin niños, con
trillados y lacrimosos discursos a cargo de los padrinos y las damas

de honor, y sin banda sinaloense para ensordecer a la concurrencia con el rugido de sus metales. Por ejemplo, la recepción de la boda de mi primo, hace un par de años, se celebró en un *country club*, con un maestro de ceremonias y un límite de invitados de 250 (y considerando que a esa cifra asciende, más o menos, el clan de los Miranda, es natural que esa noche hubiera algunos primos enojados). Las fiestas mexicanas, Not Enough Food, se están volviendo propias y estiradas, exquiseteces gabachas; de manera que estamos trabajando duro para volvernos tan aburridos como ustedes.

Soy una mexicana que está saliendo con un gabacho. Mi gabacho siempre me pregunta por qué es tan común ver a los mexicanos echados sobre el pasto, debajo de un árbol. Y en verdad nunca falla: si pasas por un parque, en Anaheim, encuentras mexicanos tirados bajo los árboles. ¿Por qué?

UNIVERSITY CHICANA

Querida Pocha: Dick Nichols tenía razón. En 2003, este concejal de New Port Beach, California, enfureció a todos los mexicanos, desde El Salvador hasta Santana, al declarar ante el reportero de un diario que demasiados mexicanos revinidicaban el área verde de Corona del Mar State Beach "como suya, y a lo largo del día la utilizan como su propiedad privada, personal". Nichols nunca se disculpó por tal afirmación y no tenía que hacerlo, pues estaba en lo cierto. Los mexicanos continúan haraganeando en el césped de Corona del Mar State Beach y en cualquier mísera jardinera del mundo, como lo harían afuera de cualquier Home Depot. Los mexicanos, a diferencia de los gabachos, son buenos ciudadanos que saben que la mejor manera de aprovechar un parque es pasar en él las tardes bajo un roble, con un plato de cartón manchado de salsa y un *six-pack* de Tecate vacío al lado.

Cuestiones escatológicas

¿Por qué a los mexicanos les gusta escupir en todos lados?

LOOGIE LAD

Querido Gabacho: Aunque podemos echarnos un mano a mano de flemas con el más pintado, la costumbre de escupir no es exclusivamente mexicana. En mi gimnasio solían poner letreros en inglés, español, coreano y vietnamita que prohibían escupir en la pista de *jogging*. Pero si insistes, Loogie Lad, échale la culpa a la contaminación. El año pasado, la Agencia de Protección del Ambiente informó que los californianos respiran el segundo aire más sucio del país, y que los residentes del condado de Orange tienen casi el doble de posibilidades que los demás estadounidenses de padecer cáncer a causa de ello. Otras urbes del mundo de triste fama por sus gargajientos, tales como la Ciudad de México, Mumbai y todas las de China, están igualmente contaminadas. La respuesta natural del cuerpo a la irritación de pulmones y garganta es expulsar el exceso de saliva, pero nuestros pulmones y gargantas están tan ennegrecidos que ni siquiera nos percatamos ya del aire canceroso. Por otro lado, muchos mexicanos provienen del campo, donde el aire es tan puro como sus hijas. ¿En verdad deseas erradicar la escupitina pública? Fácil: presiona al Congreso para que suscriban el Protocolo de Kioto.

¿Cuál es el motivo de que los mexicanos son renuentes al uso del pañuelo? No es nada raro ver por la calle a un mexicano que, de repente, detiene su paso, hace una pinza con los dedos pulgar e índice sobre su nariz, toma una gran bocanada de aire y luego suelta un gigantesco mazacote de mocos. ¿Se trata de una práctica común sólo entre aquellos que salieron de los ranchos?

LOCO MOCO

Querido *Loco Moco*: Es verdad que los más célebres "hurganarices" al sur de la frontera son los mexicanos del campo; pero yo tomaría mis precauciones antes de adjudicar a los mexicanos el monopolio de la moquera pública. Por principio de cuentas, los únicos gabachos que hoy en día se sirven de pañuelos son los dandis y los imitadores de Oscar Wilde. ¿Por qué buena razón los mexicanos deberían utilizarlos? Sí, llevamos paliacates, pero esos los utilizamos para secar nuestras cejas, no para depositar saliva o mucosidad en ellos. Que yo sepa, ningún hombre de pelo en pecho, ya sea mexicano, *chinito*, gabacho o *negrito*, lleva encima pañuelos desechables para sus secreciones. Pero si alguien es responsable de regar mocos en la vía pública, ése es justamente el habitante de los suburbios. Sin duda, alguna vez que te haya atrapado un embotellamiento en el *freeway* habrás visto a alguien pellizcarse la nariz con pulgar e índice, tomar una bocanada de aire, sacarse una croqueta de la fosa nasal y luego arrojarla lejos de su coche, ¿no es así? Al menos, los mexicanos tienen la decencia de sonarse la nariz sobre sus manos.

¿Qué les pasa a todos ustedes, mexicanos, que orinan en público? ¿Es que no hay excusados en México? Y, por favor, no comparen a los pordioseros blancos que mean en la calle con lo que ustedes hacen todo el tiempo.

DON'T PISS IN MY POOL

Querido Gabacho: Sólo los hombres bien machos se atreven a sacudirse la verga en público y hacerla repicar. Pero es algo más que eso, Piss. En muchas ciudades hay una escandalosa falta de baños públicos, y no me refiero a los grandes y esterilizados sanitarios estilo Imperio Romano ni a los que pueden encontrarse en cualquier ciudad mexicana de tamaño medio. De ahí que, cuando están lejos de casa, los mexicanos —que comúnmente viven en las zonas bravas de las poblaciones— deben hacer sus necesidades en excusados inmundos, pestilentes, sin puertas y pintarrajeados de grafitis, donde la posibilidad de un asalto o de una violación está siempre a una meadita de distancia. Mear en público no es una asquerosa costumbre mexicana: es sólo un recurso de higiene y supervivencia.

¿Por qué los mexicanos adoran los baños públicos? Parecería que en cualquiera que visites hay un batallón de mexicanos esperando entrar. Y también, ¿por qué los mexicanos le jalan luego de hacer del dos y después arrojan el papel de baño embarrado al bote de basura, en vez de echarlo en la taza y dejar que se vaya con el agua? ¡Es asqueroso! Hagamos algo para acabar con estas locuras.

ANÓNIMO

Querido Gabacho: ¡Felicidades! ¡Acabas de dar justo al blanco respecto al método infalible para determinar si un mexicano está recién llegado de la frontera o —como lo definen los mexicanos que han vivido en este país por años— si tiene un nopal en la frente! Verás, jalarle al excusado todavía es una novedad en el México rural, así que los mexicanos de reciente arribo a este país experimentan por los sanitarios públicos el mismo temor reverencial que los turistas japoneses reservan para el Matterhorn de Disneylandia: de ahí las largas filas. En cuando al Charmín untado de popó, en los contadísimos ranchos que cuentan con servicios sanitarios en las casas, las tuberías suelen ser de mala calidad, pues son instalaciones baratas a cargo del gobierno mexicano. Cualquier cosa más pesada que el menudo de anoche fácilmente provocará la fractura del sistema de drenaje y arruinará el abastecimiento de agua del rancho: por eso el papel de baño debe ir a parar al bote de basura. Empero, los mexicanos que "usan el nopal" conservan esta tradición, aún mucho tiempo después de haber emigrado… ¿Me podrías hacer un favor, gabacho? Ve y diles a los nopaleros que aquí en Estados Unidos somos mucho más sofisticados cuando hacemos del dos, pues lo arrojamos todo al mar.

La política

¿Por qué en aquella marcha de 2006 en que solicitaban amnistía, los mexicanos ondeaban la bandera mexicana? Si lo que

pretenden es hacerse estadounidenses, ¿no era lógico llevar la bandera de Estados Unidos?

OLD AND TAINTED

Querida Gabacha: Tienes toda la razón: ondear la bandera mexicana no te lleva a ninguna parte y es una de las principales críticas que han recibido las grandes marchas que proliferaron en el país durante la primavera de 2006 por los derechos de los inmigrantes. Pero, realmente ¿qué más podían hacer los mexicanos? Cuando muchos de ellos ondearon la bandera estadounidense en las manifestaciones del 1° de mayo que ordinariamente se realizan en la nación, los gabachos los acusaron de vulgar oportunismo; si se arriesgan a ondear la bandera mexicana se les echa en cara su separatismo. Pero no olvidemos que, ante todo, estas personas son inmigrantes. En contra de lo que dice el mito asimilacionista de este país, los inmigrantes no cortan instantáneamente todos los vínculos con su nación de origen. ¿Qué otra explicación tiene el inmediato surgimiento de organizaciones fraternales una vez que los inmigrantes saltan del bote y, supuestamente, se vuelven estadounidenses? Que los inmigrantes orgullosamente hayan desplegado las banderas de sus patrias durante las marchas o que continúen haciéndolo en sus barrios es algo bueno: es el último espasmo agónico de su antigua nacionalidad, antes de convertirse en ciudadanos estadounidenses.

¿Por qué el culto al Che Guevara es mayor entre los mexicanos que entre los argentinos? A nosotros nos importa un comino.

MARADONA MAIDEN

Querida Gabacha Wab: Eres de las personas que critican a los mexicanos por venerar a un argentino muerto hace mucho tiempo, ¿verdad? Y, por cierto, ¿cómo se ha sentido recientemente el cadáver de Evita? Por otra parte, padecemos del mismo mal: el caudillismo, fenómeno sociológico que contempla la caída de la nación bajo el dominio de un individuo carismático, que promete entregar a las masas el poder y la riqueza, para volverse luego poderoso y rico mientras las masas se mueren de hambre y la oposición desaparece. A los historiadores les encanta diagnosticar este achaque como exclusivo de los latinoamericanos, pero también los gabachos sufren de él: ¿qué más explicaría que George W. Bush sea presidente? Sin embargo, el culto que tiene el Che entre los mexicanos entraña unos cuantos problemas más que la mera explicación del *caudillismo*. Como sea, el Che era un emigrante —salió de Argentina por la revolución— que rehizo su vida en México, cuando conoció a Fidel Castro. Murió joven, como todos los buenos varones mexicanos. El Che era un romántico: ¿para qué hacerte recuento de la cantidad de correos electrónicos de activistas pro inmigrantes que terminan con la supuesta frase de Guevara: "A riesgo de parecer ridículo, déjenme decir que el revolucionario verdadero está guiado por grandes sentimientos de amor"? Y, lo más importante, a Guevara no le asustaba utilizar la violencia como método en la búsqueda de su amor, ese amor que no se atreve a pronunciar su nombre... excepto a través del cilindro de un revólver. No les creas a los chicanos: en tanto que César Chávez abogaba por la no violencia, los mexicanos, como sus líderes, estaban armados hasta los dientes de oro: piensa en Emiliano Zapata, en Pancho Villa, en el Subcomandante Marcos. Ahora ya sabes por qué la democracia jamás ha existido en México.

¿Por qué pintas a los mexicanos como liberales cuando la mayoría son conservadores?

JORGE P. BUSH

Querido Medio Wab: ¿Qué no lees mi columna? Semana tras semana, "¡Pregúntale al Mexicano!" pinta a los mexicanos como los republicanos perfectos: homofóbicos, hostigadores de judíos, golpeadores de negros, antichinos, fanáticos religiosos creyentes del libre mercado y la autodeterminación y deseosos de borrar a los guatemaltecos del mapa. Más de una encuesta ha identificado este gen republicano de los mexicanos. La más completa, un informe de 2003 del Pew Hispanic Center, encontró que 80 por ciento de los latinos condena el aborto, 40 por ciento cree que el divorcio es inaceptable y 72 por ciento detesta a los gays (comparados con 60, 24 y 59 por ciento de gabachos que piensa lo mismo en cuanto a los correspondientes aspectos). Pero aun el más neandertal de los mexicanos se convierte en un demócrata cuando los republicanos empiezan a perorar sobre las restricciones a la inmigración. Verás, los mexicanos apoyan la política de fronteras abiertas no porque pretendan que se les devuelva el territorio del suroeste, sino porque son estudiosos de la historia de Estados Unidos. Saben que Estados Unidos explota oleada tras oleada de inmigrantes y que éstos, a su vez, tragan dicho pinole con la esperanza de que el país brinde a sus hijos la oportunidad de una vida mejor, la oportunidad de convertirse en estadounidenses. Detengamos la migración mexicana y los hijos de los inmigrantes seguirán siendo mexicanos: ¿y qué mexicano en sus cabales desea semejante cosa?

¿Por qué los mexicanos se rehúsan a asimilarse y a aceptar nuestra forma de vida? Yo sólo los veo ondear su bandera y pegar calcomanías con el nombre de sus estados en sus coches.

STUCK IN THE MIDDLE WITH TÚ

Querido naco blanco: ¿En dónde has vivido hasta ahora? ¿En uno de esos pueblos mormones de Arizona, donde los hombres tienen 30 esposas y los niños nacen tarados porque los primos se casan con primos? ¿Alguna vez has estado en una ciudad? ¡Sí, hombre!, en uno de esos estimulantes lugares con asfalto e iluminación en las calles. Deberías visitarlos. Ahí te encontrarás con multitud de inmigrantes que mantienen vínculos con su tierra: justamente *porque son inmigrantes*. Pero, ¿haces los mismos reproches antiasimilacionistas cuando ves que en las casas gabachas ondea la tricolor irlandesa en las semanas previas al día de San Patricio? ¿O qué dices sobre las organizaciones fraternales europeas que alquilan casetas en la feria popular? Tu sentir no es sino otra manifestación del excepcionalismo estadounidense, un síndrome del que ya en 1840 había advertido Alexis de Tocqueville, en su clásico *La democracia en América*, donde asevera que este país es distinto a cualquier otra nación y que, en función de ello, puede hacer lo que le dé su regalada gana: violar tratados internacionales, invadir países soberanos, ignorar la Copa Mundial de FIFA. Y así, en cuanto a la veneración por las propias raíces, lo que subyace es que los gabachos que salieron hace mucho de la isla Ellis pueden amar a sus ancestros sin avergonzarse, puesto que son descendientes de inmigrantes y los inmigrantes fueron quienes hicieron de ésta una gran nación; y que los mexicanos no pueden hacerlo, dado que son inmigrantes y los inmigrantes están convirtiendo a Estados Unidos en el Tercer Mundo.

Las elecciones presidenciales en México fueron una maldita porquería. Yo voté por el candidato conservador, Felipe Calderón, quien —según cree casi todo mundo— ganó la elección. Pero el izquierdista Andrés Manuel López Obrador está metiendo alboroto al afirmar que hubo fraude electoral. ¿El Mexicano tiene alguna opinión respecto de la política mexicana o, al igual que muchos pochos que conozco, le importa un cuerno lo que pase en México?

A MEXICAN IN MEXICO CITY

Querido Wab: Sí y no. Por un lado, los mexicanos de Estados Unidos se preocupan más sobre los sucesos al sur de la frontera que los propios mexicanos de México, ¿por qué otro motivo, si no, enviaríamos las remesas de miles de millones de dólares, que es la segunda fuente de ingresos, después del petróleo, y que financia el tren de vida de haraganes pendejos como tú? Pero las recientes elecciones presidenciales en México pusieron de manifiesto una paradoja fascinante: a pesar de nuestras inversiones en la patria, no nos inquieta gran cosa la emergente democracia mexicana. Las encuestas han puesto sobre el tapete que de los 4 millones de posibles votantes mexicanos que viven en Estados Unidos, sólo 28 mil llenaron una boleta electoral: un deplorable 0.7 por ciento. Y de esos que votaron, 58 por ciento lo hizo por Calderón, el defensor del libre mercado, sobre el populista Obrador, que truena contra los yanquis y que pretende usar nuestras remesas de miles de millones para entregárselas a mexicanos idiotas, a quienes no se les ha ocurrido la fantástica idea de largarse rumbo al Norte. Nuevamente, los resultados de las elecciones en México confirman lo que los mexicanos repiten, como si fueran mantras, a los *sensenbeaners* y a los partidarios de Gilchrist del mundo: que no solamente a los mexicanos de Estados Unidos no les importa la política mexicana (es decir, en tanto el gobierno mantenga las manos alejadas de esos miles de millones), sino que Estados Unidos transforma incluso a los más wabs de los wabs en seres individualistas, *laissez-faire,* amantes de la libertad que detestan el estado de bienestar. Y Estados Unidos desea alienar a estos conservadores de hueso colorado. ¿Por qué? Además, abstenerse de votar en las elecciones es algo tan estadounidense como las barras y las estrellas.

El transporte

¿Por qué los mexicanos siempre se amontonan en un coche pequeño?

BABA LOUIE

Querido Gabacho: Porque un burro no puede cargar con más de tres personas.

¿Por qué los mexicanos manejan con una lentitud tan desesperante?

VIEJA GRINGA

Querida Gabacha Vieja: ¿Te das cuenta de que mi columna se llama "¡Pregúntale al Mexicano!" y no "¡Pregúntale al vejete!"? Puedes acusar a los mexicanos de cualquier otro pecado automovilístico: por ejemplo, de achaparrar los coches hasta que el volante raspe el asfalto, de decorar las ventanillas con pinches calcomanías Calvin o de manejar sin tener seguro… pero no de que manejamos lento. ¿Por qué supones, Gringa Vieja, que los mexicanos se persignan antes de encender el coche? Cuando aprendí a manejar en las salvajes calles de Tijuana, mi padre me enseñó una sencilla regla: no frenes porque te mueres. Los mexicanos aprenden a conducir con destreza y velocidad en las espeluznantes glorietas de México y en sus épicos bulevares a fin de que, en un alcance por detrás, un taxi wv no nos envíe directo al infierno. Y esa mentalidad se ha trasladado a Estados Unidos, basta echar un vistazo a Santa Ana, que tiene uno de los índices más elevados de mortalidad de peatones en el sur de California, si no es que en el país. Si crees que los mexicanos manejan con lentitud... tengo una propiedad con vista al mar en la Ciudad de México que me gustaría venderte.

¿Por qué los mexicanos suponen que tienen el derecho de llevarse a casa el carrito del supermercado, abandonarlo o emplearlo para sus labores personales?
THIS LOAD OF LAUNDRY BROUGHT TO YOU BY STATER BROTHERS!

Querido Gabacho: No son sólo los mexicanos los que hacen esto: las tiendas han denunciado que el robo de estos carritos representa pérdidas por 800 millones anuales. Y aunque no han hecho distinción estadística por grupo étnico, los mexicanos adoramos los carritos de supermercado: son nuestros búfalos. Usamos las rejillas como soportes de enredaderas, las ruedas para transportar cargas pesadas, los manubrios como cucharas mezcladoras. En su versión rodante, las mujeres mexicanas los emplean para pasear a sus bebés y para llevar las compras del mercado: *minivans* improvisadas, si lo quieres ver así. Los mercados pueden atormentarse por los ingresos perdidos, pero es preferible que permitan que los mexicanos se queden con estos carritos, a que empiece a haber robos de coches verdaderos.

¿Cuál es el problema con el funcionamiento de las intersecciones controladas por semáforos, que tus hermanos de a pie encuentran tan complicado? Comprendo su susceptibilidad respecto de cruzar con luz de alto, o cuando la preventiva parpadea sobre el verde, porque algunos policías pueden utilizarlo como pretexto para

hacerles preguntas. Pero ¿tendrías inconveniente en advertirles que siempre que necesiten activar el siga, basta con oprimir el botón *una sola vez*? Está bien, para asegurarse, es válido hacerlo incluso en una segunda ocasión, pero *¡que no hace falta quedarse pegado al botón hasta que cambie la pinche luz!*

PUSHED TO THE LIMIT

Querido Gabacho: Oye, Pushed, ¿en serio crees que el botón de siga funciona? ¿Y también supones que el hombre llegó a la luna, que Lee Harvey Oswald actuó solo y que existe cosa tal como un varón mexicano frígido? Los modernos botones de siga vienen a ser como las tetillas de los hombres: un vestigio, un juguete para dedos ociosos. La mayoría de las señales de tránsito se automatizaron hace muchísimo tiempo y dependen de sensores que registran el flujo vehicular, no de las necesidades de los peatones, para determinar cuándo deben encenderse las lucecitas gabachas que nos permiten cruzar legalmente. Y no sé con qué mexicanos te codeas tú, Pushed, pero los mexicanos son gente ocupada, que tiene prados que podar, casas que construir y regiones enteras que agenciarse. Ningún botón va a controlar nuestro tiempo. Y ahora entenderás por qué son tantas las muertes de peatones mexicanos, al grado de que la Administración Federal de Carreteras de Estados Unidos encargó en 2004 un estudio denominado *Hispanic Pedestrian and Bicycle Safety* [*La seguridad del peatón y del ciclista hispano*], sólo para lidiar con nuestra impaciencia.

¿Por qué los mexicanos estacionan sus coches en los prados frente a las casas?

MIGHT EVEN NEED SOME OAXACANS

Querido MENSO: ¿Dónde quieres que lo hagamos, MENSO? ¿En el garaje que rentamos a una familia de cinco? ¿En el patio trasero, donde instalamos a nuestros primos recién llegados en cobertizos para herramientas? ¿En la calle, con sus banquetas pintadas de rojo recientemente aprobadas por los planificadores urbanos? ¿En la entrada de coches, donde colocamos los materiales de construcción para la próxima ampliación de la casa? ¿En el estacionamiento de la escuela cercana que frecuentan los cholos al acecho de un nuevo radio? MENSO, el prado es el único sitio donde los mexicanos pueden estacionar sus coches sin temor a cristalazos, choques de borrachos o a desafortunadas raspadas de pintura con llaves. Además, ¿qué supones que nos protegerá de los tiroteos desde los coches? ¿La policía?

¿Qué les pasa a los mexicanos que cruzan las calles en cualquier punto? ¿No hay zonas de cruce en México?

RUN, DON'T WALK

Querido Gabacho: Olvídate de las calles. Aunque el número de mexicanos citadinos que emigran al Norte va en aumento —en su estudio de 2004, *Fuentes de la corriente migratoria mexicana: migrantes rurales, urbanos y fronterizos a Estados Unidos*, la socióloga de la Universidad de Tulane, Elizabeth Fussel, ha calculado que 61 por ciento de los inmigrantes mexicanos del 2000 procedían de ciudades cuya población era al menos de 15 000—, en México la mayor parte de las calles carecen de sofisticaciones tales como luces o señales de alto, e incluso de carriles. Desde su más temprana edad, los mexicanos aprenden a navegar por estas ruines calles y mantienen dicho hábito cuando se infiltran a Estados Unidos, donde encuentran todo tan ordenado, tan preplaneado, tan... superfluo. Si hemos pasado por alto la cerca de púas, los desiertos y los *minutemen* que nos separan de Estados Unidos, ¿qué te hace pensar que vamos a obedecer a un pinche letrero de "ceda el paso" cuando estamos tras el volante?

Medios de comunicación

Soy una asiático-estadounidense, políticamente correcta y con sensibilidad cultural, que se desternilló de risa al ver la imitación

que hizo Jack Black de un mexicano en *Nacho Libre*. ¿Está mal?

VIETNAMMY MAMMY

Querida *Chinita*: ¿Mal? En lo absoluto. En tanto que los activistas latinos lloran y se lamentan de que gabachos como Jack Black reduzcan a los mexicanos a actores de elenco con bigotes y marcado acento, los mexicanos de la vida real no sólo no se preocupan por tales estereotipos, sino que incluso los *adoptan*. Visita el restaurante mexicano de tu localidad y verás que su logo es muy probablemente el mexicano que los consumidores estadounidenses han demandado de Hollywood por más de un siglo: un gordo seborreico que duerme bajo un nopal o un burro. También echa un vistazo al retrato de la vida real que figura en mi columna. Y, ¿te percataste de que muchos de los aficionados mexicanos que asistieron a la Copa Mundial de FIFA del 2006 en Alemania iban vestidos con jorongos, que llevaban bigotes falsos del tamaño de un gatito y sombreros de dimensiones similares a las de una balsa? Los mexicanos saben que las caricaturas son sólo eso: representaciones exageradas que tienen base en un núcleo real pero que nadie puede tomarse en serio. Además, a los mexicanos les gusta ofender tanto como a los gabachos: ve Telemundo o Univisión, donde hacen cabriolas en la pantalla cómicas caricaturas de jotos, negritos, chinos, gabachos, indios, gordos, ricos, pobres, chicas calientes, enanos —todos y todo—, y esto tan frecuentemente como los mexicanos en burro de la televisión norteamericana. Así que muérete de risa mientras ves *Nacho Libre*, Vietnammy Mammy, pero recuerda: si te ríes de los mexicanos, también tendrás que hacer otro tanto cuando veas que representamos a los de tu raza como dientones, de ojos de rendija, al volante de autos japoneses y comedores de perros en la próxima telenovela de moda.

Las últimas dos películas que vi tenían clasificación R. Sentadas en torno a mí había familias mexicanas con niños pequeños. ¿Por qué los mexicanos llevan a sus hijos de ocho años a ver películas

como *Hostel*? Y, además, permiten que sus niños pateen el respaldo de mi asiento.

CONFUSED MOVIEGOER

Querido Gabacho: El único delito que percibo aquí es que haya alguien dispuesto a desembolsar algo para ver *Hostel*, ese churro de horror de 2005 cuyo solo mérito para reclamar celebridad es el haber incluido en su elenco al guapo wab, Jay Hernández, como un personaje que ostentaba el *retegabacho* nombre de Paxton. Y en cuanto a tu pregunta, el Mexicano te remite a la finada crítica de cine del *New Yorker*, Pauline Kael, a quien se debe la aguda y famosa frase: "Las palabras 'beso beso bang bang' que vi en un cartel de cine italiano son, tal vez, el enunciado más breve imaginable sobre el atractivo fundamental del cine". A nadie se le puede aplicar esta perla mejor que a los mexicanos. Mezcla sangre, tetas, palomitas de maíz y el ocasional enano o marica y ya tienes entretenimiento para un mexicano durante un par de horas. Mira, la violencia y los mexicanos hacen una combinación tan perfecta como la tortilla y los frijoles. Ha constituido un prolongado tiroteo, que se inició en 1919 con el clásico del cine mudo, *El automóvil gris* (que dramatizó las hazañas de la pandilla homónima de la Ciudad de México y que incluyó tomas reales de sus ejecuciones), que continuó con los dramas urbanos de los años cincuenta y diversos desatinos de superhéroes que combinaban ciencia ficción, momias aztecas y lucha libre en los sesenta, para alcanzar su cumbre con las "narcopelículas" que los canales de televisión en lengua española han transmitido ininterrumpidamente durante las últimas tres décadas. La pasión de los mexicanos por la sangre fílmica, sin embargo, no es un rasgo patológico cultural, como puede decírtelo cualquier ejecutivo de Hollywood: la violencia es una lengua universal que no requiere subtítulos. Por eso, los padres mexicanos llevan a sus criaturitas a ver esas películas; y mientras los niños se hacen estadounidenses y los padres siguen atorados en sus clases paliativas de inglés, en ocasiones, la única manera de comunicarse es hablando el lenguaje de Charles Bronson. ¿Y el niño detrás de ti? Sólo estaba ensayando sus movimientos de *Death Wish* para luego poder patearte el culo.

¿Por qué a los mexicanos no les gustan las películas de ciencia ficción?

Juan Solo

Querido Gabacho: Uno de mis chistes étnicos favoritos es éste: "¿Por qué no hay puertorriqueños en *Viaje a las estrellas*? Porque en el futuro ellos tampoco trabajarán". Pero a los mexicanos no les gustan las cintas de extraterrestres porque éstas siempre son sutiles y veladas alegorías sobre los mexicanos, si hemos de creer lo que afirma el profesor de la Universidad de Texas, Charles Ramírez Berg. En un fascinante estudio publicado en su antología de 2002, *Latino Images in Film: Stereotypes, Subversion and Resistance* [*Imágenes latinas en el cine: estereotipos, subversión y resistencia*], Berg señala que una película gabacha como *Alien*, "hoy simboliza a los *aliens* de la vida real: inmigrantes documentados e indocumentados que han entrado y que perseverarán en su intento por entrar a Estados Unidos". Berg menciona los ejemplos de Superman y Spock y las réplicas de *Blade Runner*, para concluir que la "tensión cultural" creada por los inmigrantes se ha trocado en un miedo cinematográfico "que convierte al bandido grasiento en un *cyborg* y a la prostituta hispánica en una madre *alien*, fértil y oscura, que amenaza con reproducir monstruos en su cubil". Pero si en verdad hablas con mexicanos, descubrirás que adoran los *aliens*, los marcianos y los cerebros inmortales. Basta con ver la obra de El Santo, el *Enmascarado de Plata*, legendario luchador que estelarizó 55 películas en los años sesenta y setenta. Este superhéroe —que incluso usaba su mascara plateada con un suéter cardigan— luchaba contra cerebros (en *Santo contra el Cerebro del Mal*), zombies (*Santo contra los zombies*), marcianos (*Santo contra la invasión de los marcianos*), contra momias aztecas, vampiros, la hija de Frankenstein y hasta contra hombres salidos del infierno (*Santo contra los hombres infernales*). Los filmes mexicanos de ciencia ficción se cuentan entre los más alucinantes del mundo, y Ricardo Montalbán hacía de Khan. Sabía que había una razón para que los gabachos llamaran *aliens* ilegales a los mexicanos…

Como *pocho* me relaciono con incontables elementos culturales propios de mi rica cultura mexicana. Sin embargo, hay una cosa que no puedo entender: ¿por qué las mujeres mexicanas —incluida mi *vieja*— necesitan pasar incontables horas frente a la caja idiota, mirando pinches telenovelas? Esas chingaderas son viles repeticiones de la misma gastada fórmula. ¿Hay alguna manera de cambiar esto?

EL POCHO ENCABRONADO

Querido *Fucking Angry Pocho*: Por desgracia, la peste de la telenovela —esos lacrimosos melodramas en español que, invariablemente, presentan mujeres tetonas, ametralladoras y enanos en situaciones eróticas, metidos en enredos de confusión de identidades, primos que se casan, conflictos de clases y muertes en el parto— no da signos de remitir. Las telenovelas en lengua española son ahora un fenómeno mundial, que cuenta con enormes bases de adeptos en Rusia, Israel, Lituania, Filipinas e incluso Japón. En 2005, el Miami Dade College ofreció, por primera vez, un curso de escritura de guiones de telenovela, para cuyas escasas 30 plazas hicieron solicitud unos 44 mil estudiantes de 26 países. Pero no son sólo las mujeres quienes las ven, Pocho Encabronado. Según un estudio de 1998, *Los medios y mercados de Latinoamérica*, casi 40 por ciento de los varones latinoamericanos, en un rango demográfico de 18 a 34 años, vieron telenovelas regularmente, cifra no lejana al 54 por ciento de mujeres de la misma categoría. No hay nada vergonzoso en verlas: mientras nuestras *viejas* se pierden en los fantasiosos argumentos de la telenovela típica —¿no viste, por cierto, la que hace un par de años transmitió Telemundo, ésa sobre los libaneses y la Revolución Mexicana?— nosotros podemos admirar a las preciosas muñequitas que nos ofrece Latinoamérica… y las mujeres maduras tampoco están nada mal.

¿Por qué no se trasluce inteligencia en la programación de los canales en lengua española?

MEDIA MARICÓN

Querido Medio Joto: Tienes razón: la demanda mexicana de telebasura es igual a la de los estadounidenses. Y en esta línea, tenemos algunos ejemplares de campeonato mundial: programas como *Cero en conducta*, donde los adultos se ponen uniformes escolares y fingen ser alumnos de primer grado, o como *Sábado gigante*, un *show* de variedades de sábados por la noche, cuyo conductor es un judío chileno, de nombre Mario Kreutzberger, que se hace llamar Don Francisco. Ahí se combinan sombreros extravagantes con chicas en bikini y parejas que revientan globos para ganar automóviles. No hay niño mexicano que no conzca las creaciones de Chespirito, nombre artístico del comediante mexicano Roberto Gómez Bolaños. Él creó los programas *El Chapulín Colorado*, sobre un superhéroe disfrazado de grillo a quien Matt Groenig reconoce como la inspiración del Bumblebee Man de *Los Simpson*, y *El chavo del ocho*, cuyo personaje central es un niño que vive en un barril. Puede que todos estos programas parezcan obra de lunáticos, pero los productores mexicanos de televisión siguen abrevando de la fuente de Charles Chaplin, quien sabía que lo más sencillo, lo más elemental, es el mejor vehículo para la crítica social. La telebasura gabacha, en cambio, tiene que ver sobre todo con putas.

¿En qué estriba esa pasión mexicana por Piolín? No entiendo por qué les resulta tan atractivo ni por qué lo exhiben en camionetas, coches y tatuajes. ¿Será porque al Demonio de Tasmania lo acapararon los campesinos gringos?

SPEEDY GONZÁLEZ

Querido Pocho: Si Piolín, junto con Bugs Bunny y Speedy González, ha mantenido un gran número de seguidores entre los mexicanos es porque personifica al pícaro, el arquetipo universal que se vale de tropelías y agudezas para engatusar y salir airoso de situaciones complicadas. Hoy en día, empero, pegar una calcomanía de Piolín en tu camioneta o carro también significa tu adhesión al Piolín, ese DJ hispanohablante de Los Ángeles que utilizó su programa de patrocinio nacional para organizar las marchas de inmigrantes que se apoderaron de Estados Unidos en la primavera del 2006. Eduardo Sotelo se ganó el apropiado sobrenombre de Piolín a causa de su apariencia física y de sus labios abultados. En contra de la opinión popular, Piolín no es ningún cobarde y sí, en cambio, muy macho. Hay que tener en cuenta que logra escapar continuamente de Silvestre, de las garras del gato, una metáfora de la experiencia de la inmigración mexicana, en que el pícaro papel de Piolín corresponde a los mexicanos, en tanto que los gabachos representan al despistado y gordo gato que fracasa, una y otra vez, en atrapar a su pequeño y colorido antagonista.

En un viaje que hice recientemente a San Diego escuché una gran cantidad de anuncios radiofónicos de vino, chocolate e incluso de servicios públicos mexicanos que instaban a la gencración joven a no consumir cocaína. Todos los anuncios eran patrocinados por la Cámara Mexicana de Comercio. ¿Por qué transmiten propaganda mexicana en inglés en Estados Unidos?

WHITEY FRIEDMAN

Querido Gabacho: Por sabiduría empresarial, Whitey. El gobierno mexicano sabe bien que los gabachos nunca se molestarán en aprender español, más allá de *pinto, México* y *drinko por cinco*. De manera que cuando las empresas mexicanas quieren hacer negocios en Estados Unidos, echan a andar campañas publicitarias en inglés. Por ejemplo, en 2004 el Consejo Nacional de Turismo de México lanzó una campaña publicitaria de 8.2 millones de dólares para atraer gabachos al sur. Según *Advertising Age*, los actores mexicanos de estos comerciales invitaban a los turistas estadounidenses a sus bodas, trabajaban como *caddies* o guiaban *tours*, todo en aras de mostrar lo que el Consejo define como "la incomparable hospitalidad del país".

Eran comerciales fascinantes y no sólo porque el cineasta Alejandro González Iñárritu (*Amores perros*) haya dirigido tres de ellos. Los mexicanos casi no hablaban español, o cuando mucho, apenas lo que un ama de casa gabacha maneja para darle órdenes a María. Exactamente igual que en esos comerciales de San Diego. México es un país maravilloso cuya producción y gente son asombrosos. ¿Qué necesidad había de que las empresas mexicanas alertaran a los consumidores estadounidenses recordándoles que ahí viven los mexicanos?

¿Por qué no aparecen más mexicanos en televisión? Ah, y George López y Eva Longoria no cuentan.

The Cisco Kid

Querido Gabacho: Porque no hace falta: para eso tenemos a *Los Simpson*, el programa de televisión más visto por la población latina de Estados Unidos y el programa estadounidense de mayor audiencia en México. ¿Te sorprende? No debería: *Los Simpson* es el programa más latino de televisión y retrata la realidad urbana de la mayor minoría de Norteamérica.

A primera vista, las únicas presencias latinas constantes en Springfield serían la del inepto doctor cubano Nick Riviera y la del Bumblebee Man. Empero, más allá de estos personajes obvios, hay en él sutiles pero fundamentales incidentes que nos muestran al Springfield latino.

Las referencias al mundo latino de Springfield están por todas partes. La principal sala de cine del pueblo es el Teatro Azteca que resplandece con sus decorados precolombinos. Los habitantes también puede disfrutar de los encuentros de lucha libre en el Memorial Stadium de Springfield (en un episodio, Marge y sus amigas invierten en un luchador mexicano llamado el Bombástico). En el mundo del delito, el único disturbio futbolístico aconteció luego de un partido entre México y Portugal y, en una ocasión, Snake compartió celda con un capo colombiano en la penitenciaría de Springfield. No podemos olvidarnos tampoco del héroe de la industria de los timbres para puerta, el Señor Ding-Dong, que sin ninguna ayuda salvó al pueblo entero de la campana descompuesta de Marge y de su repetición de "Close to you". Ni del Señor Spielbergo, el "equivalente mexicano no sindicalizado" de Steven Spielberg, a quien el Señor Burns contrata para filmar su hagiografía.

Los valores culturales que se asocian a los miembros de la familia Simpson también sugieren una sustancial influencia latina en Springfield, que sólo puede provenir de su interacción cotidiana con latinos. La muletilla de Bart "¡Ay, caramba!" resultaría inimaginable si Bart no estuviera rodeado de niños mexicanos que le enseñaran juramentos o expresiones en español. Mientras que Lisa es chicana, y lo suficientemente enterada para señalar a Maggie la diferencia entre las culturas olmeca y maya, luego de que el Señor Burns le regala a Bart una gigantesca cabeza de piedra del dios olmeca de la guerra Xtapalatecetl. En cuanto al tonto irredento de Homero, tampoco resulta inmune al hechizo de la cultura latina, con su herida en batalla ocurrida cuando la puerta de un camión de refrigerios le cayó en la cabeza, después de que pidió un burrito, o en aquella ocasión en que se imaginaba como el Malvado Homero que tocaba las maracas sobre su sepultura.

Incluso el doctor Nick y Bumblebee son matizados. El doctor Nick es un inmigrante, que tuvo que presentar una prueba para inmigrantes a fin de poder permanecer en el país, esto con posterioridad a la aprobación de la proposición antiinmigrante 24 (de la que hablaré más adelante). Aunque ridículamente inepto, el doctor Nick tiene una clínica gratuita en el barrio pobre del pueblo en la que anuncia: "Se habla español". Este pequeño detalle alude a la realidad que enfrentan los inmigrantes latinos para obtener servicios de salud y sugiere también que los inmigrantes latinos de Sprinfield son recién llegados... y pobres. Su única diversión, aparte de los encuentros de futbol *soccer* y de la lucha libre, es su ídolo, Bumblebee Man, el mexicano hispanohablante vestido de abeja que, incluso, es más famoso que Krusty el Payaso y que el comentarista de noticias Kent Brockman. Para la familia Simpson y sus amigos (como lo dijo Bart alguna vez), Bumblebee Man representa sólo un "impredecible sainete mexicano". Pero Pedro (el nombre real de Bumblebee Man) es tan popular que él y su emisora, Canal Ocho, superan en los índices de audiencia a Krusty el Payaso. Su emisora (con su propio estudio de producción) es tan importante que, cuando Sideshow Bob amenazó con hacer volar a Springfield, Canal Ocho fue uno de "los distinguidos representantes de la televisión" que se entrevistó con el alcalde Quimby para decidir el futuro de la televisión en Springfield. Y, al final, Bumblebee Man se pasa al Canal 6, en una aparente maniobra de las emisoras en inglés de Springfield para atraer televidentes latinos mediante el recurso de contratar a uno de los suyos (burda parodia del sainete de la ABC, *Betty la fea*).

En vista de que todos los *sketches* de Bumblebee Man están en español (aunque en versión horriblemente corrupta), sus índices de audiencia revelan que hay una numerosa población latina no asimilada en Springfield. Esa misma población indica por qué Springfield, en un episodio, consideró urgente aprobar la Propuesta 24 del alcalde Quimby, medida antiinmigrante extrañamente similar a las guerras antiinmigrantes de nuestra nación.

Los latinos deberían reclamar como propia la serie *Los Simpson* e instar a sus escritores de guiones a desarrollar por extenso a la comunidad latina ya establecida como un contingente mayoritario de Springfield. Esto no supone una amenaza de boicot ni tampoco la invención de situaciones improbables con que los guionistas de *Los Simpson*, desgraciadamente, ya se han encariñado. Al demandar una descripción más detallada de Springfield, los latinos podrían dar a *Los Simpson* la mayor presencia latina en televisión fuera de *Cops*.

Deportes

¿A qué se debe que los mexicanos jueguen futbol *soccer* y no deportes auténticos como el *hockey* o el futbol americano?
                                                    ICE-COLD LINEBACKER

Querido Gabacho: Porque el futbol *soccer* supone que corras más. ¿De qué otra forma podríamos entrenarnos para cruzar la frontera México-Estados Unidos en la carrera de medianoche?

¿Por qué los aficionados mexicanos al futbol *soccer* cantan "¡Osama! ¡Osama!" cuando su selección juega con la de Estados Unidos? Jamás oímos a los aficionados estadounidenses gritar: "¡La *migra*!"

WHITE BOY DASH

Querido Gabacho: ¿Crees que corear el nombre de Laden es algo de mal gusto? ¿Y qué opinas del columnista del *Daily Mail* que, el día que Inglaterra enfrentaba a Alemania Occidental en la Copa Mundial FIFA de 1966, escribió: "Puede que Alemania Occidental nos derrote hoy en nuestro deporte nacional, pero sería de justicia: nosotros les hemos ganado dos veces en el suyo"? ¿O qué juicio te merecen los *hooligans* que, en el partido de la Liga italiana entre el Lazio y el AS Roma, saludaron a los aficionados judíos con una manta que decía: "Auschwitz es su pueblo y sus hogares son los hornos"? Date cuenta de que hablamos de futbol, no de Wimbledon. Las burlas ofensivas son parte del juego, y quien no aguante el calor haría bien en salirse de la cocina. El jingoísmo es la razón principal por la que el futbol es el deporte más popular en el mundo: los países y las regiones pueden descargarse mutuamente su agresividad en la cancha y las tribunas, y no en un campo de batalla. De ahí que los mexicanos se deleiten en fastidiar a Estados Unidos durante los encuentros de futbol. Ustedes nos explotan, nos humillan, nos dominan en todas las categorías socioeconómicas, incluso nos pueden ganar en el futbol: Estados Unidos ha vencido a México en siete de los últimos 10 encuentros, incluido un aplastante 2-0 en la segunda ronda de la Copa Mundial de 2002. Pero en vez de esgrimir navajas, nuestra venganza más dulce es el insulto agudo, el bien temperado silbido de *chinga tu madre* y un poco de cerveza vertida sobre Landon Donovan cuando salía en triunfo del estadio. Todas las grandes naciones futboleras generan sus aficionados rabiosamente nacionalistas y Estados Unidos seguirá siendo un país de tercer nivel hasta que los estadounidenses griten *¡tacos!* la próxima vez que la escuadra mexicana invada el Norte.

¿Qué tiene el equipo de futbol americano de la insignia pirata, ése de Oakland, que vuelve locos a los mexicanos? Está bien, tenían un entrenador hispano y un mariscal de campo hispano pero, ¿hay alguna otra razón?

CLEVELAND BROWNIE

Querido Wab: ¿A todos los mexicanos como los Raiders? Díselo a los cholos que portan las camisetas de los Cowboys de Dallas o de los Cafés de Cleveland (¿entiendes? ¿Cafés? ¿Mexicanos? Sí, los cholos manejan bien la ironía) o a Joe Kapp, el durísimo mariscal de campo que condujo a los Vikingos de Minnesota a su primer Supertazón y que por ello figuró en la portada de *Sports Illustrated* en 1970, bajo el encabezado de "El chicano más rudo". Pero, sí, el equipo de futbol americano más popular entre los wabs sigue siendo el de los Raiders de Oakland. Aun cuando no hayan ganado un Supertazón desde 1984, aun cuando hayan tenido cuatro temporadas perdedoras al hilo, los mexicanos idolatran al *plata y negro*, tal como si el equipo hubiera alineado de guardia nariz a la Virgen de Guadalupe. Una de las causas es que los Raiders siempre han tenido como base de su fanaticada a una clase trabajadora y multiétnica, salida de las raíces del equipo de Oakland. Otra posible razón del gran número de seguidores mexicanos con que cuentan es la que tú señalas, esto es, que el dueño de los Raiders, Al Davis, fue el primero de la Liga en contratar un entrenador y un mariscal de campo mexicanos, curiosamente ambos de nombre Tom Flores. Un motivo más radica en el hecho de que los Raiders jugaron en Los Ángeles, capital de México del Norte, desde 1982 hasta 1994, época en que millones de mexicanos alcanzaron la edad adulta y los Raiders sólo tuvieron tres temporadas perdedoras. También esto explicaría que los Lakers de Los Ángeles y los Dodgers de Los

Ángeles sean tan populares entre los mexicanos: ambos equipos
se hicieron ganadores cuando los mexicanos migraron en masa a
California, y a los mexicanos les gusta ir con el ganador tanto como
a los gabachos. Pero la mejor explicación de esto, llega por cortesía del finado y grandioso Hunter S. Thompson, quien respecto
de la Nación Raider, señaló: "Indudablemente, se trata de la más
miserable, grosera y siniestra multitud de gorilas y dementes que
se haya congregado en tal cantidad bajo un mismo *techo* —por así
decirlo— en el mundo de habla inglesa". Palabras de amor que, con
toda justicia, son aplicables a los mexicanos.

**Lo único que me desagrada de la cultura mexicana es su evidente
atracción por las peleas de animales (perros, gallos, toros). No
concibo que un ser humano pueda disfrutar viendo cómo dos
perros se hacen trizas entre sí.**

LOVE EVERY VIABLE ANIMAL

Querida Gabacha: La senadora del estado de California, Nell Soto
(D-Pomona) está de acuerdo contigo. Ella es la autora de la SB 156,
una declaración del Senado de California de 2005 que pretendía
endurecer las leyes ya existentes contra las peleas de gallos, al hacer
susceptibles de castigo, como delitos, a las faltas reiteradas. Su mayor
oponente: Nativo López, un viejo activista chicano del condado de
Orange. En julio, como presidente de la Asociación Política Mexicano-Estadounidense (MAPA, por sus siglas en inglés), López impulsó
una resolución que se oponía a la SB 156 sobre la base de que
"pasaba totalmente por alto las realidades culturales, económicas y
sociales de nuestra comunidad". Y tal cosa provenía de un pendejo
que en 2004 confesó al *Socialist Worker*: "Aquí, confidencialmente,
me siguen gustando las peleas de gallos".

Pero no voy a defender las peleas de gallos recurriendo a sus
profundas raíces en la sociedad mexicana. Azuzar a unos animales
en contra de otros es algo desagradable y cobarde, pero la violencia es inherente a todos los deportes. La diferencia entre los
deportes de animales y de seres humanos, desde luego, es que la

intervención de estos últimos es voluntaria, aunque lo que hace que la mayoría de los pasatiempos resulte atractiva para tantos es el espectro de la lesión o el de la muerte. Si no, ¿por qué crees que la Liga Nacional de Hockey recauda millones atiborrando sus DVD especiales con escenas de golpes atroces? O, ¿cómo es posible que Mike Tyson —boxeador cuyo momento cumbre pasó ya hace 15 años— siga vendiendo bien sus peleas? ¿Y qué piensas de la popularidad de los Raiders de Oakland, el equipo que elevó el juego sucio a la categoría de arte?

Es malo que los animales se despedacen entre sí para el simple entretenimiento humano, pero recuerda, lo que para un hombre es un deporte bárbaro, para otro es su NASCAR.

Cochinadas misceláneas

Aburrido, hace unos días me puse a cambiar canales y, por primera vez en mi vida, caí en la cuenta de que los mexicanos tienen obsesión por los enanos: como conductores en programas de entrevistas, como pequeños superhéroes que luchan contra el crimen e, invariablemente, como perseguidores de mujeres de senos tan grandes como ellos mismos. ¿Qué pasa?

EL GABACHO GIGANTE

Querido Gabacho: Los enanos han dominado la imaginación de los mexicanos desde antes de que México existiera. Tanto los aztecas como los mayas asociaban a la *gente pequeña* con los dioses de la lluvia, en tanto que los olmecas creían que sostenían el cielo, de acuerdo con lo que señalan los autores Mary Miller y Karl Taube en su *An Illustrated Dictionary of Gods and Symbols of Ancient Mexico and the Maya* [*Diccionario ilustrado de los dioses y*

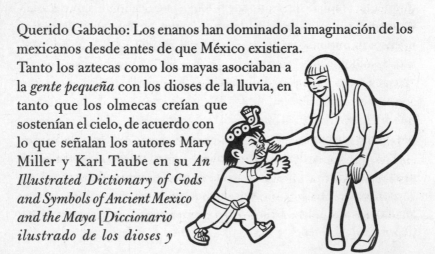

símbolos del México antiguo y de los mayas] (1997). "En la época de la conquista española —nos dicen—, Moctezuma... disponía de una legión entera de enanos para entretenerlo y, a veces, para aconsejarlo en materias de estado y religión." Los antiguos también creían que los enanos eran manifestaciones humanas del Pícaro, el personaje mítico, lo que explicaría su perenne papel como identificador de la sociedad mexicana. Los mexicanos adoran a la gente pequeña, en especial en el cine; después de todo, ¿no te encantaría esgrimir pistolas, saltar de un lado a otro en las arenas de lucha, imitar celebridades y pellizcar a una mujer rolliza en la "mejilla trasera" y hacer que la chica picosa ponga la suya?

¿Por qué en el contexto de nuestra cultura muchos de nosotros tendemos a permanecer en la casa paterna hasta que nos casamos?

STAY-AT-HOME SLACKER

Querido Wab: Los gabachos juzgan esta extraña faceta de nuestra cultura como signo de inmadurez, pero en realidad es la cosa más sensata que una persona joven puede hacer. Es un buen inhibidor del sexo premarital, dispones de cama, comida y cable gratis, y tu consentidora madre se encarga de que tu ropa interior esté siempre limpia. Los padres obtienen el beneficio extra de incorporar el sueldo del hijo a los continuos remozamientos y mejoras de la casa y, además, reciben algo de renta. Dejemos que los gabachos disfruten muertos de hambre de sus años de estudiantes: yo me quedo con el bienestar que me proporciona mi mami.

¿De dónde proviene la necesidad mexicana de exhibir a la Virgen de Guadalupe en todas partes? La he visto en los sitios más extraños, desde una sudadera hasta una calcomanía de parabrisas. Como mexicana, encuentro un poco ofensivo y vulgar que se exhiba este símbolo religioso en cualquier sitio. Ahí están todos

estos pinches persignados que se cagan frente a la imagen de la Santa Madre.

Foxy Mujer

Querida Pocha: Entre los mexicanos, la exhibición de productos de la Virgen de Guadalupe es un pasatiempo tan popular como la introducción de ilegales a Estados Unidos. La hermosa antología pictórica *Guadalupe* (2002) muestra a la santa patrona en paliacates, botellas de bebidas alcohólicas y cofres de coches; en tatuajes, en llaveros e, incluso, en camisetas de futbol. La he visto representada en murales, bordada en las fabulosas camisas de seda que usan los hombres de Stetson y —una Navidad— en mi propio tazón de guacamole. Pero así como comparto tu desprecio por esos hipócritas que se persignan en su presencia antes de ir a pecar, Foxy, no encuentro en absoluto ofensiva la exhibición pública de la Emperatriz de las Américas. El catolicismo mexicano es sublime precisamente porque no traza una línea tajante entre lo sagrado y lo profano. Podemos instalar tan cómodamente a nuestros santos en una catedral como en los tapones de un coche. Además, la morenita Guadalupana viene a ser un divino *vete a la fregada, puto* para los dominadores gabachos del mundo. Si recuerdas (por el "Sermón de la montaña"), Dios ama a los menesterosos, y ¿qué pueblo hay más menesteroso que el mexicano. Digo, descontando al guatemalteco.

¿Todos los mexicanos son católicos? Y si es así, ¿a qué se debe?

SAINT BIG GUT

Querido Gabacho: No, no todos los mexicanos son católicos, pero sí 90 por ciento, proporción que ha caído en picada en el último par de décadas, debido al surgimiento del evangelicanismo y, como en el resto del mundo, a la exasperación de los fieles que desean una Iglesia del siglo XXI y no una que se conforme con poco más que erigir aparatosos templos. De manera que, ¿cómo se explica que tantos mexicanos sean creyentes de esta fe? Los responsables son papi y mami: los frailes españoles que impusieron la palabra de Cristo con la espada del hombre y las mujeres indígenas que sucumbieron. Pero fueron los indios quienes rieron al último: el catolicismo mexicano es catolicismo sólo de nombre, pues muchos de sus adeptos aún están apegados a las tradiciones indígenas y mezclan a muchos de los santos con antiguas deidades locales (el mejor ejemplo es la Virgen de Guadalupe) para crear una religión mestiza que enardece al Vaticano pero que es su única salvación.

Realmente me gustaría que explicaras la gran popularidad de las fiestas de 15 años o "quinceañeras". En particular porque no creo que sean una costumbre mexicana sino más bien una manifestación de cultura nacida en Estados Unidos. ¿Estoy en lo cierto?

CURIOUS COUTURE

Querida Gabacha: Totalmente equivocada. Todas las culturas tienen sus rituales femeninos de paso a la edad adulta y la versión de México entraña funciones religiosas, vestidos recargados y valses que proceden de la invasión Habsburgo a México durante los años sesenta del siglo XIX. Y en tanto que en México, por lo general, lo de las "quinceañeras" es una cuestión bastante modesta, las fiestas que celebran en Estados Unidos hacen que los episodios de *My Super Sweet 16* parezcan de una sencillez casi monacal. La razón de que sean tan extravagantes es que los mexicanos de aquí aprenden pronto que lo importante no es el mensaje de la ceremonia religiosa de paso a la edad adulta inherente a la quinceañera, sino cuán profundamente es posible hundirse en deudas para mostrar al mundo la riqueza que alguna vez se tuvo.

¿En qué consiste el temor de los mexicanos a los bancos? En mi barrio, el asalto a una casa reportó a los rateros dos mil dólares que las víctimas, mexicanas, iban a emplear para el siguiente pago de la hipoteca. Cuando le mencioné esto a una amiga mexicana,

me dijo que una vez le birlaron 15 mil dólares que guardaba en su departamento. ¿No les llegan noticias a los wabs de sus parientes del Norte, respecto de que las cuentas bancarias estadounidenses están aseguradas en 100 mil dólares?

GÜERO IN THE BARRIO

Querido Gabacho: Por generaciones los mexicanos han desconfiado de los bancos estadounidenses, primero, por las malas experiencias con las tambaleantes instituciones financieras de México, segundo, porque estos bancos no permitían abrir cuentas a los no residentes y, tercero, porque muchos mexicanos reciben su sueldo en efectivo de manos de sus gabachos patrones evasores de impuestos. De ahí el sistema financiero de mercado gris, basado en colchones, latas de tomate y macetas de nopales. Pero en la actualidad, es un hábito que ya sólo cultivan los más wabby de los mexicanos, pues, en 2001, Wells Fargo, Bank of America, Citigroup y otros grandes bancos estadounidenses recibieron la aprobación de la Tesorería de Estados Unidos para aceptar credenciales de identificación mexicanas —llamadas matrículas consulares— como comprobante suficiente en el caso de los ilegales, a fin de que estos pudieran abrir cuentas bancarias. El dinero oculto de los inmigrantes ilegales pronto inundó las bóvedas de los bancos estadounidenses y continúa haciéndolo. Según un artículo del *Business Week* del 18 de julio de 2005, "Se espera que, a lo largo de la próxima década, la mitad del crecimiento del índice de pequeños ahorradores en todo Estados Unidos provenga de los nuevos inmigrantes". Los críticos (véase, por ejemplo, AmericanPatrol.com), acusan a Wells Fargo y al Bank of America de alcahuetear a los ilegales, pero, recuerda, Güero: el flujo de dinero mexicano en los bancos estadounidenses significa que, al igual que con el grueso de la economía de Estados Unidos, los ahorros de tu vida pronto dependerán de los mexicanos.

¿Por qué los mexicanos nunca van al doctor?

EL BLANCO BORRACHO

Querido Gabacho: No tienen necesidad. Primeramente, trabajamos muy duro para permitir que algo tan intrascendente como un resfriado o un bazo perforado nos obligue a tomarnos el día. Y cuando en verdad nos enfermamos, solemos ponernos en nuestras propias manos. Un artículo publicado en 2001 en el *Journal of Immigrant Health* hacía hincapié en lo difundido de la automedicación entre los inmigrantes y argumentaba: "Es posible que los grupos de bajos ingresos se automediquen para evitar el alto costo de la medicación profesional". Por otra parte, los mexicanos siguen recurriendo a milenarias tradiciones medicinales orgánicas. Por ejemplo, las mujeres mexicanas cultivan jardines pletóricos de plantas medicinales, como el aloe vera, el epazote (bueno para una barriguita adolorida), yerbabuena y muchas otras. Todos los barrios disponen cuando menos de una *botánica*, clínica de salud semiclandestina que vende hierbas, amuletos y otros remedios católico-indígenas. Y cuando todo fracasa, muchos mexicanos que viven sobre la frontera pasan a Tijuana, donde las farmacias almacenan poderosos antibióticos, junto a los desodorantes y a las revistas de chismes. Sí, Blanco Borracho, la automedicación es riesgosa, pero como ha puntualizado el artículo del *Journal of Immigrant Health*, muchos mexicanos simplemente no pueden darse el lujo de confiar en el sistema de salud estadounidense, no sólo porque los costos resultan prohibitivos, sino también porque la mayoría de los hospitales estatales y sus médicos están plagados de mexicanos.

3

Sexo

El Sucio Sánchez, Juangas, y la esperma indómita

Querido mexicano: mi amigo y yo nos preguntábamos ¿por qué las chicas mexicanas son tan bonitas de adolescentes y luego, al paso de los años, se convierten en bolsas viejas y gordinflonas?
No More Fat Chicas

Querido Gabacho: No; precisemos los hechos. Las mujeres criadas en México que luego inmigran aquí mantienen su belleza para siempre: ve las fotos de la diosa del cine mudo, Dolores del Río, que todavía a sus 70 años daba patadas a los hombres. En realidad, son sus hijas las que se inflan como dirigibles. ¿Cuál es la diferencia? El día laboral de 18 horas de una mamá mexicana: el aseo de pisos, la crianza de hijos —suyos y de otras familias—, el trabajo en la fábrica y la preparación de la comida del marido mantiene alejada la flaccidez: cualquier engrosamiento muscular proviene de un trabajo repetitivo que derrumbaría a un levantador de pesas. Entre tanto, sus hijas son tan estadounidenses como tú, gabacho: son malcriados culos gordos que van de fiesta en fiesta, se sobrealimentan y no hacen quehaceres cuando llegan a casa, luego de un día en la oficina o de su clase de estudios chicanos, porque ya tienen a un mexicano que los haga: su mami.

¿Por qué los mexicanos tienen tantos bebés?

ONE IGNORANT GABACHO

Querido Gabacho: ¿La respuesta antropológica? La gente pobre necesita familias grandes para tener más ingresos. ¿La postura teológica? Los mexicanos no creen en el control de la natalidad porque la Iglesia católica la considera pecado. Pero hay una razón —que no es la salsa— por la que los medios masivos estadounidenses reclutan constantemente actores y actrices mexicanos como *Latin lovers* y señoritas picosas y les cuelgan como 30 hermanos. ¿Alguna vez has tenido sexo con un mexicano? No hay profiláctico en el mundo que pueda contener a un espermatozoide mexicano durante el coito: esos hombrecitos rasgan los condones promedio como un azteca desgarraría el esternón de un conquistador. Y en cuanto a los anticonceptivos orales, tengo muchos amigos mexicanos que nacieron cuando sus mamis tomaban la píldora. Si la patrulla fronteriza no nos puede impedir el inicio una nueva vida, ¿qué te hace creer que iba a hacerlo una insignificante pildorilla?

¡Me encantan los hombres mexicanos! Tratan a sus mujeres como reinas. Pero mi amigo no está de acuerdo; dice que los maridos mexicanos hacen que sus esposas duerman en el suelo. ¿Quién tiene la razón?

NUBIAN NOVIA

Querida *negrita:* Ambos están en lo cierto. Todas las culturas oscilan entre dos arquetipos en cuanto al trato que dan a sus mujeres: la Inmaculada Madonna y la Gran Puta. Pero muy pocas sociedades han llegado a institucionalizar esta dualidad maniquea como la mexicana. Hay que tener presentes a las madres fundadoras del país: la Malinche y la Guadalupana. La Malinche (conocida también como Malitzin y Marina), fue una doncella indígena que hizo funciones de traductora y amante para Cortés a lo largo de su sangrienta ruta hacia Tenochtitlan durante la conquista. Desde entonces, México la ha vilipendiado; de hecho, el término *malinchista* es sinónimo de *traidor*. Doce años después de la caída del imperio azteca, el 12 de diciembre de 1531, otra mujer de tez morena cambió el destino de México: Nuestra Señora de Guadalupe. En tanto que la Malinche trajo la espada española sobre los indios de América, Guadalupe ha recompensado a sus hijos con la salvación, al fundir la imagen católica de la Virgen María con la deidad telúrica azteca, Tonantzin. Freud diría que la temprana aparición de estas dos mujeres épicas en la gestación de México daría cuenta de por qué están grabadas con fuego en la psique mexicana. ¿Vendría esto a explicar también las posiciones extremas que los hombres adoptan respecto de las mujeres? Aunque, en realidad, toda mujer lleva dentro de sí misma un poco de María nuestra madre y de putilla culera. Los hombres sólo reaccionan en consecuencia.

Mi amigo me dijo que las latinas creen en la viriginidad hasta el momento del matrimonio, así que si deciden tener sexo antes… lo toman por el culo. Él afirma que es una práctica común y bastante disfrutable si uno es hombre de puerta trasera.

LARRY THE LIAR

¿Es verdad que en las culturas latinas se considera joto a quien lo recibe por el culo, pero no al que se lo mete a otro fulano por ahí? En otros términos: los receptores son maricas, pero los lanzadores no. ¿Cómo está eso?

GABACHO GARY

Queridos Gabachos: Estaba a punto de despachar sus preguntas en calidad de meros estereotipos estadounidenses de los lujuriosos latinos, en la línea del célebre Sucio Sánchez, pecadillo sexual que consiste en meter un dedo en el culo y untar heces fecales sobre los labios del ser amado. Sin embargo, las revistas médicas abundan en estudios que documentan la sodomía en América Latina. Por ejemplo, la Campaña Global de Microbicidas, una organización que apoya el control natal, precisa en su página web: "La frecuencia del coito anal se... ha documentado [en otras publicaciones científicas] entre heterosexuales en América Latina".

Gary, estás en lo cierto: tengo en mi poder un libro de cómics de la Universidad de Irvine, California (1989), que advierte a los inmigrantes sobre los peligros del sida y que presenta a un hombre que melancólicamente recordaba a un Papá Oso entre una fila de señoritas de su inmediato pasado sexual. Los mexicanos son hombres machos y meterán sus pitos dentro de cualquier cosa cálida y disponible (para mayores detalles, véase la historia de amor en prisión de Edward James Olmos, *American Me*). Aunque, Larry, tú estás en un error: el mito de la virgen que lo admite por todos lados menos por la vagina, es algo de lo que también hemos escuchado entre las chicas afganas, persas, judías e indígenas. Si creemos en lo que dicen los gabachos, aparentemente todas las mujeres que proceden de culturas patriarcales y represivas aman el juego anal. Hay que considerar el informe que en 1994 elaboró el doctor Ineke Cunningham, que puso de manifiesto que 34 por ciento de las estudiantes universitarias puertorriqueñas aceptó que practica el sexo anal. "Algunos de nuestros colegas consideraron superfluas las preguntas de nuestra segunda encuesta que indagaban por las razones de esto", apuntó Cunningham. "Ya se sabe —puntualizaron— que en una cultura latina, las mujeres se dan a estas prácticas para evitar embarazos y conservar la virginidad." Pero Cunningham descubrió que 56.2 por ciento de las mujeres indicó que tenía sexo anal porque a sus parejas les gustaba; el placer personal fue el motivo que adujo 16.5 por ciento de la muestra, "mientras que el control natal y la conservación de la virginidad, juntos, apenas representaron 10 por ciento". Y sí, ya lo sé, esto se llama "¡Pregúntale al Mexicano!", no "¡Pregúntale al boricua!", pero todo mundo sabe que los puertorriqueños imitan a los mexicanos porque desean ser como nosotros... aún si esto les llega por la cola.

Tengo 22 años. Mi pregunta es: ¿por qué los jardineros mexicanos de cuarenta y pico de años siempre me silban? Yo no hago nada para llamar su atención y, sin embargo, no puedo pasar cerca de ellos, a pie o en coche, sin suscitar el alboroto. Y ninguna de mis múltiples miradas asesinas los contiene. ¿Qué lo ocasiona?

LA GRINGA

¿Por qué los mexicanos viejos son los únicos que miran alelados a las jovencitas que caminan por la calle? Uno jamás ve a un viejo blanco hacer esto.

WHITE EYES AND TIGHS

¿Por qué los varones mexicanos insisten en sacar medio cuerpo por las ventanillas de sus camionetas, tocar el claxon, silbar y rechiflar a las mujeres que caminan por la calle? ¿No saben lo extremadamente desagradable que es escuchar un "¡Woohoo!", volver la mirada para encontrarse con un sucio jardinero que nos mira por el retrovisor?

WHALE TALE MADEMOISELLE

Queridas Gabachas: La lascivia pública entre los varones inmigrantes no es privativa de los mexicanos en Estados Unidos: ¿ya se olvidaron de los vikingos, de los españoles, de Gauguin en Tahití y de los programas de estudio en el extranjero? El pillaje de aldeas extranjeras a cargo de hombres en pos de mujeres es una tradición secular, quizá incluso sea el cimiento mismo de la civilización, así que felicítense de que los mexicanos se limiten a agitar la lengua y a mandarles besitos al aire, en vez de raptarlas a medianoche y prender fuego a sus chozas. Estos inmigrantes dejan sus hogares, sus familias y sus templos para convertirse en agentes, más que en sujetos de la historia y, como resultado, el mundo avanza. Cualquier hombre capaz de romper las cadenas de la propiedad y la caballerosidad, y que se toque la entrepierna para mostrársela a una chica, es el tipo de inmigrante que deseamos, el tipo de inmigrante que hace grande a Estados Unidos: visionario, innovador, cachondo. Los chifladores mexicanos son nuestros modernos pioneros y las gabachas son su nueva frontera, la tierra virgen.

¿Por qué todos los varones mexicanos que conozco quieren meterse con mi culo? Soy un hombre *gay*, discreto, que trabaja en un restaurante. Cuando los ayudantes y los cocineros no se están agarrando unos a otros, vienen directamente a tocarme el culo o el pito, o a violarme con la mirada. Pero estas experiencias no se limitan al personal de cocina. Hace dos fines de semana fui a una fiesta de Día de Muertos y un mantecoso vendedor de churros me dijo sin rodeos que si quería chupársela. ¿Todos los mexicanos son maricas vergonzantes?

JIZZ OMELETS TODAY ONLY

Querido JOTO: Quizá eres más evidente de lo que crees. Pero tu pregunta me recuerda un gracioso chiste que repiten muchos cómicos latinos, aunque generalmente se atribuye a César Chávez: "¿Cuál es la diferencia entre un *hétero* mexicano y un *gay* mexicano? Un par de cervezas". Ya, hablando en serio, la mariconería es la cima de la masculinidad, independientemente del factor étnico. Está sobradamente documentado que muchos hombres viriles, como los jugadores de futbol, los soldados y los estibadores, son habituales "agarraculos" y exhibicionistas. Pero los varones mexicanos —los más machos de los hombres— son más abiertos sobre sus inclinaciones amorosas por los hombres que los apretados gabachos. Muchos bares mexicanos se jactan de sus espectáculos transexuales y travestis en vivo, donde glamorosas divas revientan las pelotas tan fácilmente como las mordisquean. Y en tales bares, el estruendo de la música ranchera que sale de la sinfonola glorifica a las de Juanga, el arquetipo de ranchera que inmortalizó el cantante Juan Gabriel, y que crea el espacio cultural en que pueden florecer los marimachos. Todos los conjuntos de mariachi cuentan con un mariposilla que canturrea en un falsete chillón, que se contonea por allí como Harvey Fierstein y que, finalmente, se acomoda en el regazo de un hombre que finge enfurecerse, para hacer las delicias del público. Los varones mexicanos asumen su mariconería interna ¿y qué, JOTO? Eso sólo significa un mayor número potencial de novios prietos para ti.

Parecería que cada fin de semana tengo que cruzarme con un wab de 25 años acompañado por una chica de 14. ¿Por qué los wabs andan siempre detrás de las niñitas? ¿Qué no hay leyes contra la pedofilia en México? ¿Dónde andan los padres?
                                            ONE CONFUSED POCHO

Querido Pocho: Junto con la tuberculosis, la pobreza y los refrescos gaseosos, los mexicanos han importado a este país sus costumbres sexuales. La edad núbil en México es la de 12 años y las chicas pueden casarse a los 14. Si quieres llámalo la mano viva de la historia: la idea de llevarse a la cama a doncellas púberes es parte integral de la moralidad de México, tanto como los calendarios con imágenes religiosas. Incluso el ídolo de las rancheras, Pedro Infante, le hacía guiños a esta tendencia en su clásica canción "El gavilán pollero". Las fiestas de 15 años, esas publicitadas celebraciones que organizan los progenitores para festejar la entrada de una chica a la edad adulta —a los 15—, es en realidad una feria ganadera: al montar la espectacular ceremonia, los padres mexicanos anuncian al mundo que su hija está disponible. A los padres no les perturba en absoluto, pues la mayoría también se casó muy joven. A los gabachos les gusta esgrimir este rasgo como símbolo de la perversión innata de los varones mexicanos, pero, dime, Confused Pocho, ¿qué crimen contra natura es mayor, el de los mexicanos veinteañeros o treintañeros que codician a una chica que acaba de abrir su primer paquete de tampones, o el del rico octogenario que abraza a su última preparatoriana graduada?

¿Por qué los jóvenes mexicanos prefieren que sus prospectos de esposas sean vírgenes, cuando ellos mismos están más usados que un pañuelo desechable?

CHERRY-POPPIN' PAPI

Querido Gabacho: La respuesta obvia la tiene mi primo italianucho Mario Puzo. En su novela *El padrino* (1969), Puzo describe cómo, luego de que Michael Corleone hace mujer a su novia siciliana, Apollonia, "llega a comprender el premio que los pueblos socialmente primitivos depositan en la virginidad. Fue un periodo de sensualidad que nunca antes había experimentado, sensualidad mezclada con un sentimiento de poder masculino". Pero otra teoría es la que aporta el número de diciembre de 2004 del *Journal of Marriage and Family*. En él, la profesora de la Universidad de Texas-Austin, Gloria González-López, examina las razones que tienen los padres mexicanos que viven en Estados Unidos para desear que sus hijas permanezcan vírgenes hasta el matrimonio. En contraste con los mitos sobre los machos que confían en que sus hijas sean doncellas para siempre, explica González-López, los papás mexicanos "esperan que sus hijas pongan en práctica la moderación sexual y que demoren el sexo premarital. Para ellos se trata de una estrategia que sus jóvenes hijas pueden aprovechar para asistir a la universidad y terminar sus estudios, y con ello mejorar sus condiciones de vida y su futuro socioeconómico, puesto que viven en una sociedad crecientemente competitiva". Por esto, los varones mexicanos desean que sus mujeres se conserven puras, dado que tal cosa es inidicativa de una dama seria y comprometida que, a diferencia de los hombres, es dueña absoluta de su libido.

¿Por qué al Sucio Sánchez se le llama Sucio Sánchez y no, digamos, Asqueroso Hobsbawn o Puerco Kierkegaard? ¿Será porque lo inventaron los mexicanos?

SOILED SCHLIEMANN

Querido Gabacho: Imagino que te refieres a aquella práctica masculina de introducir un dedo en el culo de la bienamada durante el
coito para luego untar heces fecales en su labio superior, y no a todos
sus homónimos: la sosa banda del norte de California, la película
de 1999, o la serie televisiva británica de 2002, que los mojigatos
ejecutivos de MTV renombraron como *Equipo Sánchez* cuando salió
al aire en las colonias. La respuesta es evidente: cuando termina el
Sucio Sánchez tu ruca ostenta un bigote de mierda, y los estadounidenses de hoy en día asocian los gruesos bigotes de escobeta con
los mexicanos. Pero el Sucio Sánchez es sólo una de las prácticas
sexuales que ha tomado su nombre por criterios regionales o de
etnicidad, un subgénero que la injuria lingüística denomina "etnicones". Son insultos cuyo fin es censurar las supuestas depravaciones
de grupo étnico, que se convierten en taquigrafía popular sobre
dichas características. Por ejemplo, llamamos mongoles a los tipos
brutales; igualmente, la palabra *welsher* (embaucador, timador,
insolvente), proviene de *welsh* (galés) y los chicos a la moda gritan
"¡guatemalteco!" al amigo que hace algo estúpido. En su sección "El
Roloíndice del amor", la biblioteca Rotten.com enlista otros famosos
etnicones sexuales, que incluyen el Cleveland Steamer ("el acto de
dejar una mancha de mierda en el costillar de una mujer mientras se
recibe placer en el pene de la fricción entre las mamas"), el Horno
Holandés ("atapar en un mundo oloroso a culo a una incauta pareja
que duerme, mediante el recurso de pedorrearse bajo las cobijas y
cubrirle la cabeza con ellas"), y el Misterioso Griego ("el acto de
usar tu propio *pegamento* para pegar los párpados de tu chica con
tu semilla masculina").

Pero, ¿acaso los mexicanos invocan al Sucio Sánchez en sus
sesiones de sexo como lo hacen con el Santo Niño de Atocha? No.
Aunque los mexicanos estén encariñados con las prácticas anales,
el popó-porno, Soiled Schliemann, es dominio de tu cultura. Ama-
bles lectores, acudan a su tienda porno local y alquilen una película
scheizer (mierda, en alemán). Comparado con la mezcla de genitalidad
y excremento de esos filmes, el Sucio Sánchez viene a resultar algo
así como la pudorosa y casta exhibición de un tobillo desnudo.

Estoy obsesionado con las mexicanas. Sin embargo, estoy casado con una gabacha. Mi mujer quiere satisfacer mis rampantes fantasías y ha buscado una mujer mexicana para hacer un trío en la cama. No obstante, parece que no logramos dar con ninguna que esté dispuesta. En cuanto a interesadas de raza blanca, hemos corrido con más suerte, pero a es a mí a quien no le interesa. ¿Los tríos no van con los mexicanos?

MÉNAGE A TRES

Querido Gabacho: Pregunté a 10 mujeres y 10 hombres mexicanos si disfrutaban el faje grupal ocasional. Y el estudio dice no para las damas y sí para uno de los varones (con mi ex gabacha la cuestión resultó en ¡intercambio de maldiciones y putazos luego de la sorpresa inicial!) "¿Trío con mexicanos? Demonios, si apenas puedo con una pareja, sea de la raza que fuere", constituyó la respuesta típica. Los resultados no me causaron extrañeza. No le creas a *Y tu mamá también*: los tríos simplemente no existen en el vocabulario sexual mexicano. ¿Trabajos orales (también conocidos como *soplazos*)? ¡Por supuesto! ¿Sexo anal? ¡Desde luego! ¿Infidelidad? ¡Véase más abajo! Pero no tres en la cama, Ménage: perdónanos. Si quieres un poco de azúcar morena para endulzar tu relación, compra una bolsita de Azúcar Hawaiano C&H y espárcela en tu cama.

Según mis muy personales y poco científicas observaciones, parecería que los mexicanos, trabajadores manuales y analfabetos, son más propensos a engañar a sus esposas que sus pares de otras razas. ¿Por qué?

CHEATIE CHEATIE BANG BANG

Querido Gabacho: Tienes razón, o más o menos. En su monumental obra de 1994, *Sex in America: A Definitive Survey* [*El sexo en Estados Unidos: estudio definitivo*], los investigadores de la Universidad de Chicago entrevistaron una muestra aleatoria de 35 mil estadounidenses y encontraron que 25 por ciento de los hombres casados había quebrantado sus juramentos. Las tasas de infidelidad entre los latinos son casi las mismas, lo que condujo al investigador Edward Laumann a declarar al *Hispanic Magazine* que "en su concepto, se ha exagerado el estereotipo del latino que es más infiel que el resto de la gente". Sin embargo, no hubo fondos suficientes para elaborar un cuestionario en lengua española, lo que significa que la mayoría de los aproximadamente 300 latinos encuestados eran pochos, no inmigrantes mexicanos. Empero, en el país natal, la infidelidad masculina resulta algo tan mexicano como la bandera tricolor: cuenta con el perdón de la Iglesia, con la tolerancia de las mujeres y con la exaltación de las canciones. Mi himno favorito al engaño sigue siendo "La feria de las flores", composición de Chucho Monge, inmortalizada por el Trío Calaveras, que recurre a las flores como metáfora de las mujeres y que incluye esta estrofa inmortal: "Y aunque otro *quera* cortarla / Yo la *devisé* primero / y juro que he de robarla / aunque tenga jardinero". Así que, Cheatie, la cuestión no es por qué engañan los varones mexicanos, sino más bien por qué nos volvemos moderados luego de inmigrar a este país. Anótale otra victoria al Destino manifiesto, que, desde los días de Cotton Mather, ha trabajado de firme para hacer de los viriles hombres autóctonos unos remilgados protestantes.

Esto sucedió cuando yo tenía 13 años. Me estoy masturbando y no veo que la puerta del baño se quedó entreabierta, y justo cuando me vengo sobre la cortina del baño, mi mamá entra. Estupefacta, me grita: "¡Cochino, te vas a quedar ciego y se te va a enchuecar el pito!" Me metió un sustazo y dejé de jalármela por lo menos un mes. ¿La creencia de que uno se queda ciego por masturbarse es sólo de los mexicanos o es universal? Gracias a Dios por la cirugía oftálmica láser.

Pito Chueco

Querido Pito Chueco: Todos los muchachos estadounidenses tienen fijaciones masturbatorias, pero los chavos mexicanos las padecen el doble gracias a dos escuelas antimasturbatorias de pensamiento: el punto de vista puritano, que considera que chaquetearse es algo sucio porque conduce al placer, y la insistencia católica de que estirársela es un pecado mortal porque no conduce a la vida. Para una historia del primero, el Mexicano recomienda el estupendo libro de Thomas W. Laqueur, *Solitary Sex: A Cultral History of Masturbation* [*Sexo solitario: una historia cultural de la masturbación*] (2003), trabajo académico que incluye interesantes y deliciosos pasajes. Por ejemplo, ¿sabías que la campaña protestante contra el automeneo de la carne no empezó en serio sino hasta 1712, con la publicación de *Onania: or Heinous Sins of Self-Pollution, And All Its Fightful Consequences in both Sexes, Considered, With Spiritual and Physical Advice to Those Who Have Already Injur'd Themselves by This Abominable Practice* [*Onania: el atroz pecado de la autopolución, y todas sus aterradoras consecuencias para* ambos *sexos, considerada con consejos espiritua- les y físicos para quienes ya se han hecho daño con esta abominable práctica*]? Por otro lado, durante milenios los teólogos católicos han sostenido que la masturbación es una encarnación del mal: San Agustín de Hipona tronó contra ella; santo Tomás de Aquino aseguró que el baile del tango de un puño es peor que la violación, porque ésta al menos puede conducir a la preñez, y el catecismo de la Iglesia católica define a Doña Manuela como "un acto intrínseca y gravemente desordenado".

Pero, gracias por compartir tus cuitas, Pito Chueco; es una prueba más de que los mexicanos se pueden asimilar a este gran país. Los dogmas duales del protestantismo y el catolicismo, Estados Unidos y México, países viejos y nuevos, verdaderamente joden la mente calenturienta de chico moreno. La *International Encyclopedia of Sexuality* [*Enciclopedia Internacional de la Sexualidad*] dice "de todos los aspectos sexuales, el proporcionarse placer a uno mismo es todavía el que provoca más ansiedad" a los mexicanos y yo puedo dar fe de ello. Sigo jurándole a Dios que la última vez fue realmente la última que profané mi cuerpo, porque soy un pecador. Y luego lo vuelvo a hacer. Gracias a Dios por su perdón eterno.

¿Por qué son las mexicanas tan tremendamente fogosas en la cama? Parece haber en ellas un hambre animal absoluta que se manifiesta en el momento en que se apagan las luces. ¿Podrías explicarlo?

PLEASE ANNOUNCE NEW OFFER CONCERNING HOT ASS

Querido PANOCHA: Me hubiera gustado partirte el culo por dar crédito a los estereotipos gabachos sobre las señoritas picosas —todas las mexicanas que conozco entran en alguna de estas categorías: vírgenes de 27 años, mujeres casadas que no se masturban o mi hermana— pero estás sobre la pista correcta. Alguna vez, un estudio de Pfizer ubicó a las parejas mexicanas como las personas sexualmente más satisfechas del planeta, con 74.5 por ciento de gente encuestada que declaró su amor por el sexo. Así que, ¿quién tiene la razón? Nosotros dos. Advertirás la compatibilidad de mis hallazgos con los de Pfizer si recuerdas la infame dualidad en que los mexicanos encuadran a sus mujeres: la madona y la puta. Se trata de una dicotomía psicológica que, incluso, han advertido los sexólogos (la *Enciclopedia Internacional de la Sexualidad* señala que las mexicanas "han sido dicotomizadas en los dos subtipos de la doble moral ordinaria: la princesa y la prostituta") y que la asimilación no ha podido borrar del todo de la psique mexicana, aunque no hay absolutamente nada malo en ella. Los mexicanos desean que sus parientas se mantengan vírgenes durante todo el tiempo que sea posible, pero no a causa de un sistema patriarcal represivo, sino porque todo mundo debería retrasar el ejercicio de la actividad sexual hasta estar física y emocionalmente maduros para lidiar con las consecuencias. Sin embargo, toda vez que un pendejo mete su pito en la panocha de una mujer, las damas mexicanas se toman a pecho el lado descarado de la pureza y aspiran a convertirse en putas. Ya no son marianas; están libres de las ridículas restricciones del machismo.

¿Por qué, independientemente de la edad y el tamaño corporal, los wabs siempre se meten la mano bajo la camisa para frotarse la barriga? Todos lo hacen, pero especialmente los que acaban de cruzar la frontera. Lucen tan estúpidos al hacer esto. Ve a Home Depot y los verás.

POCHO WITH ALBÓNDIGAS GRANDES

Querido Pocho con Albóndigas Grandes: ¿Por qué tanto rechazo a la panza? En otros tiempos, la circunferencia abdominal era signo de bonanza y promesa: pienso en Santa Claus, en Willam Howard Taft y en la Madre Tierra. Ése sigue siendo el caso en México: junto con el bigote de escobeta y una camioneta Ford gris, un estómago bien redondeado es nuestra prueba final de machismo. Las capas de grasa de la panza son el combustible de nuestra insaciable ética laboral; su forma orbital es un testamento para las esposas que mantenemos en las cocinas de nuestros hogares. Puede que los gabachos hagan ejercicio, pero los músculos de hierro no pueden competir con la fuerza centrípeta de una panza. Los niños se arremolinan en torno a ella, la multitud ve con envidia pasar un ejemplar magnífico. Así que cuando sobamos nuestras panzas, acariciamos el mantecoso tesoro que nos trae éxito, popularidad y prosperidad: recuerda que los budistas masajean la redonda barriga de Siddartha para tener suerte. Y, en una coincidencia sorprendente, los budistas theravada celebran una fiesta a mediados de julio, llamada Khao Pansa, en que los fieles conviven en monasterios durante tres meses y concluyen con festival de glotonería: todo en aras de la expansión de su dulce, dulce panza.

Soy una chica blanca, de buen ver, tengo un buen empleo y una buena vida. Recientemente empecé a salir con un mexicano y estoy segura de que me tiene un pánico de muerte. Él jamás había salido antes con mujeres blancas y parece ponerse nervioso conmigo. También me hace preguntas sobre la educación y el estatus de mi ex marido y de mis novios anteriores. Es como si pensara que no es lo suficientemente bueno para mí, aunque no sé por qué. De veras es estupendo, trabajador y amabilísimo. Nunca he sido del tipo de gente al que le importa lo que hace el otro, de dónde viene o cuánto dinero gana. ¿Qué puedo hacer para que este hombre se relaje y se dé cuenta de que realmente me gusta como persona?

ENAMORADA GABACHA

Querida Enamorada Gabacha: El primer borrador de mi respuesta a tu pregunta terminaba así: "¿Quieres destensar los crispados nervios de tu mexicano, Enamorada? Hazle un trabajo oral". Pero en la creencia de que esto constituía una ligereza, escribí un segundo borrador en el que explicaba en qué consiste el campo minado de la raza y la clase que tú y tu amado tendrán que atravesar. Advertía ahí que, en la vida sexual de un mexicano, salir con una gabacha representa la llegada a la cumbre, pues demuestra que puede conquistar alcobas tan fácilmente como fronteras. Citaba el clásico de Orson Welles, *Touch of Evil* (hay que advertir que la caliente y blanca Janet Leigh está casada con el protagonista mexicano, Mike Vargas, o sea, un Charlton Heston de rostro moreno) y consideraba la canción del supergrupo norteño Los Tigres del Norte, "El mojado acaudalado": "Decía una güera en Florida / 'I love you Mexican men'". Pero para cuando ya había escrito todo esto, llegué a la conclusión de que mi primera respuesta era la mejor: nada erradica mejor el ego y todas sus extravagantes superficialidades (raza, clase, cultura); nada dice mejor *te amo*, nada dice mejor *bienvenido a Estados Unidos,* que un buen trabajo oral de la vieja escuela.

¿Por qué siempre pensamos que los varones mexicanos beben tequila y cantan canciones de mariachi, en tanto que las mujeres son hermosas señoritas?

VIVA MÉXICO

Querido Gabacho: Siempre es posible culpar a los gabachos por haber perpetuado a lo largo de los siglos diversos estereotipos mexicanos de los mexicanos; sin embargo, gran parte de la responsabilidad la tiene también el gobierno mexicano. Durante la Segunda Guerra Mundial, época en que la industria fílmica mexicana experimentó un renacimiento que los especialistas en cine llaman "época de oro", los productores mexicanos hicieron grandes películas. Pero las que más se fijaron a la memoria fueron las del género "comedia ranchera", estelarizadas por ídolos de matiné como Pedro Infante y Jorge Negrete, quienes administraban justicia fronteriza y cortejaban con sombrero puesto, al tiempo que bebían tequila y andaban a caballo. Dicha imagen proviene directamente del estado de Jalisco, tierra natal del mariachi y del tequila. "Al necesitar de gente que personificara el hispanismo", apunta Joanne Hirschfield en "Race and Class in the Classical Cinema" ["Raza y clase en el cine clásico"], ensayo de la antología *Mexico's Cinema: A Century of Film and Filmmakers* [*El cine de México: un siglo de películas y directores*], "sus propugnadores los encontraron en los Altos de Jalisco, aislada región montañosa del noroeste de ese estado. La mitología de los Altos creó esos personajes de a caballo, fervientemente católicos y capitalistas, que nunca se casaron con indígenas y que tocaban música de mariachi." México consideró que los estadounidenses tendrían mejor opinión de los mexicanos si la imagen de los frijoleros se apartaba de las raíces indígenas, pero a Hollywood no le importó: invirtió el tropo jalisciense y creó la imagen de esa gorda bola de grasa, ebria, de dientes de oro que duerme bajo el nopal y que sólo se levanta para escribir columnas sobre los mexicanos. Y en cuanto a las calientes y picosas mujeres mexicanas, todo está documentado, encanto.

¿En la cultura mexicana hay algún gesto que revele interés sexual? He notado que mi amigo mexicano frunce los labios para hacer un sonido de chupeteo. ¿Se trata de un seña convencional?

HORCHATA GAL

Querida Gabacha: ¿seña? ¿Qué te parece *respirar*? Cada instante en la vida de un mexicano es una oportunidad para lograr resultados sexuales. ¿No te has dado cuenta de todos los hijos que tenemos? Pero tenemos diversas maneras de manifestar interés. Agarramos culos, silbamos libidinosamente, lanzamos besos sonoros, gestos todos que utilizamos pero que también son comunes a la cultura masculina inmigrante. Mejores son los exhortos que se expresan en las canciones mexicanas, donde el sexo adopta las metáforas de camas de flores. Uno de mis ejemplos preferidos está en el clásico "Corrido de Juan Charrasqueado", que describe los terrores que Juan inflige a un pobre pueblo, donde "de aquellos campos no quedaba ni una flor", una manera sutil de decir que Juan se cogía a todas las pobres mujeres. Sin embargo, ¿cuál es la mejor manera de saber si un mexicano tiene interés sexual en ti? Pues si te pregunta si eres una ciudadana interesada en casarse.

¿He viajado por todo el mundo y he tenido sexo con mujeres de muchos países. Y las mexicanas han resultado ser de lo más sexy y erótico que he encontrado. Mi pregunta es: ¿por qué estas hermosas mujeres que cogen con pasión desbordante son las que hacen el peor sexo oral?

MORAL ORAL

Querido Gabacho: Como entre los gabachos, la felación es un insulto secular en el español mexicano con derivaciones ofensivas que se originan en dicho acto. Sin embargo, diferimos en las modalidades inventivas para describir el acto. Si queremos decir que José chupa, diremos: *¡José pela!*, y, por supuesto, aquí lo que se pela es el prepucio masculino. También están las expresiones más ordinarias *chupa verga* y *mámamela*. Empero, el insulto más vulgar implica a tu madre. Como ya lo he precisado en otra parte, muchos juramentos en mexicano se originan en la palabra simple *madre*, y el derivativo más infamante es *mamar*. Evidentemente, proviene del acto maternal de dar el pecho al hijo, pero en México se interpreta como chupar el pene. La forma más curiosa es *no mames*, que significa *no chupes pene*, pero que en realidad quiere decir *no fastidies*, lo que sugiere que la felación no es valor inapreciable en la sociedad mexicana, por la misma razón que la masturbación es un secreto tan sucio: porque no conduce a la procreación y los mexicanos son tomistas que consideran que cualquier acción sexual que no conduzca a la generación de muchos bebés justifica la condenación eterna.

¿Por qué todos mis amigos desean una BMW (*big Mexkin woman* [mexicana gorda])?

BABY GOT CULO

Querido Gabacho: ¿Quién no quiere una regordeta? Todo mundo sabe que las chicas gordas se esfuerzan más y esto es doblemente cierto cuando se trata de una gordita mexicana. Lo que las hace aún más apetecibles es que las lonjas de una mexicana no provienen de comidas grasosas sino de la tradicional y rica en proteínas dieta mexicana de frijoles, maíz y arroz, que produce mujeres robustas y saludables, perfectas para la crianza de hijos o para largas jornadas laborales sin descansos. Cuando el hambre y la recesión golpeen finalmente a Estados Unidos, esas chicas grandes serán la salvación de todos nosotros.

¿Por qué las parejas mexicanas se llaman *mami* y *papi* entre sí? Suena pervertido.

SPANK ME, DADDY

Querida Gabacha: Recuerda el rasgo más importante de la sociedad mexicana: la familia. Tal como nuestros puritanos papis y mamis se llamaban entre sí *buen hombre* y *buena esposa*, los mexicanos lo hacen mediante sus papeles básicos en la vida, en este caso, los que permiten la continuación del árbol genealógico. Al llamar a todos los varones papis y a todas las mujeres mamis, nos recordamos mutuamente nuestros deberes de procreación. Además, todas las culturas tienen algún elemento edípico, es sólo que los mexicanos se sienten menos avergonzados de él.

¿Por qué los mexicanos no se casan fuera de su propio grupo? Siempre que veo anuncios de boda, hay dos apellidos hispánicos juntos. ¿No quieren tener hijos estadounidenses?

THE GORDA DIVORCÉE

Querida Gabacha Gorda: ¡Ja! Le planteas la pregunta a un mexicano que hasta el momento sólo se ha llevado a la cama a una chica *mexicaliente* y cuya hermana está saliendo con un polaco chaparro y gordo. Conseguir un gabacho o una gabacha es una medalla de honor para los mexicanos, pero es un logro difícil porque, ¿quién en su sano juicio desearía casarse con un mexicano? Sin embargo, está sucediendo. Según el censo del año 2000, el número de hogares de latinas casadas con gabachos alcanzó los 766 819, mientras que 656 269 latinos se agenciaron una bonita gabachita (aclaración: en tanto que el censo presenta categorías de raza, ingreso y tamaño de vivienda, aún no incluye rubros para cachondez, así que lo de "bonita gabachita" es pura especulación). Que hombres de distintas culturas se roben sus respectivas mujeres es un pasatiempo tan viejo como la Biblia, y los gabachos, hasta el momento, les van ganando a los mexicanos, francamente porque los gabachos se complacen en casarse con mexicanas creyendo que les cocinarán y limpiarán y serán buenas amas de casa mexicanas y, francamente, ésa es la razón por la que los varones mexicanos también se casan con mexicanas.

¿Por qué los mexicanos siempre son representados en el cine como hombres calientes?

LOOKING FOR SOME CHORIZO

Querida Gabacha: Mmm… porque lo somos. El *latin lover* es un estereotipo que todo actor mexicano —incluido el Chihuahua de Taco Bell— ha protagonizado por lo menos una vez en en la TV o en el cine. El *latin lover* habla como Ricky Ricardo (según lo representa un voluble y apoplético Desi Arnaz), vive como el Señor Roarke (Ricardo Montalbán en su propiedad palaciega de la Isla de la Fantasía) y le fascina cantar y bailar (Ricky Martin). Empero, no es un buen estereotipo. Tengamos en cuenta las personificaciones en tres bombas de alto perfil de 2001: *Original Sin*, *America's Sweethearts* y *Crazy/Beautiful*.

En *Original Sin*, Luis Vargas (Antonio Banderas) refleja las características que el condicionado público de mediana edad espera de sus hispánicos en pantalla: un estilo de vida aristocrático, un corazón frío y un falo blanco y caliente perfeccionado por una práctica casi ininterrumpida; cuando no están gruñendo y peleando, estos tipos están gruñendo y cogiendo. Así, el Vargas de Banderas es un rico propietario de plantación en la Cuba de fines del silgo XIX que resulta ser un ateo cuando se trata del amor. Luego, conoce a Julia Russel (Angelina Jolie). Disfrazada de novia sobre pedido, ha venido a Cuba con una misión sanguinaria: liquidar a Vargas. Pero —sorpresa—, Vargas la seduce de tal manera que ella se las arregla para quedarse con Vargas y su caliente y blanco apéndice.

Los aspectos técnicos de *Original Sin* (caliente música de salsa y guitarras españolas para los oídos, danzas nativas y escenarios lúbricos y lujuriosos para los ojos) acentúan el atractivo exótico de Luis, quien invierte su tiempo —el que no dedica a hacerle el amor a Julia— ya sea en pelear con otros hombres o en conspirar para matarlos. Sus diálogos son los clásico del *latin lover*, que va desde el falso "Te amo" hasta el más sincero "Voy a matarla". Banderas es un actor talentoso (¡por favor, ve su trabajo con el director español Pedro Almodóvar!), pero para Hollywood y el público estadounidense, es una máquina amatoria española.

El de *latin lover* es uno de los poquísimos papeles que Hollywood ofrece a los varones hispánicos. El otro es el de bandido/cholo/traficante de drogas y no son mutuamente excluyentes. Para representar al *latin lover* el actor no necesariamente tiene que ser latino (y para prueba ahí está un Charlton Heston caraprieta en *Touch of Evil*), pero sí debe exhibir un temperamento explosivo (el Tony Montana de Al Pacino) y, por supuesto, conseguir cualquier mujer que desee (Rodolfo Valentino).

La encarnación que hace Hank Azaria de Héctor en *America's Sweethearts* revela otras características del *latin lover*: como la de destructor de felices parejas blancas. Tan vanidoso como Paris Hilton, el *latin lover* de Azaria es también involuntariamente cómico: Azaria no puede decidirse entre emplear el ceceo propio de Madrid o un castellano gutural. Pero en sus celos y obsesiones con el tamaño del pene, Héctor sí resulta un tipo creíble, incluso cuando llama "maricón" a Eddie Thomas (John Cusack), para provocar una pelea.

Algunos podrán catalogar a Héctor como otro mal chiste en una mala película. Pero la miopía cultural de Hollywood sugiere lo contrario: el desfigurado ceceo de Héctor es universalmente despreciado en el mundo hispánico, donde los críticos se preguntan por qué Azaria lanza exageradas haches y ges. Nosotros se los podemos decir: porque en Hollywood todo personaje hispánico es un *spic* universal.

No obstante, aún hay esperanzas para un *latin lover* más matizado y ésta llega por cortesía de otra película del 2001 que se ha visto poco. *Crazy/Beautiful* se presenta como una hermosa antítesis de las perezosas caricaturas de *Original Sin* y *Sweethearts*, que echa por tierra los rasgos del *latin lover*. Sí, Carlos (Jay Hernández) habla con acento exótico, pero se trata de la jerga callejera del este de Los Ángeles. Sí, es atractivo y Nicole (Kirsten Dunst) en principio lo trata como su pequeña mascota hispánica (al principio de la película quiere que Carlos hable en español porque es "cachondo"). Pero su encanto principal es que se trata de un éxito multidimensional. Lo más sorprendente es que el *latin lover* de *Crazy/Beautiful* no es un tipo puramente europeo, sino un chicano de piel morena.

Aunque *Crazy/Beautiful* es un churro para adolescentes, resulta extraordinario por su descripción del *latin lover* y de las relaciones interétnicas que hoy en día los jóvenes ven como normales, más que como anomalías. La fascinación original de Hollywood con el *latin lover* se basó en gran medida en los mal disimulados y reprimidos temores al mestizaje y a la seducción de mujeres blancas. Pero Carlos no conquista a la mujer blanca; la mujer blanca lo conquista a él. Y él no arruina la vida de Nicole; por el contrario, ella casi se la arruina a él, y sin embargo, él termina salvándola. Lo más notable en un filme de Hollywood —ya olvidándonos de los papeles del *latin lover*— es que la pareja construye una relación fundamentada en el amor y no en la simple lujuria. Hernández y Dunst han comido la fruta prohibida a nuestros padres, pero no a nosotros: reconocemos a una pareja como socios de una relación basada en el afecto verdadero, y por tanto tan auténtica como las parejas estadounidenses.

¿Quién es la mexicana más ardiente de la historia? Y no me digas que Frida Kahlo.

HUNGRY FOR PINK TACO

Querido Gabacho: Los gabachos babean por Salma Hayek, por sus sirvientas y por la chica de gran culo del cubículo de junto, pero nadie iguala a la diosa mexicana de la pantalla, María Félix. Increíblemente hermosa, incluso en edad avanzada, Félix no solamente fue la mayor estrella del cine mexicano sino que también utilizó su influencia para crear un paradigma ferozmente feminista que redefinió la norma del comportamiento de una mujer. Félix, que hizo todas sus películas durante la "época de oro" del cine mexicano, fue un icono para mujeres y hombres (por razones bien distintas) en todo el mundo, excepto —¡sorpresa, sorpresa!— en Estados Unidos. Jamás se molestó en aprender inglés o en ir a Hollywood como sus contemporáneas Dolores del Río o Katy Jurado, porque sabía bien que los productores estadounidenses invariablemente le ofrecerían papeles de señorita caliente.

En realidad, no tenía ningún inconveniente en ser una señorita caliente; de hecho, ése fue su personaje distintivo. Pero Félix lo hacía a su manera, subrayando no una ciega pasión femenina, sino una orgullosa independencia que no debía nada a los varones.

Una de las mejores actuaciones de Félix fue en *La diosa arrodillada* (1947), en la que tenía el papel de una mujer que hechiza de tal modo a su amante que el hombre regala a su esposa una estatua desnuda del personaje de Félix. No satisfecha con simplemente provocar a su rival, Félix insiste en que su amante se divorcie y luego lo fuerza a casarse con ella después de que la esposa muere en circunstancias misteriosas. Esta actuación y muchas otras hacen evocar algunas de su muy cercana contemporánea de Hollywood,

Marlene Dietrich: ambas eran mujeres seguras de sí mismas y de una belleza tan sorprendente que literalmente volvieron locos a los hombres, tanto en las películas como en la vida real.

Sin embargo, para la imaginación mexicana, Félix era mucho más que una actriz o una ramera. Hombres tan disímbolos como Octavio Paz, Carlos Fuentes y Diego Rivera (quien reclutó a Frida Kahlo para escribir a la Félix una carta urgente en que la instaba a casarse con él) la mencionaron como fuente de inspiración de sus obras de arte. Pero quizá su influencia más grande la haya ejercido sobre Agustín Lara, el legendario compositor y principal impulsor del género *cabareta* del cine mexicano.

Dicho género tuvo su escenario por antonomasia en el club nocturno, donde se interpretaban canciones —en su mayoría escritas por Lara— que hablaban de la perfidia y la hermosura de la femineidad. Estas películas expresaron cinematográficamente la relación de amor y odio que los mexicanos tienen con sus mujeres e indirectamente podemos agradecer a Félix —quien estelarizó películas con música de Lara, como *La devoradora*— por este espectacular pero finalmente nocivo género.

No obstante, María Félix no adujo excusas para su carrera; siempre se empeñó en mostrar a los hombres que las mujeres no eran un objeto para el desprecio o el maltrato. "No me puedo quejar de los hombres", apuntó una vez la eternamente citable Félix. "He tenido toneladas de ellos y siempre me han tratado fabulosamente bien. Pero a veces me veía obligada a herirlos para evitar que me sometieran."

¿Por qué no hay un porno mexicano de buena calidad?

HORNY HUNGRY

Querido Gabacho: No lo necesitamos. Cierto, hay algunos clásicos porno mexicanos como *Platillos violadores* (2000), y la ultrasexy Kitten Natividad de Russ Meyer es una oriunda de Juárez conocida por sus muy explícitas asctuaciones en *Cum to Dinner* y *Thanks for the Mammaries*. Pero la principal finalidad de la pornografía es excitar, aportar un simulacro del hecho real y los mexicanos no necesitamos vejigas para nadar: ¡mira la cantidad de bebés que tenemos! Empero, si estás de vena para lascivia latina, te recomiendo la serie *Mami culo grande* de Justin Slayer, en la que la estrella porno afroamericana pone su granito de arena para acabar con las tensiones en ebullición entre mexicanos y negros, metiéndosela a las chicas mexicanas por las tres entradas mientras ellas gimen en inglés y español. Y para las damas: nada calma tanto su ardiente calor como juguetear con el hombrecito del sombrero de la botella de Tapatío.

Hablando de porno, también creo que es la mejor forma de mantener ocupados a los chicos mexicanos. Crecí en un vecindario que por largo tiempo fue escenario de las correrías de pandillas. En la escuela los cholos me ignoraban porque, bueno, todo mundo ignora a los *nerds*. Pero los veranos eran un reto. Mis padres trabajaban dedicadamente de nueve a cinco y no podían cuidarme, así que me dejaban diariamente en la casa de mi primo, justo en el corazón arrabalero de Anaheim. Éramos cinco latinos apenas adolescentes —primos, amigos y yo— sin nada que hacer y ansiosos de ser aceptados por nuestros pares. Sencillamente, debimos terminar alincados contra la pared, dejando que la infame policía de Anaheim nos vapuleara. Pero nuestra salvación llegó en forma de un libidinoso joven obsesionado con las penetraciones dobles.

Un día en casa de mi amigo, nos metimos a la habitación de su tío buscando dinero que robar. Encontramos algo mejor: revistas porno que se apilaban en un montón tan alto como nosotros. El tío se había regresado a El Salvador pero dejó sus más preciadas posesiones, ¿por error o providencialmente? Porque esto representó nuestra liberación. Las pandillas estaban afuera, a un paso de nuestra puerta, pero pronto dejó de interesarnos unirnos a ellas. Cada día, a lo largo de los siguientes cinco veranos, lo pasamos viendo, hablando, respirando y comprando literatura porno. Me dejaban en casa de mi primo a las 6 am, dormía otras dos horas, desayunaba, pasábamos por un amigo e íbamos a casa de otro amigo. Al mediodía, suspendíamos por una hora para comer, luego regresábamos a trabajar el resto del día. Y el resto era porno. El tiempo que no pasábamos viendo revistas porno los invertíamos en discutirlas o en tratar de sacarles más jugo. Olvídate de los cholos de la calle: teníamos un nuevo estilo de vida propio.

El cofre del tesoro de sucios tríos en la cama tenía de todo: Traci Lords a los 16 años, clips de fantasías violatorias, un tipo atascando sus pelotas en un pene hechizo y usando su nuevo apéndice para cogerse por atrás a Nina Hartley. Podemos decirte exactamente cuándo se volvió verdaderamente feo Ron Jeremy, qué hizo que Savannah fuese una zorra mejor que Jenna Jameson y la física implicada en el sexo a cuatro pitos. Y cuando el estilo de vida pandilleril se hizo más tentador, empezamos a explorar otros aspectos de la pornografía para mantenernos alejados de problemas. Encontrábamos revistas en los arbustos, estampas de *Hustler* en 7-Eleven, incluso fuimos a sacar videos de la basura de otras casas. Una vez, mi primo encontró un *Penthouse* que lo ayudó a sacar "A" en dos tareas de clase por otros tantos excelentes ensayos de investigación sobre la corrupción en el boxeo y sobre Howard Stern, lo juro. Incluso abrí un depósito de porno en mi casa: cualquiera que gustase del porno y no pudiera guardarlo en casa, podía dejarlo a mi cuidado por una tarifa nominal. Y en todo ese tiempo, no mermaron ni un ápice nuestra ciudadanía cabal o nuestras rampantes erecciones de adolescentes.

¿Y ahora? Todos llevamos buenas vidas. Atribuimos nuestro éxito al porno, pues probablemente hubiéramos engrosado el conjunto de estadísticas si no hubiera sido por nuestra pasión adolescente de ver cogidas con las tetas. La mayoría de nuestros pares se unió a las pandillas o se metió en problemas de ese tipo, casi todo a través de amistades forjadas en aquellos veranos. Pero ninguno de nosotros llegó a tener nada que ver con la ley. Y aún recordamos con cariño esos veranos: nuestros títulos favoritos (*The Best Rears of Our Lives*, *White Trash Whore #7*), nuestros actores favoritos (¿quién tiene mejor estilo cunnilingus, TT Boy o Tom Byron?), e incluso nuestras revistas favoritas (¿aún tiene *Penthouse* esas imágenes urinarias?) Nuestra idea de una noche romántica ya no es la de una sesión masturbatoria ininterrumpida; todos abandonamos la costumbre de ver porno regularmente cuando nos graduamos de la preparatoria. Y sin embargo, aún consituye una etapa sagrada y entrañable de nuestras vidas. Incluso ahora, damos gracias a Dios por habernos puesto en contacto con los materiales de John Holmes, John T. Bone y Bone Appétit. Como ves, el porno nos mantuvo lejos de las calles. Y no puedo dejar de pensar que si el Club Boys & Girls realmente desea la seguridad de los chicos, tendría que regalarles porno.

Una caliente cronología de mexicanos sexy en Estados Unidos

1838: "En materia de castidad —la característica más importante e influyente de las naciones septentrionales— somos infinitamente superiores a ustedes. Entre nosotros, la lascivia es detestable y vergonzosa; entre ustedes es objeto de indiferencia. *Ésta* es la maldición capital del Sur: es la lepra que corroe el cuerpo y la mente. —*México contra Texas*, de Anthony Ganilh, una de las primeras novelas que dramatiza las tensiones entre gabachos y mexicanos.

1884: La lacrimosa novela *Ramona* de Helen Hunt Jackson idealiza los días de la misión californiana y bendice a las damas mexicanas con el estereotipo de la señorita picosa, sin importar que Ramona sea mitad escocesa y mitad indígena.

1908-1918: *Broncho Billy y el Grasiento, El Alguacil Grasiento de Broncho Billy, La chica y el Grasiento, El Grasiento y el debilucho, El Grasiento, Tony el Grasiento, El palacio del Grasiento, El Grasiento solitario, Ah Sing y los Grasientos, El guantelete del Grasiento, Revólveres y Grasientos, La venganza del Grasiento* y otras muchas más. Hollywood descubre a los mexicanos. Sigue la hilaridad respecto del Bandito.

1920: *The Mark of Zorro.* El gabacho Douglas Fairbanks se disfraza de "cara morena" y presenta el *latin lover* al público estadounidense.

La década de 1930: La serie *The Mexican Spitfire.* Lupe Vélez, mexicana en la vida real, estelarizó muchos cortos de segunda, pero la mayoría de los gabachos la recuerda como la estrellita que se suicidó ahogándose en el WC después de ingerir somníferos en exceso. La percepción estadounidense de las mujeres mexicanas también se va por el caño.

1948: *El tesoro de la Sierra Madre,* el clásico de John Huston inmortaliza el estereotipo del bandido con una sola línea: "¿Placas? No tenemos placas. ¡No necesitamos placas! No tengo por qué mostrarte ninguna apestosa placa."

La década de 1950: Época excitante para los mexicanos. Katy Jurado dignifica a la señorita picosa en su papel de antigua amante de Gary Cooper en *High Noon* (1952). Al año siguiente, Speedy González —ratón ganador del premio de la Academia que burla y derrota a los gatos gabachos y a los bandidos— debuta en *Cat-Tails for Two.* El decenio termina con la representación de un caraprieta Charlton Heston para la chabacana cinta de género negro *Touch of Evil* (1958).

1967-1971: El Frito Bandito amenaza con robar frituras de maíz de la marca Frito de los inocentes hogares gabachos. Le dan cuello después de que los grupos de apoyo latinos empiezan un boicot. Los grupos de apoyo latinos carecen de sentido del humor.

1970-1993: Erik Estrada estelariza *ChiPS*, en el papel del pan-zoncillo *Ponch* Poncherello. Los mexicanos cobran fama de nuevo. Lástima que el actor sea puertorriqueño.

1978-1984: Ricardo Montalbán gana fama en *La Isla de la Fantasía* al personificar a un misterioso caballero latino con apellido gabacho.

1986: El Congreso aprueba la Ley Simpson-Rodino, que ofrece amnistía a 4 millones de inmigrantes ilegales. Los mexicanos cabalgan de nuevo.

1995: Los senos de Salma Hayek aparecen en *Desperado* y Estados Unidos ama a los mexicanos…

1996-PARA SIEMPRE: Hasta que el Congreso aborde la cuestión de la inmigración mexicana, tema que aun no ha dejado. El bandido grasiento cabalga otra vez.

4

Inmigración

Más, más y más

Querido Mexicano: como mexicano, ¿no te sientes avergonzado de que probablemente el principal sueño de los mexicanos sea colarse hilegalmente [*sic*] en Estados Unidos, una sociedad gringo-gabocha [*sic*] que probablemente no es ni la décima parte de corrupta que la de México, lo que le permite tener una economía tan rica que incluso la gente pobre de aquí tiene televisiones de color de 27 pulgadas?

BORDERING ON INSANITY

Querido Gabacho: Como estadounidense, ¿no te sientes abochornado de que ni siquiera puedas escribir en un inglés correcto o, ¿cómo lo pondrías en tu ortografía, *hinglés*? ¿"Hilegalmente"? ¿"Gabocha"? Cabrón, ¿de qué país vienes? Conozco adolescentes recién salidos de Jalostotitlán cuya ortografía es mucho mejor. Y como mexicano, me siento avergonzado, avergonzado de que más de mis paisanos no se hayan mudado a vecindarios gabachos para ahuyentar a pendejos gabachos como tú hacia Dakota del Sur, tal como lo hicimos en California. Y en Colorado. Y en Arizona. Y en Carolina del Norte. Y en…

A menudo me he preguntado cómo reaccionarían los mexicanos si 25 millones de chinos muertos de hambre se colaran en México y obtuvieran la residencia. ¿Serían recibidos con los brazos abiertos? ¿O les darían la bienvenida con hombres armados? Y apuesto un costal de pesos a que no les darían servicios de salud, escuelas gratuitas ni licencias mexicanas de manejo.

BI-COSTAL CURIOUS

Querida Gabacha: ¡Por supuesto que ya hubiéramos aventado a patadas a los tales chinos hasta Guatemala! De hecho, la violencia de los mexicanos contra los chinos es uno de los legados negros de México, a la par de la conquista y de los espectáculos de burros. Los oficiales gubernamentales de México utilizaron el pandemónium de la Revolución mexicana para discriminar, expulsar e incluso masacrar a comunidades chinas enteras en una estrategia conocida como "el movimiento antichino". Los líderes del movimiento antichino promulgaron una amplia gama de leyes injustas, incluyendo disposiciones laborales discriminatorias y circulares de salud pública, normas antimestizaje y estatutos para la segregación racial", escribe el doctor Robert Chao Romero, fiscal de California del Sur, profesor de la Universidad de California Los Ángeles y la principal autoridad nacional sobre los chinos en México.

El movimiento antichino de México era explicable: los inmigrantes chinos trabajaban duro, levantaban negocios exitosos, se acoplaban a la vida cívica y hacían que los nativos de su país de adopción se evidenciaran como los pendejos haraganes que eran. Así que lo que estoy tratando de decirte, Bi-Costal Curious, es que comprendo bien las razones por las que tú y tantos otros gabachos odian a los mexicanos.

Estoy asombrado de que los mexicanos no se indignen con el gobierno de su país. Los líderes mexicanos han sacado a los mexicanos de su tierra. México envilece a sus ciudadanos como ningún otro país en nuestro hemisferio. El gobierno mexicano y

los aristócratas desprecian a la mayoría del pueblo mexicano. ¡La endiablada falta de respeto de México por los mexicanos debiera ser denunciada a gritos desde las azoteas! Y en vez de eso todo lo que escuchamos es basura antiestadounidense. ¿Por qué los mexicanos no aprecian al país que es su salvación?

EVERY ZEITGEIST LEVELS NIMRODS

Querido EZLN: ¿Con qué mexicanos te embriagas con "Cazadores", EZLN? Ningún mexicano que yo conozca —y conozco muchos más que la patrulla fronteriza— maldice a Estados Unidos. Por supuesto, la mayoría de ellos manifiesta un nacionalismo chauvinista y ciego por una patria que los jode una y otra vez, pero el orgullo mexicano no se traduce en "basura antiestadounidense".

Pero si quieres que los mexicanos vituperen a su gobierno, recomiendo paciencia: tendrás toda la rabia "mexicanos contra mexicanos" que desees en el 2010. Será entonces cuando el ciclo de la revolución barrerá a México otra vez, como lo ha hecho durante la misma década en los dos últimos siglos. El padre Miguel Hidalgo y Costilla hizo sonar las campanas de su iglesia en Dolores, Guanajuato, en 1810 para marcar el inicio de la guerra de independencia de México respecto de España. Cien años más tarde, Francisco Madero dio lugar a la Revolución mexicana con su Plan de San Luis Potosí, un llamado a las armas contra la dictadura del general Porfirio Díaz.

¿Quién podría decir qué le depara el destino a México dentro de tres años? Pero el Mexicano te puede garantizar dos cosas, EZLN: será algo sangriento y muchos más mexicanos cruzarán la frontera que en las dos guerras previas.

¿Por qué los mexicanos que llegaron aquí hace dos o tres generaciones son gente casi blanca, mientras que los que vienen ahora se ven como esos hombrecitos desnudos del Amazonas que cazan con cerbatanas?

NO INDIOS NEED APPLY

Querida NINA: Atribuye el
fenómeno a ese proceso
natural que es la inmi-
gración a Estados Uni-
dos. Los países tienden
a deshacerse primero de
su móvil ascendente, nativos de piel más clara que
llegan a Estados Unidos
antes que la gente más
corriente y de piel obscura

que se ve en las bodegas de oxidados cargueros: recuerda que los
italianos del Norte arribaron a la isla Ellis antes que sus morenos
paisanos sicilianos. Eso es lo que está sucediendo con México,
NINA. En su estudio de 1983, *East Los Angeles. History of a Barrio*
[*El este de Los Ángeles: historia de un barrio*], el historiador Ricardo
Romo cita un estudio demográfico de 1922 que muestra que casi
dos tercios de la comunidad mexicana de Los Ángeles en esa época
provenía de sólo cuatro estados: Chihuahua, Durango, Jalisco y
Zacatecas. Éstos se ubican en la región centro-norte de México,
donde los conquistadores esparcieron su semilla en un radio mayor
y más vigorosamente. A medida que avanzó el siglo XX, empero,
los estados mexicanos del Sur, más pobres y con mayor población
indígena fueron cayendo como fichas de dominó en el envío de sus
habitantes a *el Norte*, llevando al alza la mezcla morena en el crisol
mexicano-estadounidense. Michoacán y Puebla (al lado de la Ciudad de México), no empezaron a enviar a sus residentes en masa a
Estados Unidos sino alrededor de mediados del siglo XX. Guerrero
y Oaxaca les siguieron en torno a los años setenta; y nuestra colonia
centroamericana, Guatemala, es la que ahora va en turno. El impulso
continúa aún en México —en un artículo de 2004 del *Orange County
Register*, Valeria Godines describió las tensiones entre los güeros de
Arandas, Jalisco, y los inmigrantes chiapanecos, lo que demuestra
que los mexicanos pueden estar tan obsesionados con el tema de la
raza como sus opresores gabachos.

¿**Cuál es la parte de** *illegal* **[ilegal] que los mexicanos no entienden?**

MINES, NOT FENCES

Querido Gabacho: Elige, Mines. Los mexicanos no entienden la palabra *illegal* porque *A)* Cuando los empleadores de Estados Unidos pagan a sus jardineros, nanas, garroteros y obreros en efectivo (y se olvidan de retener los impuestos sobre nómina), parecen no entender tampoco la palabra *illegal*. ¿Por qué habrían de hacerlo los mexicanos? *B)* Los tramperos y comerciantes angloamericanos a los que a ti y a mí nos enseñaron a admirar como pioneros y hombres de frontera rudos y autosuficientes, estuvieron entre los primeros ilegales estadounidenses del suroeste. ¿A quién estás llamando ilegal, gabacho? *C)* La propuesta del presidente Bush de ofrecer amnistía y un programa de trabajadores invitados a todos los inmigrantes ilegales —maniobra planeada para ganarse el apoyo de sus partidarios en la comunidad empresarial— significa que incluso los republicanos no comprenden la palabra. *D)* Independientemente de que compren un pasaporte falso o hagan un juramento de ciudadanía, los mexicanos nunca pasarán de ser unos espaldas mojadas a los ojos de muchos estadounidenses. Entonces, ¿para qué molestarse en solicitar la residencia? *E)* Según la información, el libro de estilo de los periódicos a lo largo y ancho del país exige a sus reporteros que describan como *trabajadores indocumentados* a los hombres y mujeres que tú llamas ilegales. *F)* Hecho poco conocido: el fragmento de poesía en la Estatua de la Libertad ("Entrégame tus cansadas, pobres, hacinadas masas anhelantes de respirar con libertad", etcétera) no incluye, a causa de un error del grabador francés, la nota a pie de página raramente citada de Emma Lazarus: "Mexicanos no, por favor". Malditos franceses. Pero la verdadera respuesta es la palabra misma. *Illegal* es una palabra inglesa; los mexicanos hablan español... además, tú nunca escuchas que los mexicanos se quejen de que sus jefes no comprendan frases en español tan simples como: "Pinche puto pendejo baboso", ¿o si?

¿Qué se traen ustedes, mexicanos, que quieren recuperar California? ¿Es la sangre del conquistador la que los mueve?

Go Back to Granada

Querido Gabacho: Además de las barbas, la tez clara y el mal vino, los conquistadores españoles trajeron consigo a México el legado de la reconquista, que ha reemplazado a las armas de destrucción masiva como la conspiración cataclísmica número uno adoptada por los conservadores. Originalmente, la reconquista no era sino un periodo específico de la historia española —más o menos del siglo VIII d. C. a 1492— durante el cual, los nobles católicos de España se unieron para expulsar de la península ibérica a los musulmanes norafricanos (a quienes llamaban moros). Hoy en día, *reconquista* se refiere a un hipotético plan maestro de los funcionarios mexicanos para recuperar el suroeste de Estados Unidos, territorio perdido en la guerra mexicano-estadounidense de 1848. El arma ostensible es la inmigración ilimitada. Desde luego, parece que la reconquista es una realidad: con las boletas electorales bilingües, las estaciones de radio en lengua hispana que encabezan los índices de audiencia nacional de Arbitron, la salsa que ha reemplazado al kétchup como el condimento más vendido en los supermercados de Estados Unidos, la profecía azteca de que el Pueblo del Sol retornaría a sus tierras ancestrales del norte, y la encuesta de Zogby de 2002 que indica que 58 por ciento de los mexicanos cree que la región suroeste de Estados Unidos les pertenece en estricto derecho.

Pero como miembro del ejército invasor, El Mexicano puede afirmar sin titubeos que la reconquista es un mito. Primeramente, si el gobierno mexicano es incapaz de formular una política económica sana, ¿podemos esperar que recupere antiguos territorios suyos que no se llamen Guatemala? Quienes insisten en que la reconquista es real también se olvidan de la historia de Estados Unidos, que una y otra vez nos muestra que los inmigrantes planean la toma de sus *países de origen*, y no de la nación de adopción. Ejemplos destacados son los de José Martí (Cuba), Garibaldi (Italia) y Ahmed Chalabi (no es necesario que te diga "Irak"). Si hay cosa tal como la reconquista, está operando a la inversa: los mexicanos en Estados Unidos hacen fortunas aquí y envían dinero (junto con tostadores, grandes pantallas de televisión, camiones monstruosos y democracia) al Sur. Como resultado, México es más libre de lo que nunca antes lo fue.

Así pues ¿por qué un concepto loco como el de la reconquista ha tenido tan entusiasta acogida entre los conservadores? Sencillo: porque es más fácil señalar a los mexicanos como los responsables de los problemas de la inmigración ilegal que criticar a las estructuras políticas y económicas de Estados Unidos que demandan mano de obra barata. Si los conservadores creen en algún evangelio en estos días de agresión internacional y elevación astronómica del gasto federal, es éste: cuando todo lo demás falle, culpa a los mexicanos.

¿Siempre que critico la inmigración ilegal en el trabajo, muchas de mis compañeras latinas asumen automáticamente que estoy hablando mal de los mexicanos. ¿Por qué los mexicanos invariablemente suponen que cuando un gabacho expresa disgusto ante los inmigrantes ilegales, está hablando sobre los mexicanos?

FENCES MAKE GOOD NEIGHBORS

Querido Gabacho: ¿Por dónde empezamos? ¿Dónde quiere Bush emplazar a la Guardia Nacional? En la frontera *mexicana*. ¿Qué encabronó a la nación Fox News el año pasado? Una versión en *lengua española* del himno nacional. ¿Cuál fue la mayor queja de los gabachos durante las marchas de marzo y las manifestaciones de estudiantes el año anterior? Todas esas malditas banderas *mexicanas*. ¿A qué grupo inmigrante atribuye el influyente neoconservador e historiador de Harvard, Samuel Huntington, la futura destrucción de Estados Unidos? A los *mexicanos*. ¿A qué país acusan muchos conservadores de tratar de apoderarse del suroeste de Estados Unidos? A *México*. Podrás alegar que los mexicanos ameritan la atención, ya que constituyen más de la mitad de los inmigrantes ilegales en Estados Unidos, Fences, pero en algún momento tendrás que preguntarte: ¿por qué los Michelle Malkins del mundo no critican severamente a nuestros forasteros guatemaltecos o a los inmigrantes ilegales no mexicanos que entraron aquí legalmente pero que se quedaron al vencimiento de sus visas. Es simple: porque ninguno de esos grupos es mexicano. Podrás afirmar que las vallas o muros hacen buenos vecinos, Fences, pero a tus amigos antiinmigrantes no les gusta poner barreras entre *mexicano* e *inmigrante ilegal*.

¿Por qué los mexicanos siempre sienten la necesidad de colarse en la fila? He visto que esto sucede en la carnicería, en el aeropuerto y en cualquier lugar donde hay mexicanos.

A Disappointed Mexicana

Aunque me solidarizo con los sufrimientos de los inmigrantes ilegales y sus familias, su práctica ilegal de colarse en la fila, por delante de otros, ha traído como consecuencia que priven a otras familias, respetuosas de la ley y que esperan inmigrar legalmente, de los mismos derechos, oportunidades y ciudadanía que tan legal y agresivamente defienden ellos. En esencia, eso no está bien y no puede justificarse con el argumento del trabajo duro o de los niños inocentes. Los hermanos y hermanas de mi esposa viven casi en la pobreza en Filipinas, pero aún están aguardando para convertirse en inmigrantes *legales*.

Waiting and Waiting

Queridos Wab y Gabacho: Me preguntan esto cada semana, así que Disappointed, Waiting y todos los demás intrigados: actúen con huevos. Los mexicanos se cuelan en la fila no porque sean groseros, sino porque tienen vidas que vivir y lugares a donde ir. Dime, Disappointed, ¿te vas a quedar ahí pacientemente parada, como

una pendeja, mientras un mexicano tras otro se te adelantan en la fila? Haz lo que hacen los mexicanos, pásateles adelante. O si no, cuando menos rájales las llantas después. Y, Waiting, sé realista. La única razón por la que los mexicanos entran en este país ilegalmente es porque les es fácil: una frontera saltada y ya estás aquí. Si Filipinas no estuviera a miles de kilómetros, tus empobrecidos parientes políticos nadarían más rápido que Mark Spitz. ¿Por qué esperar años y años simplemente porque es la forma legal? Aguardar para inmigrar legalmente no calmará esos espasmos de hambre. Además, entrar ilegalmente en Estados Unidos, agitar en demanda de derechos y vigilar mientras un gobierno extranjero te reconoce bajo presión no es un pecado: se llama la declaración de independencia.

¿Por qué Estados Unidos no puede adoptar el mismo tipo de leyes antiinmigración ilegal que México tiene en sus códigos? En México, los extranjeros ilegales son delincuentes. ¿Por qué se quejan los mexicanos si Estados Unidos desea considerarlos igual? México deporta a cientos de miles de centroamericanos cada año, ¿por qué, pues, se lamenta México si Estados Unidos deporta a unos cuantos? En México los extranjeros no pueden protagonizar marchas masivas en las calles del país, ondeando las banderas de sus patrias; de hecho, las leyes mexicanas prohíben tales prácticas bajo pena de cárcel. ¿Qué responde a esto el Mexicano?

VERY HYPOCRITICAL

Querido Gabacho: ¿Y por qué buenas razones los estadounidenses desearían seguir el ejemplo de México? México experimentó tiempos de bonanza cuando dio la bienvenida a los inmigrantes y mucho de lo que acontece en la cultura mexicana actual llegó por cortesía de estos influjos de fines del siglo XIX y principios del XX: la música de banda y la norteña (alemanes y checos), la carne al pastor (árabes), Frida Kahlo (judíos), la denominación de *chinos* para todos los asiáticos (chinos). Pero una vez que México empezó a proscribir la inmigración después de la promulgación de la Constitución de

1917, que obligó a todo extranjero a "cumplir rigurosamente con las condiciones establecidas en el permiso de inmigración y las disposiciones establecidas en las respectivas leyes", este país, alguna vez promisorio, empezó a estancarse. Una de las cosas que distingue a Estados Unidos de México es una política de inmigración más liberal: eso y el papel de baño que se va por el WC. Como Francia, México se preocupa sobre la "pureza" de su "identidad nacional"; nuestros padres fundadores entendieron que los inmigrantes nos enriquecen con sus cantidades, costumbres y, por supuesto, mano de obra barata. Estamos de acuerdo en algo: como México, debemos deportar más centroamericanos. La amenaza guatemalteca debe ser combatida a cualquier costo.

Si, como he oído millones de veces, los mexicanos vienen a Estados Unidos a buscar una vida mejor, debido a la pobreza en México, ¿por qué no se quedan en México y tratan de hacer de su patria un lugar mejor?

CONFUSED CABRÓN

¿Por qué los mexicanos no se quedan donde están y convierten su propia tierra en aquello que desean? ¿Por qué no se educan como nosotros lo hicimos y hacen lo que se requiere para construir un país como nosotros lo hicimos? Parece que los mexicanos quieren un país democrático ya hecho, pero no desean trabajarlo, allá en casa. La verdad, me parece algo huevón y me encabrona. Edúquense (*pueden* aprender dondequiera que haya una biblioteca y cuando menos una persona dispuesta a enseñar), fórjense un carácter y hagan negocios en su propio país.

JOHNNY REBEL

Queridos Cabrones: Gracias por ilustrar la gran doble moral de la política de inmigración norteamericana, lo que yo llamo el excepcionalismo mexicano. Centenares de oleadas de inmigrantes optaron por no mejorar sus patrias sino por probar suerte en una tierra nueva y, justificadamente, hoy celebramos su valor como pioneros.

Sin embargo, cuando los mexicanos siguen los p[...] ancestros gabachos, los acusamos de falta de [...] deseamos cerrar la frontera. Tú llamas invasores [...] migrantes; yo los llamo la vanguardia de la inno[...] individuos inquietos quienes impulsan la historia; son los [...] conformes con su suerte en la vida quienes transforman la sociedad para bien. Y, además, los mexicanos en Estados Unidos se cuentan entre los más audaces innovadores: no solamente han mejorado la vida en México al enviar cada año billones de dólares en remesas, también sacrifican su sudor y sus hijos al estilo estadounidense. Si estos mexicanos en realidad se quedaran en México, como a ti te gustaría, Cabrón, Estados Unidos perdería su mano de obra barata, sus combos de taco y enchilada, y la única cosa que evita que México se convierta en la Guatemala del Pacífico. ¿Qué prefieres?

¿Por qué debería apreciar a los mexicanos que llegan aquí simplemente saltando una cerca y corriendo u ocultándose en un camión de carga para entrar ilegalmente a este país, cuando hay inmigrantes respetuosos de la ley que trabajan como burros para ingresar al país de manera legal?

LOVE THE MEXICANS BUT HATE THE BORDER-HOPPERS

Querido Gabacho: Barajémoslo más despacio: ¿no te gusta tu vida de primer mundo? ¿Y qué hay de tener oficinas limpias o tacos a un dólar con horchata gratis? Todo esto es posible gracias a nuestra economía de libre mercado, que demanda mano de obra barata y, por tanto, requiere trabajadores que se coticen por debajo de los salarios establecidos. Por supuesto, la inmigración ilegal es un delito, pero pongámoslo así: si todos esos ilegales esperaran en fila como sus estúpidos primos que inmigran legalmente, el Gran Capital perdería millones de trabajadores de bajos salarios y se vería obligado a incrementar significativamente los sueldos por trabajos menestrales; después de todo, ningún estadounidense en sus cabales cosecharía fresas por siete mil dólares al año como los inmigrantes ilegales. Pero el Gran Capital no paga eso: prefiere pagar nada a Lupe que algo a

Mary. Así, el Gran Capital tendría que reubicarse en México, y cuando esos mexicanos empezaran a demandar salarios más elevados, los negocios emigrarían a India o Surinam o a otro país con legislación laxa y un gobierno dispuesto a hacer mutis, donde las empresas no paguen salarios. Entre tanto, la vida estadounidense experimentaría pérdida de empleos y otros inconvenientes ocasionados por nuestro modo de vida verticalmente integrado. Así que, alégrate de que haya inmigrantes ilegales mexicanos entre nosotros. Ama a los mexicanos, de otra forma estarías compitiendo con los delincuentes por el derecho a cosechar ruibarbo.

¿Alguna vez los mexicanos volverán a casa para siempre?
PRAYING FOR A MILAGRO

Querido Gabacho: Lo siento, Milagro, pero los mexicanos ya están en casa en Estados Unidos. Por eso son *inmigrantes*, pues los inmigrantes dejan la pobreza y angustia de sus antiguos países por el Nuevo Mundo. Ningún grupo inmigrante salió jamás de Estados Unidos con rumbo a sus países de origen; no lo hicieron los primeros colonizadores ni los polacos y definitivamente no lo harán los mexicanos. Pero en esta cuestión, la gente más engañada no son los gabachos, como tú, sino los propios inmigrantes mexicanos. Tomemos la historia de mi papá, quien se infiltró por primera vez en este país en 1968 en la cajuela de un Chevy junto con otros tres hombres. En la siguiente década jugó al gato y al ratón con las autoridades migratorias: lo deportaban y volvía a colarse, hasta que la amnistía de 1986 puso a mi padre en la senda de la ciudadanía. Poco después de hacer su juramento de ciudadanía, compró una casa en su pueblo de Jerez, Zacatecas, en la región central de México. Mi padre envió a esa casa dinero y electrodomésticos durante los siguientes quince años, en la esperanza de que pronto se iría a vivir allá con sus cuatro hijos. El año pasado, mi padre vendió la casa. Dijo que quería emplear el dinero para construir una nueva cocina en nuestro hogar de Anaheim. Y, encima, ahora detesta a los inmigrantes ilegales, porque dice que arruinan la economía. Si eso no es asimilación, ya no sé qué es.

¿**Por qué los mexicanos son tan despreocupados al comentar que un amigo o conocido está viviendo aquí ilegalmente? ¿No sabe tu gente que si yo fuera una persona desagradable podría complicar la vida de ese tercero al revelar tal información a su empleador o a la *migra*?**

MIGRA MAN

Querido Gabacho: O estás mintiendo o los mexicanos con quienes alternas merecen ser deportados por estúpidos. En principio, ningún mexicano en su sano juicio admitiría jamás ser ilegal. ¿Por qué crees que las licencias de manejo, números de Seguro Social y actas de nacimiento falsificadas son tan comunes como las piñatas entre los inmigrantes ilegales? Y aún si estos infames pendejos llamaran a los funcionarios de inmigración para deportar ilegales, éstos no harían maldita la cosa. ¿Por qué supones que ahora hay tantos ilegales en Estados Unidos? Porque la patrulla fronteriza no solamente no está haciendo su trabajo en el aseguramiento de nuestras fronteras, sino que tampoco se toma la molestia de atacar el problema internamente. Los mexicanos ilegales caminan con poco o ningún temor porque saben que la patrulla fronteriza está demasiado ocupada tratando de pescar mexicanos en la frontera como para prestar atención a los que ya se pavonean en Estados Unidos. Y repara en que no estoy culpando a la patrulla fronteriza; mi primo trabajó alguna vez para la *migra*. Pero, seamos realistas: si Estados Unidos realmente deseara que la patrulla fronteriza capturase y deportase a los mexicanos, Los Ángeles sería mañana un pueblo fantasma. Pero no es así, y por ello los ilegales aumentan.

¿**Si todo mundo en México tiene el derecho de ser ciudadano de Estados Unidos, puede la ciudadanía norteamericana entera solicitar ser mexicana?**

ENSENADA MAMA

Querida Gabacha: Puedes intentarlo, pero te deseo suerte. El artículo 30, sección B, inciso 2 de la Constitución mexicana y los artículos 17, 19 y 20, inciso I, de la Ley de Nacionalidad establecen que la gente puede calificar automáticamente para convertirse en ciudadana mexicana si sus hijos nacieron en México, si son españoles, ciudadanos de otra nación latinoamericana o si descienden de alguien que nació en México. ¿No se ubican en ninguna de estas categorías, gabachos? Entonces vivan en México ininterrumpidamente durante cinco años y aporten prueba de ello. ¿No la tienen? Fácil: sobornen a los funcionarios de inmigración con algo de dinero estadounidense. Luego de eso, llenen un formato, tómense unas fotos, paguen una cuota y entreguen su pasaporte estadounidense. Luego esperen un par de meses, pero como el dinero ayuda mucho México, den otra *mordida* (soborno, en el español mexicano). Finalmente, renuncien a su nacionalidad previa. ¡Felicidades, ya son mexicanos! Pero ahora viene la parte difícil: vivir en México. Muy pronto, seguirán a sus nuevos paisanos y se dirigirán a la frontera en la esperanza de alcanzar una vida mejor en Estados Unidos.

¿Qué castigo puede aplicar Estados Unidos para que de una vez por todas el continuo cruzar la frontera resulte impensable para los mexicanos?

MAKE THEM STOP

Querido Gabacho: Fácil. Muéstrales a todos los mexicanos que ya viven en Estados Unidos y el desmadre que han hecho allí. Entonces sólo nos dirán adiós cuando pasen de camino a Canadá.

¿A qué se debe que algunos inmigrantes traigan a sus familias y otros las dejen en México? ¿Cuáles son las ventajas y desventajas en cada caso?

ESPOSA NOSWIMO

Querida Gabacho: ¿Has tratado de colarte con tu familia por la frontera, Esposa Noswino? ¿Pagarle a un coyote un mínimo de seis mil dólares por cabeza? ¿Encabronados por días, mientras cruzan la frontera apiñados en camiones o caminando a través del desierto? ¿Sin manera de saber si tus seres queridos están vivos hasta que llegan a tu puerta, exhaustos? ¿Y luego tener que cuidar de ellos con el solo apoyo de tu sueldo de inmigrante ilegal? Todo eso hace que sea más fácil dejarlos en México ¿qué no? Sin embargo, una cantidad sorprendentemente grande de mexicanos sí se trae a sus parientes. "Debido a que la migración no autorizada se mueve primordialmente por la búsqueda de mejores salarios" escribe Jeffrey S. Passel en un estudio del Pew Hispanic Center (2006), "comúnmente se piensa que el migrante indocumentado es un trabajador varón, joven, que no viene acompañado de esposa ni hijos. De hecho, el retrato cabal del migrante no autorizado es más variado". Su investigación encontró que apenas 3.1 millones de hombres y mujeres solteros forman parte de la cifra estimada de 12 millones de inmigrantes ilegales en Estados Unidos; en contraste, hay 6.6 millones de familias en que uno de los cónyuges es indocumentado. La ventaja evidente de traer a las familias es que son   y, por favor, dilo como si fueses Edward James Olmos— familia, el manantial del que los mexicanos toman su fuerza y su salsa. Parte de la atracción del Norte es la ausencia de familia. Algunos mexicanos desean irse solos, dejar su hogar y su familia, y hablar con sus hijos, parejas y padres sólo durante los funerales o simplemente rescatarlos de las deudas. Algunos mexicanos desean convertirse en estadounidenses.

¿Cuándo podemos esperar que *oficialmente* México declare la guerra a Estados Unidos?

MINUTEMAN MOLLIE

Querida Gabacha: ¿Desde cuándo Estados Unidos ha necesitado una declaración oficial de guerra para emprender batallas contra una nación soberana? No sucedió en Vietnam ni en Irak ni en las diversas naciones indígenas que derrotamos, y por supuesto que no acontecerá así en México. Además, ya hemos emprendido guerra contra México muchas veces y hemos perdido. Tomamos la mitad de su territorio en la guerra mexicano-estadounidense de 1846, sólo para permitir que los mexicanos se quedaran en él y sembraran las semillas de nuestra destrucción final. El presidente Clinton y otros partidarios del libre mercado impulsaron el Tratado de Comercio para América del Norte y millones de mexicanos perdieron su *modus vivendi* y viajaron a Estados Unidos en busca de una vida mejor. Si decidiéramos invadir México enfrentaríamos un proyecto de reconstrucción junto al que lo de Irak parecería un paseo en el parque. Así que sé cuidadosa con tus deseos: bien pudiera ser que te ganaras a México en la rifa.

Sobre el folleto del gobierno mexicano "Cómo colarse en Estados Unidos" o "Saltar la frontera para Dummies"

El gobierno mexicano jamás ha alcanzado éxito en nada, salvo en promover a Cantinflas y en matar de hambre a sus ciudadanos. ¿Qué hace creer a la gente que eso cambiará algún día?

Consideremos su solución más literaria para aliviar las condiciones tercermundistas de México: sacar a los mexicanos del país. A fines de diciembre de 2004, empezó a imprimir ejemplares de la *Guía del migrante mexicano*, folleto de 34 páginas a color que informa al lector sobre las mejores formas de largarse de su tierra.

El gobierno mexicano ha distribuido millones de ejemplares gratuitos a los aspirantes a "saltafronteras", con la esperanza de evitar que mueran mientras intentan entrar a Estados Unidos. Pero los partidarios de la antiinmigración en Estados Unidos aseguran que la publicación es poco más que un manual y una invitación para entrar a este país ilegalmente, afirmación que los funcionarios mexicanos rechazan.

"Desafortunadamente, la inmigración es un fenómeno que existe. No estamos invitando a ella ni fomentándola", dijo al *Chicago Tribune* quien fuera vocero del consulado de México en Chicago durante la época en que se editó el folleto. "Pero la gente que desea venir debe tomar ciertas precauciones. Fundamentalmente, proteger sus vidas, y eso es lo que originó este libro."

El gobierno mexicano debería dejar de fingir. La *Guía del migrante mexicano* es, simple y sencillamente, un plano de invasión. Y como tal, es un trabajo miserable.

Estilísticamente, la *Guía del migrante mexicano* se apoya en la gran tradición de los cómics de México. En el forro del folleto, un grupo de mexicanos mira ansioso la bandera tricolor de México ondeando afuera de un consulado, en una evocación de las masas heroicas de un mural de Rivera. En los interiores del librito, las ilustraciones son igualmente descaradas. Los hombres son musculosos, bigotones y visten mezclilla. Los blancuchos estadounidenses predominan sobre unos encogidos mexicanos. Casi todas las mujeres representadas son fantasías de Russ Meyer, tetonas de grandes traseros. Especialmente encantador es el dibujo de la falsa rubia gabacha que se yergue sobre un migrante en la página 18. ¡Caliente!

Pero como guía de supervivencia para los mexicanos que buscan una vida mejor en el Norte, la *Guía del migrante mexicano* es un rotundo fracaso. La mayoría de los consejos son de una obviedad ridícula. Un pasaje indica a los lectores que planean cruzar el río que: "la ropa gruesa aumenta su peso al mojarse y esto dificulta nadar o flotar". Otro advierte: "Si cruzas [la frontera] por el desierto, procura caminar en horas en que el calor no sea tan intenso". ¿En serio? Francamente, quien se acerque a la frontera sin saber esto merece que la *migra* lo regrese.

En realidad, los prospectos de migrantes mexicanos no reciben ningún consejo útil para cruzar la frontera: no hay números de teléfonos de traficantes confiables de personas, no se dan ubicaciones de abrevaderos en el desierto ni se incluyen licencias de manejo o pasaportes falsos para agilizar el procedimiento. De hecho, la *Guía del migrante mexicano* denuncia lo que realmente podría ayudar a los mexicanos a colarse a Estados Unidos. Hace hincapié en que los migrantes no deben asumir identidades falsas si los atrapan las autoridades estadounidenses, puesto que utilizar una identidad falsa "es un delito federal en Estados Unidos por el que puedes ser procesado penalmente y terminar en la cárcel" (como si, en principio, cruzar la frontera ilegalmente no lo fuera). En vez de resistirse ante la poco escrupulosa patrulla fronteriza, el manual recomienda a los capturados que no se resistan y que permitan "ser deportados a México". Y las últimas 10 páginas del folleto se concentran en lo que debe hacerse una vez que el lector ha logrado llegar, principalmente "evitar las fiestas ruidosas" y no dar palizas a sus parejas.

Inmigrantes ilegales contra estudiantes universitarios. ¿Quién la lleva mejor?

Por años, sólo los vejetes denunciaban ante los periódicos que los inmigrantes ilegales representaban la peor amenaza para Estados Unidos desde los irlandeses. Pero si el creciente número de estudiantes universitarios que truenan contra los ilegales es indicador de algo, parecería que ahora los universitarios también quieren sumarse a la campaña antiinmigrante ilegal.

No culpamos a los estudiantes por su fanatismo, después de todo, los universitarios sólo desean alcanzar el mismo gran estilo de vida de los inmigrantes ilegales, sector del país que, sorprendentemente, comparte características con el de los estudiantes cuando se trata de vivienda, pasión por la ayuda financiera gubernamental y propensión a los viajes. Téngase en cuenta que:

- Los estudiantes pagan miles de dólares para estudiar en el extranjero como una forma de experimentar la vida en un nuevo país y de aprender a vivir lejos de casa. Pero los inmigrantes ilegales ya están en programas permanentes de estudio en el extranjero: y ni siquiera tienen que hacer largas colas en las ventanillas de las oficinas.
- Los estudiantes universitarios frecuentemente hacen excursiones de fin de semana y acaban pagando un dineral por el privilegio de emborracharse bajo las estrellas, al lado de otros briagos compañeros académicos. Los inmigrantes ilegales nunca enfrentan tales problemas en sus viajes,

usualmente cruzan por áreas por las que no transita el público estadounidense en general. Además, los inmigrantes
ilegales no dan por su viaje anticipos de miles de dólares
como hacen los estudiantes, sino que lo pagan a lo largo
de décadas.

- Muchas universidades aún no permiten que hombres y
  mujeres compartan el mismo dormitorio, lo que propicia
  un éxodo masivo de las residencias del campus durante el
  tercer o cuarto año de estudios. Los inmigrantes ilegales
  obtienen ese beneficio desde el principio, pues frecuentemente comparten departamentos con hombres y mujeres
  de distintos antecedentes y edades, y lo usual es que
  haya de cuatro a cinco en un cuarto. ¡Véngales a contar a
  ellos de reventones sexys!
- Los estudiantes universitarios comúnmente se quejan de
  que los encargados del orden en las residencias universitarias y los servicios de seguridad del campus interrumpen
  sus diversiones. Fuera de su propia versión de los vigilan-
  tes —la *migra*— los inmigrantes ilegales no tienen tales
  contratiempos. Los policías están tan preocupados por no
  ofender a los activistas inmigrantes con la deportación de
  individuos —que, después de todo, es una responsabilidad
  federal y no local— que generalmente dejan en paz a los
  inmigrantes.

Así que, queridos estudiantes, ¿por qué gemir sobre la ayuda gubernamental para los inmigrantes ilegales que desean hacer estudios superiores? ¿Alguna vez escucharon algo sobre las matrículas
intraestatales o sobre la Solicitud Gratuita de Ayuda Federal para
Estudiantes? La reciente aprobación de leyes que permiten a los
inmigrantes ilegales que deseen asistir a la universidad solicitar una
ayuda simplemente los coloca en el mismo plano financiero que
miles y miles de otros estudiantes universitarios.

Si ustedes, chicos de libros azules, fiestas de toga y Hacky Sacks,
realmente desean acosar a un grupo que reciba más subsidios que
ustedes, les tengo uno: las corporaciones.

¡Viva como un inmigrante ilegal!
Secretos de la buena vida de los indocumentados.

Te han despedido de tu trabajo como analista financiero y tu sueño de una casa con desniveles y vista al mar repentinamente se ha reducido a un dúplex en un gueto. La economía cae en picada, tus acciones de alta tecnología no valen nada y tu futuro laboral ahora consiste en pescar algo en Monster.com o en solicitar un puesto en Wal-Mart.

Cuando las cosas iban bien, leías *Fast Company* y *Wired* y seguías la guía de personalidades como Sumner Redstone y Jack Welch, pagabas cientos de dólares para sentarte el día entero en seminarios de "Winners!" o 35 dólares a cambio de esos libros sobre cómo hacerse rico y exitoso, anónimos y mal escritos, de fotos y tipografía grande que te prometían la buena vida que ahora parece tan lejos de tu alcance. ¿O no?

Deja que te pregunte: ¿quieres un coche nuevecito, o guarderías gratuitas, o niñeras para fiesteros de fines de semana, o lograr que gente más guapa que tú se pelee para salir contigo? Por supuesto que te gustaría, pero te preguntarás si todo esto es posible.

Bueno, ¿qué pensarías si te digo que la buena vida no sólo se puede conseguir, sino que actualmente millones de residentes ya la viven? Y lo que es más, *están* dispuestos a compartir sus secretos contigo *gratis*.

Bienvenido al mundo de los indocumentados mexicanos.

"Mmm" dirás. "¿Estás hablando de inmigrantes ilegales? ¿Por qué? Si sólo son esos humildes campesinos y esas viejas silenciosas que asean el piso de mi baño."

Sí, pero, ¿qué pensarías si te dijera que ese campesino es el tesorero de la asociación de beneficencia de su pueblo, que negocia hábilmente con los gobiernos mexicano y estadounidense, o que esa criada se hace cargo de una huerta orgánica que produce suficiente para alimentar a su familia? ¿Qué pensarías si te dijera que esos trabajadores indocumentados obtienen más por cada dólar invertido en su comida, ropa y entretenimiento y que viven en la clase de comunidades integradas que son la envidia de los planificadores maestros en todo el mundo?

Verás, las adversidades insuperables logran sacar lo mejor de los seres humanos. Y son los más pobres entre los pobres —12 millones de los cuales son inmigrantes ilegales que viven en Estados Unidos— quienes no sólo sobreviven en tiempos difíciles, sino que también prosperan.

Se trata de permanecer juntos, de cuidarse unos a otros, de ver por otros —como un miembro del clan Joad lo dijo— como parte de una gran alma.

Las buenas noticias: no tienes que evadir la *migra* para vivir la fabulosa vida de un trabajador indocumentado.

Aquí están los secretos de los actuales y antiguos inmigrantes ilegales para vivir una buena vida con poco o ningún dinero. Sólo sigue este fácil programa de tres pasos y vive la vida con la que has soñado. Sólo prométenos que la próxima vez que veas a uno de tus mentores podando tu césped o limpiando tu baño, te detendrás para darle las gracias.

Paso uno: otra vez de pie

Comida

Alguna vez consideraste vulgar comer en un lugar que careciera de aguamaniles y toallas calientes. Ahora empiezas a ver los depósitos de basura como bandejas de comida caliente en una mesa de bocadillos. ¿Tiene que ser así? No. Veamos el caso de Irma. Cuando su marido fue deportado hace un par de años a su natal El Salvador, tuvo que estirar aún más el magro ingreso familiar.

"Ni siquiera podía darme el lujo de comprar alimentos en lugares como Northgate o La Rioja", dice, en referencia a los supermercados mexicanos de California del Sur que ofrecen frutas y legumbres a precios muy reducidos.

Y antes que acudir al gobierno, a alguna agencia de servicio social en demanda de ayuda —con lo que también se arriesgaba a reunirse con su marido en un barrio de El Salvador—, subsistió con comida que le regalaban los amigos o la familia. Un buen día, cuando fue de compras a un mercadillo ambulante, Irma descubrió un puesto que vendía alimentos de supermercado.

"Había de todo: tortillas, pañales, barras de granola", recuerda sorprendida. "Y los precios se ajustaban perfectamente a mi presupuesto."

Los precios también se adecuan a tu presupuesto actual: 50 centavos por una caja de Lucky Charms, un dólar por 10 latas de maíz. "Supongo que la comida ha sido robada de tiendas de abarrotes o que detrás hay algo mal, pues las latas siempre están deformadas y los envases que se supone deberían estar cerrados, están abiertos", afirma ella, "pero la comida estaba en buen estado; nunca nos enfermamos con ella".

Pero si aun los centavos representan un precio alto para tu subsistencia, también puedes recurrir a cultivar tu propio alimento.

"Es difícil hacer cultivos aquí, porque las casas en Estados Unidos no tienen mucho espacio al aire libre", apunta Julia, cuyo patio trasero rebosa de delicioso maíz, caña de azúcar y nopales. "Pero es mejor cultivar tu propia comida que gastar un dineral en comprar cosas que, de cualquier manera, están llenas de químicos".

Y no necesariamente tienes que limitarte a lo que tú siembres; Julia y sus amigos casi pueden prescindir de las compras, pues hacen trueque con lo que cada quien cultiva. "Uno de mis amigos cría pollos para nuestro grupo", indica. "Y conseguimos la carne y la leche con otro amigo en Riverside [California]."

Lección: La comida es vida y una vida exitosa supone tomar grandes riesgos. Asume el riesgo y trágalo entero, siempre y cuando no muestre señales de contaminación. Y no te hará mal tener un contacto carnicero en Riverside.

Vivienda

Las casas que alguna vez anhelaste están ahora fuera del alcance de tu presupuesto; tendrás suerte si calificas para un departamento ahora. Irte a vivir con tus padres es impensable y tus amigos pasan por las mismas estrecheces financieras que tú. Es tiempo de empezar a trabajar la línea de las raíces con los coterráneos, como lo han hecho incontables ilegales a lo largo de los años. Mario vivió primero en un departamento de dos recámaras junto con otras dieciséis personas.

"Como yo era de la misma [comunidad mexicana] que el dueño del departamento, tenía un sofá para mí solo, mientras que los demás dormían en el suelo."

También obtuvo un descuento: 100 dólares al mes, contra los 150 que todos los demás tenían que pagar. Pero compartir una vivienda tan estrecha y atestada —que, en respuesta a las quejas de los vecinos, de continuo recibía la visita de la policía— forzosamente era una pesadilla.

"No había privacía. Cuando comía, había una chica a mi lado, cambiándole los pañales a su hermanito y la mierda me daba ganas de vomitar. Y ni siquiera puedo referir cuántas veces me despertaron las parejas que gemían haciendo sexo."

Luego de encontrar un empleo mejor —empezó como jornalero— Mario ahora paga 200 dólares al mes, junto con otros cuatro hombres que viven en un departamento de una recámara en el patio trasero de la casa de una familia del mismo rancho que Mario. "Aún estamos apiñados en un lugarcito", dice, "pero ahora tengo mi propia cama".

Lección: la mayoría de los estadounidenses piensa que la familia es simplemente nuclear: mamá, papá, hermanos. Cuando se trata de viviendas de emergencia, tienes que planteártelo en términos posnucleares.

Salud

¿Perdiste tu empleo y tu seguro de salud? Bienvenido a mi mundo. Cuando despidieron a mi mamá, en 1997, tuvimos que afiliarnos al mismo sistema médico que mi padre (inmigrante ilegal hasta la amnistía de 1986) había utilizado por años: la industria del curandero y la sobadora. Expertos en el olvidado arte de ofrecer servicios médicos a una tarifa muy baja, estos hombres y mujeres tratan tus males mediante una combinación de remedios populares y cánticos católicos e indígenas (por no mencionar la ropa interior usada para sanar un cuello dolorido).

Si insistes en recurrir a los médicos titulados, viaja a las clínicas de Tijuana. Los médicos de los pueblos fronterizos pueden curar cualquier cosa, incluso si no es de su propia especialidad. Busca los servicios del doctor Emilio Vargas Huerta, un proctólogo que extrajo tumores del pecho de mi madre, del estómago de mi padre y de mi mejilla, y que ha atendido las necesidades de muchos residentes ilegales a lo largo de los últimos 15 años.

Lección: La salud es un estado mental. Baja es un estado de México. Dile al doctor Huerta que Lorenzo Arellano te envía.

Empleo

Como en cualquier negocio, conocer a alguien es la mejor forma de encontrar empleo en el mundo de los ilegales. Roberto consiguió en 1979 su primer trabajo en la fábrica de alfombras de un amigo de su primo.

"El tipo era muy cercano al dueño, quien siempre buscaba nuevos trabajadores. Pronto, el dueño me promovió a supervisor a pesar de que yo no tenía papeles."

Pero fue despedido luego de que se lastimó la espalda y como aún estaba en calidad de indocumentado, no pudo cobrar la compensación laboral ni un seguro de incapacidad. Más tarde, Roberto consiguió empleo en otra fábrica y obtuvo su ciudadanía. Ahora recluta trabajadores para la empresa y contrata a los recién llegados de su rancho en Michoacán.

"Todos en mi rancho saben que si necesitan trabajo, se los daré", apunta Roberto. "Siempre debes ayudar a la gente de tu pueblo."

Usa tus contactos para buscar trabajo. Si no tienes, te aguardan las esquinas de las calles donde están los jornaleros que tampoco tienen amigos.

Lección: En la vida, lo importante no es lo que sabes ni a quién conoces, sino que conozcas a gente que aprecia lo que sabes.

Paso dos: toma el control

Guarderías

Después de años de atender a tus hijos sólo cuando tenían que hacerle cirugía mayor a la niñera en Tijuana, ahora te ves obligado a criarlos tú mismo, algo para lo que no tienes ninguna preparación. Lo que es peor: acabas de conseguir un trabajo con ayuda de un amigo, pero no puedes darte el lujo de pagar una guardería diurna. Y tus padres no asumirán esa responsabilidad así tu vida dependa de ello, y depende. ¿Qué hacer?

Construye una *red comadre*, método que han utilizado muchas familias latinas por décadas para criar a los niños. Funciona así: cualquier ama de casa que tenga un remoto parentesco contigo cuida de tus hijos. Lo que deriva en disponer de cuidados infantiles por parte de alguien en quien no sólo confías, sino que también engordará a tu niño con comida casera y que, además, no teme imponer disciplina.

"¿Por qué iba a permitir que los extraños se ocupen de mis hijos, si mis comadres pueden cuidarlos?", me dice Alicia. Mañana tras mañana, a las seis en punto, ella deja a sus niños con su cuñada y enfila hacia su trabajo en la fábrica. "Una guardería diruna no criará a mis hijos porque no los va a disciplinar. Pero puedo sentirme tranquila sabiendo que [mi cuñada] le dará sus golpes a mi hijo si es malcriado."

¿El costo?

"Siempre trato de darle cuando menos 50 dólares, pero jamás me los acepta", indica Alicia.

Lección: se requiere una aldea y un contacto "de pocas pulgas".

Ruedas

La pasión por los vehículos tragones de gasolina no es exclusivamente tuya ni de los de tu tipo. La comparten con sus inmigrantes ilegales promedio. Por razones que sólo conocen los antropólogos culturales (ansiedad de estatus) y los psicólogos freudianos (compensación), muchos jóvenes varones indocumentados ahorran diligentemente sus ingresos por años, sólo para lucirse en una troca del año o SUV.

En la creencia de que la imagen es todo, estos inmigrantes ilegales se ven influidos por la elite conductora de vehículos SUV.

"Mira, me mato trabajando toda la semana y tengo que compartir cama con un tipo al que no puedo ver ni de noche", apunta Jorge, nativo de Zacatecas de 26 años y dueño de una Dodge Ram 2001 con un reproductor para 10 CD. "Y si debo sufrir aquí, por lo menos cuando regreso a casa [en México] o si voy a fiestas el fin de semana, tengo algo de qué presumir".

Para pagar su camioneta Jorge tiene dos trabajos casi de tiempo completo, además de podar césped y limpiar albercas el fin de semana. Luego de ahorrar sistemáticamente durante cinco años, Jorge juntó los 15 mil dólares para adquirir el vehículo (que un amigo con papeles tuvo que comprar para él) y ahora lo conserva celosamente.

"No tengo seguro, ni siquiera licencia de manejo", dice. "Si alguna vez me detiene un policía, se jodió mi camioneta."

Lección: Lo más importante en la vida es… ¡un reproductor para 10 CD! ¡Fantástico!

Bancos

Ni siquiera dispones de los dos dólares para una tarjeta de cajero automático que te permita el acceso a los ahorros de tu vida, y tu Cuenta Individual de Retiro se ha ido por el caño. Haz lo que han hecho por años los inmigrantes ilegales: compra latas de tomate. Es que hasta que Wells Fargo cambió su política, muy recientemente, los inmigrantes ilegales no podían abrir cuentas de banco, así que…

"No podíamos guardar dinero en el banco, pero en algún lugar había que ponerlo a salvo", cuenta Ángela. "Así que me conseguí una lata vacía y le hice un agujerito. Ahí la dejaba con el resto de las cosas de comer, de manera que si robaban la casa, ni siquiera se darían cuenta de que ahí estaba el dinero."

Después de años de hacer depósitos semanales de 50 dólares por cada cheque que recibían, ella y su esposo juntaron un ahorro considerable. "Con él pudimos pagar toda la fiesta de quinceañera de nuestra hija" (unos nueve mil dólares).

Lección: ¿Te acuerdas de todo el dinero que perdiste en las acciones de Enron? Estabas invirtiendo en algo llamado futuros de electricidad. *Cuando menos las latas de tomate son cosas que no irán a la baja.*

Política

Toma ejemplos de los inmigrantes ilegales, cuya postura política es extraordinariamente libertaria.

"No me importa la política de este país, porque de cualquier manera van a joder a todos, independientemente del partido o de la condición migratoria", dice Benjamín, oriundo de Michoacán de 46 años de edad.

¿Qué han hecho Benjamín y otros incontables individuos para mejorar su vida en este país y en su patria? Demostrar a los gobiernos mexicano y estadounidense que son indispensables para el bienestar de ambas naciones. Los gobiernos los necesitan, no a la inversa.

Benjamín es miembro activo de la asociación de beneficencia de su rancho y organiza bailes trimestrales para reunir fondos dedicados a satisfacer las modestas necesidades de infraestructura de las pequeñas aldeas. El resto del tiempo, es lavaplatos en un hotel, un integrante más del silencioso sector de servicios de la economía que mantiene caminando a esta nación, tan adicta a los inmigrantes ilegales.

"Los dos países nos necesitan, aunque odien admitirlo", indica Benjamín con un dejo de amargura. Tiene razón. Por estas asociaciones locales como aquella a la que pertenece Benajmín, los políticos mexicanos cortejan ávidamente el voto de los mexicanos inmigrantes. Y antes del 11 de septiembre, el presidente George W. Bush habló abiertamente de conceder amnistía a los trabajadores más valiosos de Estados Unidos.

¿Tanta atención se presta a la gente que no pertenece realmente a ninguno de los dos países? Por su parte, tu propio representante en el Congreso ni siquiera de te dará la hora.

Lección: "Demuéstrale a tu gobierno que es innecesario y cuídate a ti mismo", dice Benjamín. "Ya vendrán a ti como los pendejos que son."

Paso tres: tómalo todo

Moda y música

"Casi nunca compro ropa en los centros comerciales", se ufana María. Durante el fin de semana frecuenta las ventas de garaje y los mercados ambulantes en pos de ropa bastante usada pero aún utilizable para su familia. Un guardarropa entero para la semana se puede adquirir ahí por menos de 50 dólares. "Y si realmente quiero verme elegante, voy a La Segunda [almacén económico]", afirma.

Y no hagas muecas ante la perspectiva de comprar ropa usada; María asegura que te sorprenderías de lo que puedes encontrar. "Una vez, cuando buscaba ropa para mis hijos me encontré con un hermoso vestido que me costó 20 dólares. Entonces pensé que era caro, pero cuando me lo puse para una fiesta, una amiga de mi hija lo vio y dijo que había visto exactamente el mismo vestido en varios cientos de dólares en Beverly Hills."

Como María, Lucas desdeña a quienes gastan en el comercio al menudeo.

"Los que compran CD o estéreos en las grandes tiendas merecen que los estafen por estúpidos", apunta Lucas, DJ de medio tiempo que se hizo de todo su equipo y de la mayor parte de su colección de más de 500 CD en años de regateo con los vendedores de los mercados ambulantes.

"Siempre te van a decir que no pueden bajar sus precios" indica. "Los vendedores siempre mienten."

Su consejo para la negociación: "Dales un precio y si lo rechazan, diles que lo olviden y márchate. Regresa después —por ejemplo, en la tarde, antes de que se vayan— y pregúntales si han vendido el artículo. Lo más probable es que te digan que no. Diles que lo comprarás, pero sólo si reducen el precio que originalmente ibas a pagarles. Estarán tan desesperados por vender que te habrás hecho de una buena oferta."

Lección: el efectivo siempre será el accesorio de más moda.

Vida social

La vida de Ricardo consiste en cinco días de agotadora labor y fines de semana atiborrados de fiestas.

"Cualquier sábado hay más de cuatro fiestas a las que puedo asistir", asevera. Simplemente, Ricardo es miembro de la red de celebraciones de su rancho. "Si no es boda, será bautizo, fiesta de quinceañera o de cumpleaños. Lo que sea, siempre habrá mucha comida y música en vivo para bailar. ¡Lo mejor de todo es que es gratis!"

Por supuesto, siempre llega un momento en la vida de toda persona en que las fiestas cansan y se piensa en sentar cabeza. Joaquín tenía mala suerte con las damas; no tenía un coche para pasearlas ni un lugar propio para vivir, y los rigores de un trabajo de 60 horas a la semana como mecánico automotriz lo dejaban exhausto los viernes en la noche.

"Aún deseaba tener una esposa o, cuando menos, una pareja para pasar tiempo con ella", dice. Renunciando a las mujeres aquí, en Estados Unidos ("Resultan muy locas para mí", decía), hace unos cinco años volvió a su rancho en Guanajuato y se casó con una chica de 17 años (por entonces él tenía 24). Su luna de miel: un viaje de regreso al Norte con otros 10 inmigrantes apiñados en una camioneta que se deslizó inadvertida frente a la *migra*.

"Aquí no quedan hombres y todas las muchachas se mueren por salir del rancho", dice Joaquín. "Se casarán con cualquiera, incluso con un tipo tan feo como yo, que les ofrezca irse a Estados Unidos."

Lección: lo más importante en el amor es… ¡una muchacha de diecisiete años! ¡Maravilloso!

Salidas

"Trato de no salir", apunta Susana. "Soy inmigrante ilegal."

5

Música

Morrissey, melódicas y Ay ay ay ay ays

Querido Mexicano: juraría que he oído en algún lugar que la canción "La cucaracha" originalmente trataba sobre los soldados de Pancho Villa y que la letra tenía que ver con que no podían marchar sin marihuana. Ya no recuerdo dónde lo escuché, pero también oí algo sobre que la caballería de Estados Unidos perseguía a las tropas y que, finalmente, encontraron colillas de mota a lo largo del camino. ¿Por eso los gabachos, desde Hawai e Irlanda hasta Thailandia se refieren a la colilla de un cigarro de mota como *cucaracha*?

ALTO EN VIDA

Querido Gabacho: Junto con el "Jarabe tapatío" y "Livin' la vida loca", la canción mexicana favorita en Estados Unidos es "La cucaracha". Incluso Carl Sandburg era aficionado a citar la cancioncilla de la cucaracha; el famoso poeta la incluyó en su colección de canciones populares de 1927, *The American Songbag*. Sandburg escribió que la primera vez que la escuchó fue en 1916, en Chicago, de dos reporteros que habían cubierto la Revolución mexicana y "habían comido frijoles con Pancho Villa y dormido bajo el jorongo de

Pancho". Sandburg incluía ocho estrofas de "La cucaracha" en *The American Songbag*, pero hay cientos de variaciones. "'La cucaracha' es el equivalente español del 'Yankee Doodle' —canción satírica tradicional a la que periódicamente se adaptan nuevas letras para cubrir las necesidades del momento", puntualizaba Cecil Adams, autor de la columna independiente *The Straight Dope,* en 2001, cuando se ocupó del significado de la canción. En realidad, "La cucaracha" es una de las canciones más antiguas de la cultura hispánica. Hay letras que ridiculizan a Pancho Villa, a la ocupación francesa de México, a las guerras carlistas de mediados del siglo XIX e incluso a los moros ("Del pellejo del rey moro / tengo que hacer un sofá / para que se siente en él / el Capitán General", como dice una versión, ¡y tú supondrías que el odio de Europa por los musulmanes es muy actual!) Jamás oí la teoría que mencionas sobre el nombre que se da a las colillas, Alto en la Vida, pero no sería la primera vez que los gabachos se apropian de la cultura mexicana para describir sus actos pecaminosos. ¿Algún voluntario para un Sucio Sánchez?

Llamé al estadio deportivo local para comprar boletos y el empleado me dijo que habrá una especie de premiación de música mexicana patrocinada por una estación de radio. Yo creía que la única música mexicana era la de mariachi y la de Los Lobos. ¿Hay más? ¿Y cómo demonios le hicieron para agenciarse un estadio de ese tamaño? ¿Será que luego tendrán que barrerlo durante un mes?

Earnest Liberal

Querido Gabacho: Quita la Radio Pública Nacional y escucha la realidad: la radio en lengua española es radio moderna y lo ha sido desde hace una década, cuando estas estaciones empezaron a encabezar los índices de Arbitron del sur de California. Y ninguna tan influyente como XBUE-FM 105.5/94.3, estación de Los Ángeles mejor conocida como Qué Buena. En los últimos cuatro años, las ediciones de los premios Qué Buena han reconocido a los mejores intérpretes de música regional mexicana en varios géneros. Y sí, Earnest, hay más estilos de música regional mexicana —los ejecutivos crearon la expresión genérica *regional mexicano* para describir la música que tu lavacoches y tu niñera bailan todos los sábados en la noche— que rastrillos en el clóset de tu jardinero.

La Qué Buena generalmente honra a los mejores intérpretes en las siguientes categorías:

Norteño: polkas mestizas originarias del norte de México con base en el acordeón y en el acompasado ritmo de bajo. Los músicos de norteño generalmente usan tejanas y atuendos vaqueros con tiritas y volantes que parecen una combinación de Liberace y el personaje de Jon Voight en *Midnight Cowboy*.

Banda sinaloense: ¿Alguna vez has conducido por tu barrio local sólo para escuchar algo que suena como un *bum-bum* de banda bávara y que sale con estruendo de una Silverado conducida por un cholo? Pues ésa es la banda sinaloense, una especie de conjunto de metales, llena de clarinetes y trompetas, con una enorme tambora, una tuba que pedorrea e incluso un corno francés. Se trata de un enorme grupo de músicos —generalmente unos 18— que no necesita amplificadores ni siquiera en un cavernoso anfiteatro: el retumbar que produce una banda completa es capaz de desintegrar tu bazo como ninguna otra cosa, descontando a Sunn O))).

Duranguense: Similar a la banda, pero más rápida, presenta una extraña fascinación por los sintetizadores y por el instrumento de aliento y teclado llamado melódica. Aunque remite al estado de la región centro norte de México, Durango, en realidad se popularizó en Chicago (sí, Earnest, los mexicanos viven en Chicago, ¡incluso en Alaska!) El duranguense es el reguetón de la música regional mexicana: ampliamente popular, increíblemente molesto y tan adictivo como el mezcal, pero sin el gusano del fondo.

Tierra caliente: Históricamente, la expresión se ha empleado para aludir a los ritmos afromexicanos del estado meridional mexicano de Guerrero; hoy en día se refiere a otra falsificación de banda. Ésta se aderaza con arpas, eco y órganos, incluso más vulgares que los que se aporrean en la música duraguense. Es el género menos convincente de la música mexicana desde el tema de Frito Bandito.

De la sierra: Se asemeja al *bluegrass* en cuanto a que depende de unas rancheras voces nasales, respaldadas por guitarras acústicas, bajo, batería y la ocasional aparición de un violín en canciones sobre asesinatos, drogas y asesinatos. ¡Y también sobre asesinatos!

Solistas: Se trata sólo de un tipo o de una chica que interpretan cualquier tipo de música regional mexicana. Y mientras que todos los nominados en la categoría de mejor solista varón son puros mexicanos, las eternas nominadas a la versión femenina incluyen a señoritas picosas como Yolanda Pérez y Jenni Rivera que, desde luego, son tan estadounidenses como un burrito de pastrami.

Dueto: ¿Ves? Si el español no difiere tanto del inglés, sólo hay que tumbarle todas estas malditas vocales finales.

Y no creas, Earnie, que los premios Qué Buena abarcan toda la música regional mexicana. Hay algunos géneros demasiado regionales incluso para la Qué Buena. Pongamos, por ejemplo, el son jarocho, esa sincopada y aporreada improvisación musical originaria del costero estado de Veracruz. O la música de marimba, de Chiapas. O los grupos de concheros aztecas. O el mariachi. Todo demuestra que los mexicanos pueden odiar tanto a los espaldas mojadas como los blancos.

Soy un güero que se considera bastante informado sobre la cultura mexicana, pero hay un misterio que aún se me resiste: ¿por qué cierta música mexicana suena como polka? ¿Qué es lo que los mexicanos adoran en esos resollantes acordeones y en el redundante ritmo del chun-ta-ta? ¿Hay alguna conexión histórica entre los frijoleros y los polacos? Y, ya que la música estilo polka tiene tan profundas raíces tanto en la cultura europea como en la mexicana, ¿crees que los gringos y los latinos podrían allanar las tensiones raciales con una gigantesca pachanga de polka?

TU CUÑADO

Querido Gabacho: Pocas peculiaridades de la raza mexicana des-
conciertan más a los gabachos que nuestro amor por las polkas de
las bandas de metales sinaloenses de estilo bávaro y de los conjuntos
norteños de acordeón. Es una pregunta que el Mexicano recibe
todo el tiempo. El fiel lector Whipped Beaners & other Delights
asegura "que esa maldita música alemana de chun-ta-ta que ustedes escuchan" es una prueba de que a los mexicanos "les gustan
los nazis", mientras que Annoyed Citizen se pregunta por qué "los
rancherotes mexicanos" aman "esa estúpida música de polka". Pero
la respuesta no es complicada: tanto la banda sinaloense como el
conjunto norteño son demostraciones palmarias de lo que los estadounidenses reverencian como el "crisol", pero que los mexicanos
conocen como la raza cósmica. La banda sinaloense data de fines
del siglo XIX, cuando los alemanes migraron a la región central de
México y supuestamente contrataban chicos para que tocaran esa
música chun-ta-ta de *Deutschland*. Igualmente, el conjunto norteño
se originó en la misma época en el norte de México, gracias a las
colonias de checos, polacos y otros eslavos obsesionados con el
acordeón que vivían en esa zona.

Así pues, ¿a qué viene tanta perplejidad y tanta burla cuando
escucho a todo volumen a la Banda el Recodo mientras circulo por
un refinado y retegabacho vecindario? Se trata de un malentendido:
los gabachos aún no comprenden
que los mexicanos man-
tenemos viva la cultura
étnica blanca de Esta-
dos Unidos con nuestras
alegres polkas mestizas,
mazurkas y valses. Y claro
que nos encantaría tener
una pachanga de polka
con ustedes, Cuñado, pero
los únicos gabachos que
aparecerían por ahí se-
rían algunos octogenarios

fanáticos del *Show de Lawrence Welk*. Y, encima, hasta nos llamarían wabs.

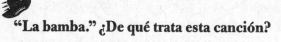

¿Sabes el nombre de esa canción mexicana que dice "Ay, ay, ay, ay... Ay, ay, ay, ay-ay"? Creo que es una famosísima ranchera. Estoy segura de que no me sale tan claro aquí, en el correo electrónico, como si la canto a grito pelado.

YA LLEGÓ LA CADERONA

Querida Gabacha Caderona: ¿Te refieres a cualquier ranchera? La canción a la que específicamente te refieres es "Cielito lindo", pero los gabachos la identifican mejor en su versión adulterada como "La canción del Frito Bandito". Pero también haces referencia a una de las características distintivas de la música ranchera —canciones de dolor tradicionalmente interpretadas con mariachi— al teclear una gloriosa *ronca*: un grito o entrañable raudal de conciencia que suelta un cantante durante el clímax emocional de una canción. Algunas de las más famosas incluyen el "¡QUE-A!" de Javier Solís, el "¡AAAAAAAAAAAAAHAHAHA!" de Pedro Infante y el inmortal "¡A-ha-ha-hai!" de Vicente Fernández. Estoy seguro de que no me sale tan claro en esta columna como cuando los hombres lo sueltan a grito pelado, Caderona, pero de alguna manera confirman ese estereotipo de que los hombres mexicanos son divas ebrias, incapaces de expresarse, ¿verdad?

"La bamba." ¿De qué trata esta canción?

MUSICAL MARAUDER

Querido Gabacho: Los gabachos sólo conocen tres canciones mexicanas: "La canción del Frito Bandito", "La cucaracha" y "La bamba", cuya introducción a Estados Unidos, en 1959, corrió a cargo del rockero del área de Los Ángeles, Ritchie Valens (en realidad Ricardo Valenzuela); que luego circuló, a fines de los setenta, en la nueva versión de los iconos punk chicanos The Plugz, y que se repopularizó en los ochenta gracias a otra interpretación de los ídolos del este de Los Ángeles, Los Lobos, para una película biográfica de Valens. Sin embargo, en sí misma, la canción es más que el "Rapper's Delight" de México. Es la joya de la corona del son jarocho, la chispeante música originaria del sureño estado mexicano de Veracruz, caracterizada por guitarras pequeñas y un ritmo consistente e improvisaciones interminables del mismo ritmo. Al igual que "La cucaracha", "La bamba" tiene miles de letras, y todo a partir de "Yo no soy marinero / soy capitán" hasta "para subir al cielo / se necesita una escalera grande". Algunos historiadores aseguran también que la tonada se refiere a un sitio al que fue sometido la ciudad portuaria durante el siglo XVII; otros historiadores prefieren impartir clases en universidades públicas. "La bamba" es una esponja que ha absorbido diversas letras a lo largo de la historia, dejándonos un tema extraño y eminentemente bailable que todos los mexicanos detestan.

El otro día sintonicé una estación en lengua española y juraría que oí la versión de una tonada hecha a partir de una canción en inglés. ¡Caramba! ¿A los mexicanos no les alcanza con defraudar a los contribuyentes estadounidenses, también tiene que hacerlo con los músicos?

FURIOUS ELISE

Querida Gabacha: Plagiarse las canciones estadounidenses es una orgullosa tradición mexicana que data de la época en que los conjuntos de mariachi convirtieron la "Polka del barril de cerveza" en "Los barrilitos". Y así como el *cover* se convirtió rápidamente en parte integral de los cancioneros latinoamericanos, las versiones de suplicio contaminan la carretera de la historia musical mexicana. Las siguientes son algunas de las más atroces:

"La noche que Chicago se murió"
Cover de: Paper Lace, "The Night Chicago Died". **Artista:** Banda Toro. **Resultados:** Grabada a principios de los noventa, la época cumbre de la quebradita, esta canción continua desconcertando a los

especialistas musicales. ¿Cómo fue que un grupo de mexicanos dio con esta basura de los años setenta? ¿Qué los motivó a grabarla, con su letra intacta, como una saltarina tonada de banda? ¿Y por qué ahora esta canción grabada es más difícil de encontrar que un policía incorruptible en Tijuana? Perturbadora nota al pie: la Banda Toro también grabó una versión de "Kung Fu Fighting", razón definitiva para cerrar la frontera México-Estados Unidos.

"Cosas"

Cover de: Bobby Darin, "Things". **Artista**: Los Bravos del Norte. **Resultados**: El nostálgico lloriqueo de Darin se convirtió en un jubiloso fox-trot, gracias al contagioso acordeón del vocalista de Los Bravos e ídolo de conjunto norteño, Ramón Ayala. Pero no hay que culpar a Ayala por el inadecuado tono feliz de "Cosas", el hombre bien podría leer "The Hollow Land" y hacer que la gente bailara una polka de toda la noche.

"La plaga"

Refrito de: Little Richard, "Good Golly, Miss Molly". **Artista**: Alejandra Guzmán. **Resultados**: "La plaga" fue originalmente grabada por el grupo de rock mexicano Los Teen Tops en los años cincuenta. Ese *cover* causó furor; la versión de Alejandra Guzmán, en su debut de 1989, trató de igualar los delirantes gritos y la sexualidad del original de Little Richard, pero el resultado fue una gritería de falso rebelde manufacturada en estudio, cosa que en realidad es.

"Esta luz nunca se apagará"

Cover de: The Smiths, "There Is a Light That Never Goes Out". **Artista**: Mikel Erentxun. **Resultados**: Los roqueros mexicanos han grabado verdaderas joyas de *covers*, como el refrito de los Tijuana No! de "Spanish Bombs" o la versión punky de Los Abandoned a "Como la flor" de Selena. Sin embargo "Esta luz" no es una de ellas: es sólo una promesa —incluso más plañidera— de muerte romántica, ¡y sin autobús de doble piso! El mexicano honorario (puesto que Erentxun es español) también canta en concierto una regular versión de "Everyday Is Like Sunday", en principio para complacer a Morrissey: ya se sabe que el nativo de Manchester frecuenta los shows de Erentxun en Estados Unidos.

"Angel Baby"

Cover de: Rosie and the Originals, "Angel Baby". **Artista:** Jenni Rivera. **Resultados:** Adoramos a esta oriunda de Long Beach, California, cuando canta sobre mujeres valientes que patean al machismo en los huevos. Aunque no nos gusta la Rivera que destaza el "Ave María" de Los Chicanos reemplazando la original guitarra desafinada con una eructante tuba. Pero cuando menos no intentó una versión bilingüe de "I Think You've Got Your Fools Mixed Up", pues tal honor le corresponde a Jessie Morales.

"Funky Band"

Cover de: Lipps Inc., "Funkytown". **Artista:** Banda Los Lagos. **Resultados**: A mediados de los noventa esta pieza fue grabada por diversas tecno-bandas, movimiento que fusionó las bandas de metales tradicionales del México central con los sintetizadores y los trajes de lentejuelas. Todas las versiones mantienen el ritmo *shuffle* pero se apartan de la letra vagamente sexual en aras de elogiar esa modalidad de baile de contorsiones y giros del Stetson conocida como quebradita. Así que en lugar del agudo "Won't you take me to / Funkytown!" lo que escuchamos es un estentóreo grito masculino "¡Todos a bailar / La quebradita!"

"Tú y yo"

Cover de: Shania Twain, "You're Still the One". **Artista:** Rogelio Martínez. **Resultados:** Martínez conserva el dulce bamboleo y los sentimentales coros del trabajo de Twain, pero le añade otro título, una letra más sensiblera y un ritmo más pesado de clarinete de banda. Ahora de gran demanda en las fiestas de quinceañeras, la popularidad de "Tú y yo" —como la de los otros ejemplos— demuestra que irse a vivir a Estados Unidos no necesariamente hace de los mexicanos seres más inteligentes.

Los 10 grandes éxitos antimexicanos de los gabachos

The Kingston Trío, "Coplas"

Realmente no hay justificación para esta grabación "arriba arriba" que por primera vez presentó, en 1959, ese grupo de pioneros del folk, The Kingston Trío. Un peón mexicano pregunta a un estadounidense, en inglés y español, si debe cosechar pimientos verdes y advierte a los viajeros que "no ensucien el agua" porque es la que bebe el pueblo. La canción termina con un jornalero desvelado quejándose de que pasó "toda la noche persiguiendo un gatito que se había metido al balcón". Sí, creemos que se refiere más bien a una *gatita*.

Letra loca: "¡Ah, claro! Estás sorprendido de que hable tu lengua / Verás, me eduqué en tu país / en UCRA."

Varios artistas, "Little Latin Lupe Lu"

Este fantástico "gruñido de garaje" tuvo muchos *covers* de grupos que iban desde Mitch Ryder & the Detroit Wheels, hasta los Kingsmen, pasando por Bruce Springsteen. En el ámbito local, los Righteous Brothers obtuvieron un disco de platino con su versión de 1963. Y aunque en realidad "Little Latin Lupe Lu" no es ofensiva de suyo —un tipo se ufana de que su novia mexicana es la mejor bailarina del lugar— la interpretación de los Righteous Brothers se torna sospechosa si se toma en cuenta que el finado Bobby Hatfield nunca visitó su alma mater, la escuela preparatoria de Anaheim, en sus últimos años: ¿quizá porque muchos mexicanos —yo entre ellos— asistían a ella?

Letra loca: "Es la mejor en millas a la redonda / Es mi hermosa nenita / Whoa, Little Latin Lupe Lu."

Pat Boone, "Speedy González"

Con esta novedosa grabación de 1963, Boone demostró que los negros no eran la única minoría rentable para él. Aquí, el Rey del Honky R&B asume la identidad de un turista estadounidense que "caminaba solo frente algunas antiguas haciendas de adobe" en "una noche de luna llena en el viejo México". Boone no hace referencia a la estrella homónima del dibujo animado de la Warner Bros., pero sí remite al sobado lugar común del mexicano mujeriego, holgazán y ebrio, y de su abnegadísima esposa.

Letra loca: "Hey, Rosita, ven rápido / a la cantina, están regalando estampillas verdes con el tequila."

Jay & the Americans, "Come a Little Bit Closer"

Dale un nombre al estereotipo mexicano; esta canción de 1964 lo alaba en su primera estrofa. Imitador de Roy Orbison, Jay Black encomia el centro de diversiones estadounidense que es Tijuana ("En un pequeño café justo al otro lado de la frontera") y a sus hembras fáciles ("Estaba sentada ahí, mirándome de una manera que se me hacía agua la boca"), al tiempo que advierte a los viriles sementales blancos sobre un macho llamado José. Cuando José desafía a Jay a un duelo, éste huye como un mexicano de los condones. Cuando la picosa señorita le musita a José que quiere que se acerque, confirma lo que los gabachos siempre han sabido sobre las mujeres mexicanas: que son putas que no discriminan... pero agradables.

Letra loca: ¿En serio quieres más? Llama a tu estación local de *oldies*, pasan la canción casi cada pinche hora.

Frito-Lay, "La canción del Frito Bandito"

Antes de que existiera el chihuahua de Taco Bell, ya existía el Frito-Bandito, un mexicano burdamente dibujado que era poco más que un sombrero, un bigote, un diente de oro y una canana. Y mientras que la imagen misma enfureció a muchos chicanos a fines de los noventa, época de su presentación, lo que probablemente los encolerizó más fue la canción distintiva del Bandito, cantada por Mel Blanc en un inglés fuertemente acentuado, sobre las notas del tradicional "Cielito lindo" del mariachi. La Frito-Lay Corp. juró que utilizaría para siempre al personaje, pero el Bandito desapareció misteriosamente después de 1971. ¿Sería porque, molestas, las emisoras de televisión de todo el país se negaron a pasar los anuncios?

Letra loca: "Ay, ay, ay, ay / Soy Frito-Bandito / amo las frituras de maíz / en serio, las amo / Amo las frituras de maíz Frito / ¡y te las voy a quitar!"

John Wayne, "Mis raíces están aquí"

Recuerdas a John Wayne: el ídolo estadounidense, el aeropuerto caro. Ahora, recuerda al John Wayne estrella de grabación. En 1973 Wayne lanzó a la venta *America, Why I love Her* [*Estados Unidos, por qué lo amo*], 10 himnos recitados en loor de la bandera estadounidense y de los habitantes de su tierra, en voz de un jadeante Wayne que vitupera al multiculturalismo, a los opositores a la guerra de Vietnam y a las feministas. La peor de las selecciones es "Mis raíces están aquí", en la que Wayne evoca su visita a un indigente y "viejo caballero" en el suroeste. "Por cientos de años, gente que llevaba sangre de los aztecas en sus venas ha vivido y muerto en esta yerma y sin embargo hermosa tierra", escribió Wayne en el folleto complementario "y nombres como El Paso, Las Cruces, Alamogordo, Santa Fe, Del Rio y Nogales son perennes monumentos a su presencia". Curiosamente, Wayne no menciona que aquellos churros cinematográficos donde los mexicanos mueren como moscas, *The Alamo*, *The Searchers* y *The Undefeated*, fueron *su* monumento personal a dicha presencia.

Letra loca: "'No tengo nada para ustedes, señores' dijo. 'Mi hacienda está vacía ahora / Hubo una época…' Sacudió la cabeza e hizo una gentil reverencia."

Cheech and Chong, "Mexican-American"

Antes de que Cheech Marín se convirtiera en un consentido de la turba de la LULAC (Liga de Ciudadanos Estadounidenses Latinos Unidos), este nacido en San Francisco era un comediante chiflado, objeto de la crítica de los activistas chicanos por las descripciones de cholos de la vida chicana en película y sonido, junto con el igualmente pacheco Tommy Chong. El sorprendente éxito del duo sigue siendo "Mexican-American", una canción improvisada de Cheech que Chong replica en *Cheech and Chong Next Movie* (1980) con el igualmente autoexplicatorio "Frijoleros", un toque ahogado de dos notas de guitarra que consiste de la proclamación a gritos: "¡Frijoleros!"

Letra loca: "A los mexicano-estadounidenses no les gusta madrugar, pero tienen que hacerlo, por eso se levantan despacio / Los mexicano-estadounidenses aman la educación, por eso van a la escuela nocturna, llevan Español y obtienen una B."

Genesis, "Illegal Alien"

Más alegre que un canario, el video de "Illegal Alien" ["Extranjero ilegal"] —en el que aparecen los integrantes del grupo monstruo del rock progresivo, con sombreros y bigotes tales que el blancucho Phil Collins recuerda al mártir de la Revolución mexicana, Emiliano Zapata— fue el detonador para que los grupos blancos se vistieran de mexicanos para la diversión de MTV al estilo Weezer. El repetitivo coro de esta canción de 1983 —"No es divertido ser un extranjero ilegal"— es la más evidente y estúpida observación lírica desde el "Soy una gran mierda naca" de Toby Keith.

Letra loca: "Me levanté y no me sentía muy bien / con mi cartera, mi pasaporte y unos zapatos nuevos / El sol brillaba, así que me fui al parque / con una botella de tequila y una cajetilla nueva de cigarros."

The Doug Anthony All Stars, "Mexican Hitler"

Una prueba más de que los australianos deberían seguir dedicándose a exterminar aborígenes. En este caso, los fallidos músicos son the Doug Anthony All Stars (DAAS), un grupo de comedia australiano muy famoso a principios de los años noventa por sus parodias neonazis. Mientras que utilizar el odio como recurso pedagógico resulta ejemplar, mezclar metáforas no lo es y el éxodo masivo de nazis a Sudamérica después de la Segunda Guerra Mundial que el "Hitler mexicano" ataca ostensiblemente, pronto degenera en el Cuarto Reich "comiendo nachos al sol" y encontrándose con una "fabulosa señorita que trabaja por un peso en el salón Kitty". Wallabíes: tomen ejemplo de la banda punk X: si te peleas con los *skinheads*, no te conviertas en uno de ellos.

Letra loca: "Cuando estás deprimido, ¿a dónde ir? / ¿A dónde? / a ¡México!"

Cherry Poppin' Daddies, "Zoot suit riot"

Tomen el peor disturbio racial en la historia mexicano-estadounidense y despójenlo de todo significado. Ahí tienen a "Zoot suit riot", un barboteo del grupo de *neo-swing* Cherry Poppin' Daddies, que data de mediados de los noventa cuando el renacimiento de las grandes bandas. Su principio es bastante promisorio, con extractos de sirenas de policía que hacen fondo al vocalista Steve Perry, y una ominosa y precisa descripción de la miniguerra de 1942 entre pachucos y cretinos marineros. "¿Quién murmura entre los árboles? / Son dos marinos y están de permiso / pipas y cadenas y manos que se balancean." Pero los Daddies abandonaron pronto la crítica social y la cambiaron por un falso estilo *cool* a la Gene Krupa. El que a sus fans les haya importado un cuerno habla más en favor del fracaso del sistema educativo estadounidense que un examen final de cualquier preparatoria.

Letra loca: "Ahora, marinos, ya saben / a dónde vienen sus mujeres en busca de amor."

¿Por qué los mexicanos creen que son una potencia musical cuando en realidad no son más que una mediocridad en ese rubro? Generalmente, los mejores artistas que representan a los latinos en Estados Unidos son puertorriqueños, colombianos, cubanos o de cualquier otra nacionalidad. Rara vez hay mexicanos, si es que los hay.

CUBAN CONNOISSEUR

Querido Gabacho: Si me vas a decir que al arte musical latino lo definen wabs como Gloria Estefan, Ricky Martin y Jennifer Lopez, te echaré la *migra* encima. Ningún músico latino no mexicano en Estados Unidos se compara con el potencial económico de los artistas mexicanos en la unión americana. A la gente le gusta el ídolo de las rancheras, Vicente Fernández, o el eltonjohnesco Juan Gabriel, y muchos otros llenan recintos como el Madison Square Garden y sedes similares, y consistentemente encabezan las listas de *Billboard* en lengua española. A la música regional mexicana —la barahúnda de polka y vals que escuchan tus jardineros— hay que contabilizarle más de la mitad de todas las ventas de material en español en el país. Pero los guardianes de la cultura latina han decidido que el género musical latino más popular en Estados Unidos no amerita promoción, porque eso puede hacer que la gente piense que todos los latinos son mexicanos. Francamente, no puedo culparlos: las estadísticas demuestran que el principal público de la música regional mexicana son los inmigrantes recientes con poco dinero. El 53 por ciento de adultos que la prefieren no terminaron el bachillerato, y la mayoría gana menos de 25 mil dólares al año, según un informe de 2002 elaborado a instancias de Arbitron. ¿Por qué los latinos iban a promover a los artistas mexicanos, cuando podemos presentar a Incubus en los Grammys Latinos?

Recuerdo haber asistido a conciertos de Metallica en los que había tantos gabachos como mexicanos. Pero yo pensaba que a los mexicanos sólo les gustaba el mariachi, ¿no?

I AM IRON HOMBRE

Querido Gabacho: Muchos gabachos se sorprenden cuando los mexicanos manifiestan que les gusta algún género musical que no incluye acordeones, tubas u hombres a caballo, pero uno de los pocos sitios donde los mexicanos y los gabachos coexisten en paz es en el *mosh pit*. Los metaleros se ufanan de una larga trayectoria en las regiones urbanas de México, especialmente en la Ciudad de México, que puede jactarse de tener su propio género exclusivo: el rock urbano, una fusión blusera de metal con rock de estadio. ¿Ven, gabachos? Incluso México cría generaciones de resentidos adolescentes, juventudes cuyo único solaz es escuchar música que revienta los oídos y estrellarse contra el páncreas del vecino. Si tan sólo los gabachos pudieran mostrar el mismo amor hacia nuestros mexicanos menos asimilados, o mejor, algo que trascienda los videos de amantes de la música de mariachi de "Island in the Sun" de Weezer, entoces, este debate sobre la inmigración desaparecería de la conciencia norteamericana tan rápido como *The O.C.*

¿Qué piensan los mexicanos de Beck? Fuma un montón de hierba y frecuentemente habla en jerigonza española, por lo que uno pensaría que les gusta. De cualquier manera, sólo lo pregunto porque estoy haciendo una mezcla en CD para una chica mexicana caliente. Tú sabes.

O MI AMORE

Querido Gabacho: Lo detestamos. Beck tuvo la oportunidad de redefinir para siempre el uso estadounidense del español mexicano cuando decidió bautizar su último album con la expresión coloquial que en español mexicano se utiliza para designar a una persona blanca. Beck pudo haber sido el hombre que mostrara al mundo las maravillas de *gabacho*. Pero, en vez de eso, decidió llamar a su último disco *Guero*. Por supuesto, muchos mexicanos emplean el término para denostar a los blancos, pero éste no tiene la precisa ferocidad de *gabacho* —técnicamente, *güero* significa de piel clara, y se le usa lo mismo para designar a los estadounidenses que a los mexicanos blancos. Pero, aún más importante: Beck se olvidó de ponerle diéresis (como se sabe, esos dos puntitos sobre una vocal, que indican que se asimila a otra) a la u de *Guero*, y, consecuentemente, el título de su album no significa nada. Y, por cierto, si pretendes meterte en los *chones* de una chica mexicana, mejor apóyate en las compilaciones de Art Laboe y Luis Miguel. Tú sabes.

Soy originario del sur y le tengo rencor a la música *country*. ¿Hay mexicanos, que sean de México, y que igualmente detesten los trinos y lloriqueos de la estruendosa música de acordeón? ¿Hay hijos de mexicanos que abominen la basura que tocan sus padres, así como mis amigos y yo, que no podíamos soportar a Ronnie Milsap? ¿Hay mexicanos que también piensen que la música

refleja los estereotipos de ser entes rurales, pobres y menos educados?

ACHY BREAKY CORAZON

Querido Gabacho: Los únicos mexicanos que odian la música mexicana son los pochos, que se avergüenzan de las raíces campiranas de la música mexicana. Como la música *country*, la regional mexicana es la verdadera música de la silenciosa mayoría, porque refleja el día a día de sus vidas: la violencia, la angustia y la pobreza. La identificación con esta música es tan penetrante que los hijos de estos inmigrantes —niños sin vínculos reales con México— acaban por convertirse en los grandes intérpretes mexicanos por derecho propio. Y para muestra, ahí está la historia del clan Rivera de Long Beach, California. El padre Pedro era un músico luchón, hasta que se encontró con Chalino Pérez, un inmigrante pobre que era Johnny Rotten, Elvis Presley y Woody Guthrie en uno, un hombre que le cantaba a la violencia y a los héroes populares, hasta que murió ejecutado en 1995. Después de Sánchez, Rivera se movió para hacer grabar a su hijo Lupillo, quien combinó el saber de la calle y la vida pandillera para popularizar la música mexicana entre su generación de mexicano-estadounidenses en los primeros años del siglo XXI. Pero la gran figura en la música popular mexicana bien pudiera ser la hermana de Lupillo, Jenni Rivera, cuyas canciones de feminidad empoderada, aparejadas con una buena voz, han hecho de ella la Madonna de los escenarios chúntaros. La música wab no es para los wabs, es para la gente que desea prosperar en la sociedad estadounidense.

¿Por qué los mexicanos nos ponemos sensibles y se nos humedecen los ojos cuando escuchamos "Volver, volver" en la radio, en los conciertos o en las bodas?

CHUNTI CHENTE

Querido Gabacho: Si quieres poner de rodillas a un mexicano, haz sonar esta canción de amor perdido, interpretada por el ídolo del género ranchero Vicente Fernández, *Chente*, ese tipo que ves en los carteles de tu tienda local de música, en la sección de español: traje de charro bordado en oro, dientes de un blanco marfil y bigote tan grueso como una cartera doblada. "Volver, volver" es toda melaza, tiene una introducción de cursi órgano, pesados acordes de guitarra y una letra plañidera ("Este amor apasionado / anda todo alborotado por volver") y Fernández la gimotea completa... hasta el coro, cuando ruge: "Y volver, volver, voooooooolveeeeeeeer". Los psicólogos han observado que la sobrecompensación de una parte de la psique conduce a manifestaciones inconscientes de la otra, en un concepto que se conoce como formación de reacción, y "Volver, volver", permite a Chente —el símbolo máximo de la mexicanidad de México— revelar el más profundo y obscuro secreto del machismo: que los hombres mexicanos, con toda su fanfarronería, son más emotivos que Oprah. Con "Volver, volver", Fernández hizo del berreo la más genuina demostración de huevos —no eres un hombre auténtico si no puedes llorar— y así, siempre que escuchan la canción, los varones mexicanos aúllan ebriamente al unísono en honor del hombre. Bien pudiera ser esto, o que estén imitando a los rusos.

¿Por qué a los mexicanos les gusta tanto Morrissey?
                                        WEARING BLACK ON THE OUTSIDE

Queridos lectores: Ésta es una de las preguntas que más se han hecho en la historia mexicana y una fascinación que todos los críticos musicales a la moda han abordado en algún momento de sus carreras. Mándelos a la tiznada: aquí presento la respuesta definitiva de un mexicano confiable, escrita en 2002.

Su Hombre Encantador:
Despachos de la cofradía latina de Morrissey

Yuma, Arizona

La multitud corea: "¡Mé-xi-co! ¡Mé-xi-co!" en un intento por hacer que el cantante se entere de que la mayoría del público es latina. Y lo consiguen: "Voy a cantar un par de canciones más", les dice, "luego, todos podrán regresar a Mexicali".

Y el Centro de Convenciones de Yuma explota.

Hay un solo hombre blanco en el mundo —y no es el papa— capaz de decirle a un grupo de mexicanos en Estados Unidos que vuelvan a México y salir vivo y, además, recibir adoración por haberlo dicho.

Su nombre: Steven Patrick Morrissey, ex vocalista de los Smiths y actualmente santo entre incontables latinos jóvenes.

Desde el punto de vista demográfico, los mismos públicos de centros de convenciones lo vitorean cuando se presenta en Los Ángeles, Colorado Springs o en este desolado pueblo del desierto. Así que él siempre se asegura de gritar "México" o de hacer alguna gran reverencia étnica a sus fervorosos fans, para hacerles saber que *él* sabe. Y siempre le responden extáticos, agradecidos.

Para cuando leas esto, ya habrá habido un gran número de reportajes de televisión, entrevistas de radio y notas periodísticas que revelan que muchos de los fans de Morrissey son latinos. Les dirán que esta historia —musical,

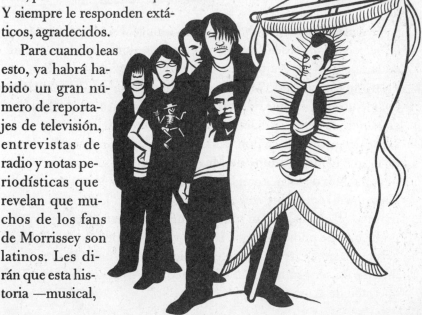

cultural, trasnacional— se remonta a 2002, en Arrowhead Pond, cuando Morrissey compartió escenario con los colosos del rock mexicano en español, los Jaguares, en el mayor intento de fusión registrado desde que Drake quemó la Armada Española.

Y también les dirán que esto es sorprendente. No les crean. Hay algo lógico en este culto latino por Morrissey. Morrissey lo sabe, sus fans lo saben e incluso los académicos lo saben. Qué es exactamente lo que saben no está del todo claro, excepto que está ahí, tan evidente como el tatuaje que lleva Morrissey en el hombro izquierdo, de una muchacha que llora en el piso del Centro de Convenciones de Yuma.

El "Sermón de la montaña" de la "nueva ola"

Recibí la llamada como a las dos de la mañana: un débil, casi inarticulado grito de ayuda. "Oye, Gustavo. Soy Ben. Necesito que me devuelvas mis CD de Morrissey." [Larga pausa.] "Realmente me hacen falta." [Pausa más larga, ahora la voz es totalmente trémula.] "Los necesito."

Ben continúa al día siguiente por correo electrónico: "Por favor, regrésame esos CD en cuanto puedas. Estoy muy necesitado de ellos".

Ben es Benjamín Escobedo, un viejo amigo. En la ventana trasera de su coche luce el saludo a Morrissey y sus dominios de la ciudad en la que ahora el cantante hace su hogar, Moz Angeles. Ben me prestó su colección de Morrissey/Smiths (todos y cada uno de los CD, incluso los folletos, importaciones y ediciones especiales) dos días antes de que empezara a enviarme esos mensajes.

La devoción de Ben por Morrissey es apenas un ejemplo menor de lo que los fans latinos de Morrissey sienten por su dios. Usan pins, parches o tatuajes con la encantadora cara del hombre. Se visten como él (entre chic *rockabilly* y *mod* británico), llevan sus flores favoritas (gladiolas) y citan sus canciones como respuesta a cualquier problema que pudieran tener. Una modalidad especialmente favorecida es terminar los correos electrónicos con la línea: "Se requiere fuerza para ser gentil y amable", tomada de "I Know It's Over", el "Sermón de la montaña" de la "nueva ola".

Algunos fans, como Patricia Godínez, incluso llegan a visitar su casa en Hollywood Hills y le dejan las historias que han escrito sobre él. "Su música es la banda sonora de mi vida", dice Godínez. "Él llega a mis pensamientos, temores, aspiraciones y anhelos más íntimos. Por mucho tiempo, me sentí aislada y sola. Sólo Morrissey me consoló."

Godínez escribió un artículo para una publicación pequeña, en donde hablaba de cómo Morrissey le salvó la vida. "Mi amiga Maggie me dijo dónde vivía él y le dije que iría a llevárselo", señaló. "Antes no habría tenido el valor para hacerlo. Y aún cuando fuimos a su casa, fue Maggie quien puso la historia en su buzón."

Ben aún no llega a visitar el hogar de Morrissey, pero conoce la dirección. Sus amoríos con el nativo de Manchester empezaron cuando su hermano y sus amigos le presentaron *Viva Hate*. "La primera vez que oí el álbum empecé a alucinar", afirma Ben. "Y cada vez que lo oigo ahora me impresiona más y más."

Morrissey tiene un papel tan importante en la vida de Ben, que él ha hecho un pacto con su amigo: para el primero que muera se asegurará de que "Well, I wonder" ("Por favor recuérdame / Por favor, recuérdame"), se interprete en el funeral.

"Moz me habla", afirma Ben. "Para casi cualquier problema en la vida, puedo pensar en una canción de Morrissey. Por ejemplo, 'Hand in Glove' tiene esta línea —y aquí Ben canta—: 'Y si la gente mira / pues la gente mira / oh, realmente no lo sé y realmente no me importa'. Eso me enseñó a no tomar en cuenta lo que los otros pudieran pensar sobre la persona que amo."

"Desde el principio supe que a los latinos les gustaba Morrisey", subraya Ben. "De hecho, no puedo mencionar a ningún blanco al que le guste Morrissey."

"Una celestial forma de morir"

¿Qué tiene Morrissey que atrae a los latinos? Pudiera ser que evocase la música de México, la ranchera. Su trémulo falsete recuerda la rica y triste voz de Pedro Infante, mientras que su afeminada presencia en el escenario hace de él la versión británica de Juan Gabriel. Como en las rancheras, las letras de Morrisey descansan en la ambigüedad, las poderosas imágenes y las metáforas. Temáticamente, la idealización de una vida más simple y el rechazo a todo lo burgués proviene de un impulso populista común a las rancheras.

Empero, la similitud más sorprendente es el sello distintivo de Morrissey que adopta simultáneamente la incertidumbre de la vida y del amor, algo que, a primera vista, parecería lo opuesto a la machista música mexicana. Pero, echen ojo: en contrapartida a todo el machismo y virulento existencialismo que adopta la música mexicana, hay otra cara: una fascinación malsana con la posibilidad de que otros le rompan a uno los sueños y el corazón, generalmente en la muerte. De hecho, la confesión más famosa de amor no correspondido de Morrissey, "There is a Light that Never Goes Out" ("Y si un autobús de dos pisos / chocara contra nosotros / morir a tu lado / sería una forma celestial de morir"), emula, casi sentimiento a sentimiento, a la canción insignia de Cuco Sánchez: "La cama de piedra" ("El día en que a mí me maten / que sea de cinco balazos / y estar cerquita de ti").

"Yo veo a Moz como algo parecido a los Tigres del Norte", apunta Ben, refiriéndose a las leyendas del conjunto norteño, que han escrito y cantado el sentimiento mexicano durante el último cuarto de siglo. "Te pueden guiar todo el día: hacerte reír, sonreír y llorar. Y eso es lo que hace Morrissey."

Comparar a Morrissey con la música mexicana es un juego interesante, pero está fuera del tema. Al tiempo que crecen con las rancheras, la mayoría de los fans latinos de Morrissey no relacionan automáticamente a Morrissey con algo mexicano. Más inmediata a ellos está la música de su juventud mexicano-americanizada: la "nueva ola" de los ochenta, *oldies-but-goodies* y los ritmos *rockabilly* que, de una u otra forma, han sido parte de la cultura mexicana desde el apogeo del *zoot suit*. En consecuencia, resulta natural que los latinos encuentren atractivo a Morrissey: él incorpora todos estos estilos a su música, canta su vida.

"Muchos latinos del sur de California crecieron con los *oldies* y las rancheras", asevera Ben. "Pero también todo mundo escuchaba la KROQ [influyente estación de radio de Los Ángeles], especialmente los programas retrospectivos de la hora de la comida. Muchos de esos artistas de la KROQ eran ingleses y el que de verdad se le metió a la gente fue Morrissey. Su música tenía el estilo de mucha de la música a la que ya estábamos acostumbrados."

"Desearía haber nacido mexicano"

Morrissey alguna vez dijo ante el público de Las Vegas, integrado por (¿qué otra cosa?) una mayoría de latinos: "México es el la única palabra en español que conozco. Pero es la mejor palabra."

El concierto fue parte de la gira de 1999, *¡Oye Esteban!* Uno de los anuncios de su concierto de ese año exclamaba jubilosamente: "¡El cantante! ¡El concierto!" En aquella gira, Morrissey se presentó con camisetas y hebillas de cinturón en las que se leía "México" y en las que, de vez en vez, incluso aparecía la Virgen de Guadalupe, la representación espiritual del México católico.

Sin embargo, el reconocimiento más célebre que hizo Morrissey a sus fans latinos se produjo aquí, en el condado de Orange, durante la misma gira. "Desearía haber nacido mexicano", dijo Morrissey ante una audiencia de aplastante mayoría latina en el Centro de Convenciones Bren de UC Irvine. "Pero es demasiado tarde para eso." Éste es el momento "Dylan en Newport" de la multitud latina de Morrissey, el momento definitivo del fenómeno, algo a lo que todo mundo asistió, aun cuando estuviera en otra parte.

Incluso puede aducirse que el reconocimiento de Morrissey a sus adoradores latinos se remonta a fecha tan lejana como 1992, en el álbum *Your Arsenal*, en cuya canción "Glamorous Glue", él se maravilla: "Vemos hacia Los Ángeles / por la lengua que empleamos / Londres está muerto / Londres está muerto / Estoy demasiado enamorado ahora". El inglés isabelino y su pueblo han perecido, nos dice; larga vida a la raza *spanglish* de Nuestra Señora de Los Ángeles.

Independientemente del instante en que Morrissey haya descubierto a sus devotos latinos, es indiscutible que ahora confecciona su carrera para ellos. Vive en Los Ángeles, la segunda mayor urbe en Latinoamérica, y acude a los espectáculos de rock en español en Huntington Park para ver a su trovador hispánico Mikel Erentxun, quien interpreta versiones españolas de "Everyday Is Like Sunday" y "There Is a Light That Never Goes Out". Sus giras evitan la Costa

Este y el Medio Oeste, en favor de los enclaves latinos o casi latinos en Arizona, California y Las Vegas. La participación de Morrissey en la gira *Revolución* de 2002 de Jaguares es otra muestra de solidaridad con la gente que lo ha convertido en rey.

"No es ningún secreto que se ha mudado al sur de California, donde hay una enorme población latina", apunta Javier Castellanos, quien trata de hacer que Morrissey venga a su club de Anaheim, JC Fandango, mientras despliega una sonriente fotografía del eternamente melancólico para probarlo. "Le dije: 'Sabes que hay muchos latinos que te aman'. Y él sólo asintió con la cabeza."

Quien asista a un show de Morrissey muy probablemente escuchará "Mexico", una nueva canción que estrenó en su gira de 2002. Balada lenta, parecida al horror barroco de "Meat Is Murder", "Mexico" parece un manifiesto chicano:

> *En México*
> *Salí a caminar para aspirar el aire fresco y tranquilo del*
> *   amante*
> *Y pude percibir un rastro*
> *De basura química estadounidense*
> *Y la vocecita decía: "¿Qué puedo hacer?"*

Otras estrofas son igualmente radicales, pero el pasaje más memorable observa que los mexicanos en Estados Unidos enfrentan una situación en la que "Parece que si eres rico y blanco / Estarás bien / Pero no entiendo por qué deba ser así".

Luego de años de buscar satisfacción, Morrissey la encontró aquí, en la república mexicana de Moz Angeles.

"Morrissey nos encontró y nosotros nos topamos con él, y de él nos enamoramos", dice Ben. "Y él nos corresponde ese amor."

Reconfigurando la masculinidad en su cabeza

A pesar de contar con semejante ejército de fieles, el tratamiento que dan los medios electrónicos al fenómeno latino de Morrissey es universalmente condescendiente, si no es que abiertamente racista. Típico es el siguiente pasaje de la revista *Big Brother*, sobre el intento de un reportero de penetrar en la obsesión latina por Morrissey en una convención de Morrissey/Smiths.

Así como disfrutaba enormemente salir con Edwin y sus amigos, debo admitir que tenía motivaciones ulteriores. Quería presumir de que me aceptaban, como un gringo que puede contaminarse con los sureños, de ser acogido por los otros, por las camarillas mexicanas más violentas que estaban dispersas en la convención. Estaba fascinado con los monstruos que llenaban las gradas y deseaba fotografiarlos sin despertarle a nadie sospechas de ser sólo un blanco más, que venía a explotar a los frijoleros para beneficio propio... lo que en cierta manera, era lo que estaba haciendo.

Otros artículos sobre el fenómeno latino de Morrissey han llamado a sus fans latinos "un público de compadres del este de Los Ángeles" (*Spin*) o "las tatuadas pandillas hispánicas de Los Ángeles" (*Select*). Pintan a estos fieles con "perfectos rasgos mayas", ataviados con "el uniforme reglamentario del barrio: cabeza rapada, *jeans* holgados y camiseta de cuadritos de manga corta" (*LA Weekly*). Presentan los divinos poderes de Morrissey como la salvación para los latinos de las pandillas (el programa de televisión británica *Passengers*). O lo resumen de manera simple, diciendo que los fans latinos de Morrissey son "cálidos prietos" (*Los Angeles Times Magazine*).

"Es difícil decir si [la prensa está] más molesta con Morrissey por no saber reconocer que estaba acabado", escribe el académico Colin Snowsell "o el público por no respetar —o por ser inaceptablemente inconsciente respecto de— el tácito acuerdo de que Morrissey era un tabú."

Snowsell, candidato doctoral por la Universidad McGill de Quebec, en Montreal, ha elaborado un estudio, no sólo relativo a la conexión entre Morrissey y sus fans, sino también sobre la perspectiva que tienen los medios de ambos. Ha presentado sus observaciones en importantes simposios académicos y su tesis de maestría pronto se convertirá en disertación. *My Only Mistake Is I'm Hoping: Monty, Morrissey and the Importante of Being Mediatized*

[Mi único error es la esperanza: Monty, Morrissey y la importancia de ser mediatizado].

Fan de Morrissey de toda la vida, este canadiense descubrió el fenómeno latino de Morrissey a través de artículos esporádicos en la prensa y también de su interés en la cultura popular latina. "Me interesé primero por la base de la fanaticada misma, pero luego de leer varios artículos sobre el tema, me sentí fascinado por la forma como se le trataba", apunta Snowsell. "Los medios parecían deleitarse al señalar el fenómeno, de tal suerte que les permitiera burlarse de él y de los latinos. Lo presentan como una circense narrativa secundaria: la decadente estrella que resulta atractiva para públicos subalternos. Pero yo digo que todo esto es perfectamente coherente, porque creo que el gusto de los latinos es mejor que el de otros."

La teoría de Snowsell es que la atracción que Morrissey ejerce sobre los latinos estriba en que él les presenta la misma luz de esperanza que ofrece a todos: una oportunidad para trascender aquello que te ha tocado en la vida. "En síntesis, Morrissey lleva a los mexicano-estadounidenses de clase media y baja el mismo mensaje utópico dual que, alguna vez, una década atrás, entregó a sus fans, predominantemente anglos, del Reino Unido", apunta Snowsell. ¿Y qué ofrecía Morrissey a los anglos? "Una salida a las injusticias de un orden social que los confina a la marginalidad, pero también a las opciones limitadas de identidad de una cultura periférica de clase media trabajadora."

Dice Snowsell: "Hay algo en el hecho de que los públicos que gustan de él no sean ricos. Sus fans británicos originales pertenecían a las clases baja y media. Y ciertamente, a los latinos se les tiene en su país por grupos periféricos. Así que cuando ven a alguien que ha tenido una experiencia comparable, surgen los temas de la alienación y la privación. Los latinos recogen esas cosas y van hacia él".

Empero, lo más interesante para Snowsell es la subversión que hace Morrissey de los papeles de género y sexo y lo que eso significa para los latinos en una cultura en que todo empieza y termina con el machismo.

"Morrissey es un macho, pero lo es de una forma distinta" señala Snowsell. "Cuando piensas en el arquetípico símbolo sexual masculino de Norteamérica, lo que te viene a la mente son los iconos del *rockabilly* como Elvis Presley y James Dean. Pero él ha tomado estas identidades altamente masculinas y las ha reelaborado en la imagen de un cantante excéntrico, apocado, que usa ropa de punto y que ama las gladiolas. Al presentar esto a los latinos —cuya cultura ofrece modelos de género muy acartonados— les resulta atractivo, porque mediante sus acciones demuestra que hay otras opciones de identidad disponibles. No hay correcto ni incorrecto, sino que la gente puede elegir por sí misma. Pueden ser rudos y sensibles al mismo tiempo."

El descenso a Morrissey

Mis primos y muchos de mis amigos latinos eran ya fanaticada de Morrissey, pero no me lo habían presentado. Es como si cada quién tuviera que descubrir a Morrissey por sus propios medios.

Vi la luz en 2002. Con Ben haciendo las veces de mi Virgilio, descendí a Morrissey mientras cruzábamos el Valle Imperial hasta su espectáculo en Yuma. El plan era escuchar todos los álbumes de los Smiths durante el viaje de cuatro horas desde el condado de Orange, y luego oír el trabajo de Morrissey como solista en el camino de regreso.

Ben no fue de gran ayuda: lo único que hizo a lo largo del viaje fue cantar todas las letras, imitar el campanilleo de las guitarras de Johnny Marr y parlotear de pista en pista: "Sólo los verdaderos fans de Morrissey pueden entender esta canción", o "Esta canción es para los que simplemente posan como fans de Morrissey".

No importó nada. De inmediato me sentí hechizado por todo lo que es Morrissey: la suave pero intensamente morosa instrumentación; la voz aterciopelada que me hablaba a mí, *sólo* a mí y a nadie más; sus (y mis) tristes relatos sobre los abusos sufridos en la escuela, el desprecio por el propio medio, la dolorosa aspiración de ser algo más, y en otro lugar.

En el concierto fue más de lo mismo; el tipo me gana, sus palabras cobran vida y el reconocimiento que hace de mi cultura es tan hermoso. ¿Cómo podría dejar de amar a Morrissey?

Morrissey le canta a los insatisfechos y Dios sabe que la alienación es parte de la tradición asimilatoria: la reacción de la misma intensidad y de sentido opuesto que los inmigrantes aplican a la integración. Sentimos aflicción, Morrissey la calma.

Maldonado

Es 1999 y hay una cola kilométrica alrededor de Tower Records en Hollywood. Todos esperan ver y conseguir autógrafos de Morrissey. Tal vez José Maldonado sea el número 400 y cuando llega su turno de hablar con él, intenta presentarse con balbuceos. Pero Morrissey no permite a Maldonado siquiera terminar la primera frase.

"Sé quien eres", le suelta Morrissey en un tono que resulta a la vez acusatorio y de felicitación. "Tú estás con los Sweet and Tender Hoolingans."

Y realmente así era. El salvavidas del condado de Los Ángeles fundó esta banda de homenaje a Smiths/Morrissey alrededor de 1996 y se han ganado la atención de los medios internacionales casi desde su surgimiento. *Spin*, *Los Angeles Times*, los grandes de la música británica, incluso la BBC, presentaron al quinteto, aprovechando el hecho de que la mayoría de sus integrantes son mexicanos, para explicar por qué tantos chicanos seguían rezando en el altar de un artista que hacía largo tiempo se había convertido en el hazmerreír de la prensa de los anglos.

Pero cuando estuvo frente a Morrissey en Tower Records, Maldonado era más un alelado fanático que un fenómeno de los medios y todo lo que pudo aducir como respuesta a la observación de su héroe fue una sonrisa de incredulidad.

"Luego de que me identificó, me dijo bromeando: 'Es como si estuviera mirando en un espejo'", recordaba Maldonado en la comida, saboreando mucho más aquel momento que los nachos que engullía. "Luego me preguntó por nuestra presentación del miércoles, antes de su aparición. 'Ah, ¿ya sabías de eso?', le pregunté. 'Por supuesto que lo sabía', me respondió. 'Yo me entero de *todas* sus presentaciones'."

Finalmente, Maldonado consiguió la aprobación que por largo tiempo había buscado por parte de una persona de quien afirma:

"Cuando escuché por primera vez a Morrissey supe que la meta de mi vida era hacer que la mayor cantidad posible de gente lo escuchara."

Hay un desapego sobreentendido entre una banda de homenaje y sus seguidores: los integrantes saben que están imitando a cierto artista, canalizando al artista, en el mejor de los casos, y el auditorio se concentra sólo en el producto. Pero Los Sweet and Tender Hooligans trascienden esta limitación ontológica siendo el grupo *cover* de los Smiths/Morrissey por excelencia y ofreciendo la mejor actuación homenaje de la comarca, punto. Verlos en concierto es como vivir en un *pub* inglés de clase trabajadora hacia 1985. Cuando no toman por asalto el escenario, los fans de los shows de los Hooligans distribuyen gladiolas generosamente en honor del afecto que los Smiths sienten por esas flores. Motivarlos es la recreación, casi demasiado perfecta, del sonido de los Smiths. El requinto de David Collet centellea con el mismo hermoso rencor de los latigazos originales de Johnny Marr, mientras que el bajo de reloj de cuarzo de Joe Escalante provocaría los celos de Andy Rourke.

Pero, incuestionablemente, el alma de los Hooligans es Maldonado. En el escenario y en la vida real, Maldonado transpira Morrissey: el chicoteo del cordón del micrófono, el sentido del humor autodenigratorio y los desplantes de una diva en masculino. "No registres mi edad. Razones de vanidad", me pide Maldonado antes de que empiece nuestra entrevista. Luce el mismo fantástico copete que se levanta de la frente de Morrissey como un promontorio, exhibe las mismas patillas que vienen a morir en los lóbulos de las orejas, proyecta el mismo falsete que destila con dolor confiado. Cuando Maldonado se contorsiona sobre el escenario, los fans de Morrissey/Smiths lloran lágrimas de nostalgia.

"Es un honor que traten de abrazarme", exclama Maldonado al referirse a la consagrada tradición de los fans de Morrissey de eludir a los numerosos guardias de seguridad para abalanzarse sobre su dios. "Lo que eso indica es que estoy personificando a Morrissey y que ellos personifican su amor por Morrissey. Los fans son una parte tan importante del espectáculo como lo somos nosotros mismos."

El asombroso simulacro de los Smiths que presentan Los Hooligans les ha permitido llevar su amor por Morrissey alrededor del mundo. Han viajado por todo Estados Unidos y durante 2001 tocaron en seis ciudades distintas, incluida la ciudad natal de Morrissey, Manchester.

"Déjame decirte que es mejor que tengas a la mano tus armas más poderosas si eres un grupo de Los Ángeles y si vas a cantar canciones de los Smiths en Manchester", ríe Maldonado al recordarlo. "Antes de empezar a tocar, el público tenía una mirada de autosuficiencia que nos decía 'Bueno, veamos que traen'. Ya en la tercera canción nos los habíamos echado al bolsillo. Y para el final, todos habían saltado al escenario por lo menos una vez."

La aceptación de dos de los más importantes árbitros de lo que constituye el auténtico sonido de los Smiths/Morrissey es importante. Pero Los Hooligans también tienen que complacer a los hiperposesivos fans de Morrissey que vociferan si el grupo no toca *su canción*. "Ése es el problema con los repertorios: es difícil especificar que es lo que *no* vamos a hacer", suspira Maldonado. "Tenemos que estar seguros de que tocaremos las habituales como 'Ask', 'Big Mouth Strikes Again', y 'There Is a Light That Never Goes Out', porque no es cuestión de tener una banda tributo que no interprete las más famosas. Un grupo de homenaje a Los Doors no puede omitir 'Light my Fire', ni uno de Led va a dejar fuera 'Stairway to Heaven'. Aún así debemos tocar las canciones que tal vez sólo le gustan a una única persona en el club, pero cuya intepretación le alegrará el día.

"Cuando se trata de otros grupos de homenaje, lo que distingue a los buenos es que haya fans de por medio, que haya un compromiso personal", añade Maldonado. "Eso es lo que explica que los Atomic Punks sea tan buena banda homenaje de Van Halen. Es lo que explica que Wild Child sea un grandioso grupo imitador de Los Doors. Y todos nosotros somos fans de Morrissey. Así que es difícil para nosotros tocar sólo el material famoso, porque también tenemos nuestras joyas ocultas. Sin embargo, es posible que hayamos interpretado 'This Charming Man' unas cinco mil veces, pero con las primeras cinco notas, ya estamos haciendo saltos de canguro con todos los demás."

Y así, alegremente, Los Hooligans siguen su difícil senda, *bodhisattvas* del culto a Morrissey, sin importarles que su propia carrera artística consista primordialmente en imitar y en apaciguar a otros a costa de su propio crecimiento musical. "No he abandonado la idea de presentar materiales originales, ahora tengo 20 canciones en el estuche de mi guitarra", apunta Maldonado. "Quizá algún día logren ver la luz. Pero en tanto la gente nos pida que interpretemos a Morrisey/Smiths, estaremos encantados de complacerlos. Y si no nos lo pidieran, estaríamos solos, en un garaje, haciendo lo mismo."

Coda

Los fans de Morrissey abarrotan la Knitting Factory de Los Ángeles y articulan cada palabra que canta Maldonado. Quizá sea porque Maldonado suena igual que Moz, luce igual a él, desde el copete hasta el latigueo del cable del micrófono. O quizá sea porque Maldonado es mexicano.

No hay más que latinos entre el público. Pero la gran mayoría vitorea enloquecida cuando Maldonado presenta a su nuevo bajista, Joe Escalante, al revelar: "¡Esta noche, el grupo es 20 por ciento más prieto!"

Le cuento esto a Ben y él sonríe. Puede hacerlo. Le he regresado sus CD y ahora me he convertido también en un creyente. Improvisamos una interpretación a dúo de "The Boy with the Thorn in His Side".

"Sabía que iba a gustarte Moz", dice Ben con sonrisa luminosa. "A todos los latinos acaba por gustarles."

6

Comida

Tamales, salsa picante
y aguacates testiculares

Querido Mexicano: siempre se me dijo que los niños mexicanos recibían tamales en Navidad para que tuvieran algo que desenvolver ese día. ¿Es cierto?

WONDERING WITH CORN

Querido Gabacho: En mi calidad de mexicano que siempre recibe equívocos regalos de navidad (como cajas de Play Station retacadas de ropa interior y de calcetines adquiridos en mercado ambulante), puedo afirmar, sin vacilación, que esa leyenda de barrio sobre la envoltura de tamales es pura falsedad. Pero ese humilde alimento de masa es el arma más valiosa de los mexicanos cuando llega la Navidad: es nuestro *fruitcake*, un regalo universal e infalible que también funge como visa comestible. Las sirvientas que llevan un canasto de tamales aseguran que la *doña* arregle las cerdas de la escoba; el mexicano que lleve exquisitos tamales de nopal con queso a la fiesta navideña de la oficina, se ahorrará por lo menos un mes de cuchicheos sobre chistes de frijoleros. La diplomacia del tamal es tan indispensable para los mexicanos que los padres obligarán a sus hijos —¿dije hijos? Quise decir hijas— a pasar la noche en vela, extendiendo la masa en hojas de elote, moliendo chile para hacer salsa y revolviendo manteca en todo el amasijo.

¿Cómo es que los mexicanos pueden consumir comida mexicana tres o cuatro veces al día, siete días a la semana, 52 semanas al año? ¿Pueden comer algo que no lleve salsa picante? ¿Sus papilas están así de atrofiadas?

POZOLE PENDEJA

Querida Gabacha: Lo que en realidad te preguntas es cómo podemos ingerir comida estadounidense, ¿qué no? La tan traída y llevada "reconquista" mexicana ya es un hecho: nos apoderamos de las papilas gustativas de los estadounidenses desde mucho tiempo antes de que lo hiciéramos con California. El tomate cultivado, base para el kétchup, la ensalada y las delicias italianas, proviene de México. El antecesor del pavo era mexicano. El chocolate, la vainilla, el aguacate, la salsa… todos son tan mexicanos como las caricaturas de negros en las estampillas. Y si rociamos nuestros alimentos con salsa picante, Pozole Pendeja, es por razones de salud. Un artículo publicado en 2001 en *USA Today* examinó diversos estudios médicos y reveló que una dieta habitual de chile y salsas ayuda a la digestión, combate las enfermedades cardiacas, previene la difusión de tumores cancerosos, actúa como quemador de calorías y facilita la respiración. Y, hasta donde sé, lo único que puede hacer el kétchup es manchar las salpicaderas.

¿Es verdad que Chicago es el mejor lugar de comida mexicana al este del Mississippi? Vivo en el lado sur y hay casi tantos co-mederos mexicanos como McDonald's.

AMANTE DE BURRITOS

Querido Amante de Burritos: Trabajo en Santana, capital de Méxi-co, y por lo general, siento un profundo desdén por los residentes de otras ciudades que aseguran que los mexicanos hacen poco más que saturar los hospitales y las escuelas públicas. Pero no es sólo el hecho de que Chicago sea el mejor sitio para la comida mexicana al este del Mississippi, sino que es un centro de la cultura mexicana en Estados Unidos, que sólo cede primacía a Santana. La ciudad ventosa es el hogar de la segunda mayor comunidad mexicana en el país, y el segundo mayor consulado atiende ahí a todo el Medio Oeste. "Chi-town" ha engendrado iconos chicanos del punk, como Los Crudos (cuyo vocalista, Martin Sorrondeguy, vivió por algún tiempo en Santana) y el pasito duranguense, un híbrido frenético de banda y melódica. Los restaurantes mexicanos de primera línea, La Frontera y Topolobambo de Rick Bayless, se ubican en Chicago, así como Homaro Cantú, el genio pocho que está causando impresión a escala mundial con sus platillos, comidas tan exóticas como el papel con sabor a *sushi* y el helado de ensalada César. Es la patria del tamal Chicago, un cilindro de masa con chile dulce envuelto en celofán. Y Chicago también es promotor de las continuas oleadas de concentraciones masivas de mexicanos, por ejemplo, la del año pasado que agrupó a 100 mil personas en una marcha por la aminstía el 10 de marzo. Chicago es la prueba viviente no sólo de que los mexicanos están en todas partes hoy en día, sino que estamos a la vanguardia: cuando la "reconquista" se haya completado, Chicago será… bueno, Chicago para la Nueva York de Santana.

Soy cantinero y uno de mis clientes me dijo que las siglas MGD son abreviatura de *Mexican Getting Drunk* [Mexicano emborrachándose]. Entiendo que hay un cierto orgullo asociado con el hecho de beber. ¿De qué se origina esto en la cultura mexicana?

SPARE ME SOME CUTTER, HERMANO

Querido Gabacho: Ni idea. Déjame preguntarle a un ruso.

¿Me puedes decir el significado de la palabra *aguacate*? Todo lo que sé respecto de esta deliciosa fruta es que es originaria del continente.

GUACAMOLE MAN

Querido Gabacho: Aguacate es la palabra española equivalente al inglés *avocado*, aunque su significado nahua es poco más rústico: *huevos*. Según la obra clásica de Ana María Benítez, *Prehispanic Cooking* [*Cocina prehispánica*] (1974), "El nombre aguacate viene de Ahuaca Cuahuitl, donde *ahuacatl* quiere decir 'testículo', y *cuahuitl,* 'árbol', por tanto: árbol de testículos". Un freudiano podría argumentar que el guacamole es una castración hecha *gourmet*. Las mujeres lo preparan de modo tal que les sea posible aplastar simbólicamente los huevos del macho que las reprime; los varones mexicanos lo engullen en la creencia de que los hará más viriles. Y la popularidad del aguacate entre los gabachos —la Comisión Californiana del Aguacate calcula que los consumidores adquieren unas 1.8 millones de kilogramos de la cosecha comercializable solamente en el fin de semana del Supertazón— es en realidad una conjura estadounidense para castrar a la nación mexicana. Pero, finalmente, un aguacate podría ser sólo un aguacate: una fruta arrugada y, ciertamente, testicular.

Me he percatado de que en las áreas donde hay abundancia de mexicanos de reciente inmigración hay tiendas que venden agua exclusivamente. Me parece extraño. ¿No saben los recién llegados de México que aquí el agua de la llave es potable? ¿Y cómo pueden sobrevivir estos negocios vendiendo sólo agua?

AGUA PA' LA RAZA

Querida Gabacha: Los mexicanos no pueden apartarse jamás de la botella, ya sea de H$_2$O o de tequila Herradura. En un estudio de 2002, el Instituto de Políticas Públicas de California reveló que 55 por ciento de los latinos del estado bebieron agua embotellada, contra 30 por ciento de gabachos. Definitivamente, se trata de una costumbre contrabandeada desde México, donde el agua del grifo aún viene preñada de virus nocivos, bichos y excrementos. Así que parecería que la afinidad mexicana por la Arrowhead es otro caso de asimilación fallida, ¿no?

Pero otra posibilidad es la que se sugiere en *Dr. Strangelove or: How I Learned to Stop Worrying and Love the Bomb*. En ese clásico de Stanley Kubrick de 1964, el brigadier general Jack D. Ripper revela que el agua del grifo contaminada con fluoruro es una conjura comunista que está robándole a Estados Unidos sus preciosos fluidos corporales. Los mexicanos no queremos ser partícipes de esto. Deseamos que nuestros *mecos* se mantengan saludables y esperanzados, por eso, cuando llegue el momento de repoblar Estados Unidos luego del estallamiento de la bomba, a las gabachitas sobrevivientes las convertiremos en fábricas de bebés.

¿Por qué la comida mexicana siempre me hace cagar?
FUN WITH RUNS

Querido Gabacho: Porque se empeña en abandonar tu gabacho culo cuanto antes.

¿Por qué los mexicanos roban fruta de árboles que no les pertencen? Donde trabajo hay un árbol que cuelga junto a la pared y se suben a él para cortar la fruta.
WITH A CHIQUITA BANANA BETWEEN HIS LEGS

Querido Gabacho: Absolutamente nada —ni los muros, ni el sol inclemente, ni la falta de tiempo para ir al baño, ni la de agua potable— impedirá que un mexicano que recoja frutas o verduras. Es algo pavloviano, Chiquita Banana: si un mexicano ve una manzana, sube al árbol y la corta. ¿Fresas? Se arrodilla y las recoge. Lo que te debería preocupar es la apocalíptica crisis agrícola que se predijo en la sección financiera de *Los Angeles Times* el 5 de diciembre de 2005. Ese día, un artículo informó que Western Growers —una asociación comercial con base en Irvine, California, cuyos afiliados cultivan 90 por ciento de las cosechas de invierno de la nación— sólo podría cubrir la mitad de las 50 mil vacantes necesarias de jornaleros, gracias a las restricciones de las políticas migratorias del país. "Para enero, podremos ver las lechugas pudriéndose en el campo, porque no habrá nadie que las coseche", decía con preocupación uno de los agricultores de El Centro a Jerry Hirsch, reportero del *Times*. Así pues, Chiquita Banana, da las gracias al próximo mexicano que veas robando limones o papas de tu patio: es un inmigrante ilegal más que cubrirá las necesidades de las grandes corporaciones.

¿Por qué los mexicanos no dan propinas decentes? Soy mesera en un lujoso restaurante de carnes donde, desgraciadamente, comen muchos mexicanos ¡y sus míseras propinas me están empezando a encabronar! Hasta los negros son más generosos (aunque tengo que decir que es mejor atender mexicanos. No están pidiendo todo el tiempo "Ma' aderezo ranchero"). Y sí, siempre doy buen servicio apostando una a un millón, a que el fracasado caraprieta que está sentado en mi mesa no sea un completo "retrasado social". ¿Podrías pasar la voz para que pueda dejar de escupir en sus bebidas?

WAITS ON TOO MANY WABS

Querida Gabacha: Veamos los hallazgos del profesor Michael Lynn, de la Universidad de Cornell, y principal autoridad académica nacional en materia de propinas. En un estudio suyo de 2003, titulado *Ethnic Differences in Tipping: Evidence, Explanations and Implications* [*Diferencias étnicas en las propinas: evidencia, explicaciones e implicaciones*], Lynn examinó los añejos reclamos de los meseros, en el sentido de que las minorías dan menos propinas que los gabachos.

Analizó las respuestas de casi dos mil comensales en Houston, y encontró que no solamente la propina hispana (en realidad, mexicana, puesto que la comunidad latina de Houston es mexicana en casi tres cuartas partes) es tan buena como la de los gabachos, sino que generalmente dejan aún más. Según Lynn, los mexicanos "incrementaron sus propinas con el servicio… más de lo que lo hicieron los blancos".

Lynn no adujo explicación alguna para sus descubrimientos, pero yo lo hago: los mexicanos no dejan un extra más por la percepción de un compromiso social, sino por un trabajo bien hecho.. lo que también incluye qué tan caliente sea la chica. La mayoría de los restaurantes mexicanos obligan a sus meseras a ponerse unas falditas que escasamente cubren el culo y blusas con unos escotes que se hunden tan profundamente como la industria automotriz norteamericana. Los mexicanos dan propinas en consecuencia: he estado en sitios donde los varones mexicanos dejan el triple de su cuenta de 10 dólares, si la mesera se contonea un ratito más. Cuando los mexicanos van a comederos donde las meseras se visten de manera más conservadora, las propinas generalmente bajan. ¿Quieres un poco más, Too Many Wabs? Treenos una botella de Tapatío —no Tabasco— sin que te la pidamos. Y ponte unos implantes en el trasero.

Los meseros al otro lado de *la Naranja* escribieron posteriormente a mi columna sobre las razones de que las propinas mexicanas sean tan malas. Los autores de las dos mejores cartas al respecto trabajan cerca del "lugar más feliz sobre la Tierra". Empecemos con Arriba Anaheim:

Trabajo en el Mimi's, frente a Disneylandia, donde recibo turistas de todas partes del mundo. Los mexicanos son extremadamente generosos en comparación con los de otras nacionalidades, aunque encuentro en ellos algo interesante: los inmigrantes mexicanos que viven en Estados Unidos pueden ser malísimos cuando se trata de propinas, porque muchos son braceros que vienen a este país desde sus ranchos o pueblos y no están habituados a las experiencias de la buena mesa. En cambio, los turistas mexicanos están entre los más magnánimos, porque tienen el dinero necesario para venir desde la Ciudad de México, Monterrey o Guadalajara a visitar al ratón Miguelito.

Fed Up in Fullerton fue menos benevolente con los mexicanos: Por tres años serví en el centro de Disney, y debo decir que la propina de los hispanos vale una mierda. Fui impecable en mis relaciones de recepción y servicio, de manera que la cuestión no puede atribuirse a mi negligencia o a mi incapacidad para brindar un servicio eficiente y expedito. Y eso para no mencionar que soy hispano a medias, así que no me jodas. Los mexicanos llegaban directamente de la misa del domingo, ordenaban filete o langosta y añadían bebidas por 10 dólares. Se gastaban 275 dólares, dejaban una propina por cinco o 10 dólares, más el incentivo extra de "Buen trabajo, amigo". ¡Pueden meterse sus cumplidos por el culo! Tu respuesta es ridícula, y, por lo que toca a tu fuente, no estamos en Houston sino en la soleada California. ¡Honestidad, eso es lo que tus lectores esperan de las respuestas y no elusivas argumentaciones políticas! ¡Ahí tienes, frijol de diente de oro!

Dos cuestiones, Fed Up. Primero, eres hombre, y a menos que un hombre sea el cantinero, el dueño del restaurante o que se relacione con el propietario, los mexicanos pensarán que cualquier tipo que sirva mesas es un joto cuya única propina debe ser una puta palmada y el consejo de hacerse de un auténtico empleo, como garrotero o lavaplatos. Segundo, ganarías mucho más si siguieras mi consejo y te hicieras unos implantes de culo.

Mi novio es mexicano y cuando estamos decidiendo dónde ir a comer, casi siempre elige comida china. Ocurre lo mismo con su familia: cuando recientemente visitamos a unos amigos de Guadalajara, esperaba encontrarme con tortas ahogadas, pero lo que se sirvió fue cerdo *mu shu*. ¿Por qué les gusta tanto la comida china a los mexicanos?

CUSINE CONFUSED

Querida Gabacha: Los mexicanos vivimos sempiternamente fascinados con los chinos y nada estimula tanto nuestro interés como la comida. Ellos comen lo mismo que nosotros: frijoles, cerdo, cabra, tortugas, arroz, ¡incluso perros! Pero nuestro interés en la comida china se reduce a una cuestión económica, Cuisine Confused. Al igual que la mexicana, la cocina china es étnica y por ello puedes agasajarte como rey con un salario de jornalero. Puedo ir a cualquier restaurante chino y ordenar un plato combinado triple, con arroz, *chow mein* y una bebida por unos seis dólares. El valor de la comida china explica la popularidad que entre los mexicanos tiene la Instant Ramen. Según la Asociación Internacional de Manufactureros de Ramen, los mexicanos consumieron un promedio de 9.4 raciones de Ramen en 2004, el más elevado en América Latina, y sólo después del de Estados Unidos y Rusia entre los países no asiáticos. Incluso, el gobierno mexicano distribuye Ramen entre sus poblaciones pobres... ¿qué dices? ¿Ramen es un plato japonés? No se lo digas a un mexicano, quien considera que cualquier cosa asiática es china, incluso cuando sea japonesa. ¿No es verdad, lectores vietnamitas?

¿Por qué los mexicanos recubren sus dulces con polvo de chile? Eso no es dulce... es fuego.

HERSHEY HONEY

Querida Negrita: Las tradiciones culturales alimentarias se originan en los recursos autóctonos de una región —¿qué otra cosa explicaría la inclinación estadounidense por los tacos?— y las incontables variedades de chile que hay en México provocan que condimentamos *todo*. Sopas. Cervezas. Pero especialmente, los dulces, lo que incluye desde fruta espolvoreada con chile molido hasta pasta de chile, que los niños exprimen directamente en su lengua. El dulce enchilado, como casi todo el conocimiento que comparto con ustedes, nos ha llegado de los ancestros. En la obra *The True History of Chocolate* [*La verdadera historia del chocolate*] (1996), Michael y Sophie D. Coe nos refieren que los aztecas y los mayas disfrutaban más sus bebidas de chocolate, aliñándolas con chile de sabor e intensidad variada, "cualquiera, desde ligeramente acre hasta extremadamente picante". Y más aún, los Coe experimentaron

Margaritas Mexican Grill, Macon, Georgia.

por sí mismos con una antigua receta de chocolate y luego escribieron: "Podemos… asegurar a los lectores que realmente es buena". Los Coe aprendieron lo que ya sabemos los mexicanos, pero que la mayoría de los gabachos se niega a aceptar: que combinar azúcar con especias es el súmmum de los paladares refinados. Las notas duales de picor y dulzura abren las papilas gustativas y permiten a los comensales apreciar mejor ambos sabores. Además, la alta cocina supone que haya contraste en los sabores. Si te gusta tu comida simple, sin matices, bien puedes irte a vivir al Medio Oeste. O convertirte en guatemalteca.

¿Por qué la taquería de donde vivo tiene el nombre de un pueblo?

Two Chicken Tacos, Hold the Brains

Querido Gabacho: Hoy en día muchos mexicanos no se identifican primordialmente como tales porque ya hay un chingo de nosotros aquí. De ahí que nos clasifiquemos según la región o estado mexicanos donde se fincan nuestras raíces y también que haya enconadas rivalidades entre grupos (recuerdo las épicas batallas de basquetbol en educación física entre los tapatíos de Jalisco y los chicos de Guanajuato), que generalmente hacen impensable cualquier unidad panmexicana. Y para hacer las cosas aún más provinciales, muchos de nosotros aún nos relacionamos con ciudades que están a miles de kilómetros y que se han reubicado, virtualmente intactas, en Estados Unidos durante las últimas tres décadas.

Puedes ver estas comunidades mexicanas trasplantadas en los nombres de giros comerciales, como Zapatería Jerez (una tienda de zapatos de Anaheim que preserva las suelas de la gente de mi ciudad ancestral, en Zacatecas), Llantas Sahuayo y Carnitas Uruapan. Pero si deseas experimentar estas "ciudades dentro de ciudades" sin comprar zapatos o sin hacer un cambio de aceite, hay una alternativa apetitosa. Muchos ranchos se han metido en el negocio de las taquerías como medio para crear un espacio donde la gente pueda reunirse y comer carne. En el condado de Orange, dos de las mejores, en cuanto a calidad de comida y albergue de una buena comunidad, son la Taquería El Granjenal en Costa Mesa y la Taquería Arandas en Anaheim.

La Taquería El Granjenal es probablemente el puesto de tacos más genuino del condado de Orange. El comedero, al aire libre y sin refinamientos, de una deliciosa combinación de colores pastel, se ubica en el corazón del barrio de Costa Mesa, muy cercano al sector de Santa Ana, lugar del primer asiento estadounidense de muchos pueblecitos de Michoacán.

Aunque El Granjenal expende todos los productos de comida rápida mexicana (las tortas son especialmente dignas de mención), hay que quedarse con los exquisitos tacos. Los precios pueden parecer un poco elevados, pero mientras que la mayoría de las taquerías sirve pequeñas probaditas de su platillo principal, las porciones de El Granjenal son colosales. Los dueños se han apartado del protocolo taqueril al emplear grandes tortillas de maíz y apilar en ellas trozos de la carne que uno elija. La salsa también es extraordinaria: un extracto de lava rojo obscuro cuyo factor de combustión es desconocido fuera del Paricutín.

Aunque en su aspecto culinario es espléndido, el restaurante parece haber perdido sus raíces comunitarias. Nada, aparte del nombre, sugiere ya que miles de personas de El Granjenal viven ahora dispersas en el condado de Orange. Cuando le pregunté al empleado del mostrador por las razones de ello, el hombre me dijo que el fundador de la taquería había vendido el restaurante un par de años antes, y que la remodelación había borrado casi todos los vestigios de sus raíces (fotografías y un mapa de Michoacán, entre otros). Sin embargo, el nuevo dueño, no oriundo de El Granjenal, no había cambiado el nombre por respeto a la comunidad; muchísimas personas de El Granjenal aún acuden allí para recordar a su rancho a través de la comida.

Más evidente es el orgullo que la Taquería Arandas siente por su pueblo homónimo. Descubrí este sitio después de que mis amigos arandenses (todos con casa en Anaheim y la ciudad de unos 70 mil en Jalisco) empezaron a cantar sus alabanzas el año pasado. Los arandenses se jactan de su pueblo y eso se percibe en la taquería.

Incluso antes de entrar te recibe un vitral del monumento más famoso de Arandas: la catedral de San José Obrero (que asimismo funge como logo del restaurante). Dentro pueden apreciarse dos imágenes de la misma iglesia (una reciente y la otra de los años 1900) y una más de la mayor campana de México, que se encuentra dentro de ese templo.

Sus humildes tacos son como los de la mayor parte de las taquerías: minúsculos, baratos y sabrosos. Pero lo que distingue a la versión de Arandas es la selección de especialidades cárnicas para tacos, como el buche (panza de cerdo) y tripas (intestinos de res). Sea cual fuere la carne que uno elija, el restaurante utiliza suaves tortillas como base, las atiborra de enormes trozos de ricas cebollas y cilantro y las rocía con una salsa más ácida que picante, para hacer de su modesta especialidad una comida de *gourmet*.

Puede parecer extravagante que el populacho dependa de las taquerías para mantener su unidad cívica; es decir, ¿qué no habrán oído hablar de los centros comunitarios? Pero las taquerías El Granjenal y Arandas demuestran

LA VIDA TAQUERÍA, SANTA ANA, CALIFORNIA.

que no sólo es importante mantener vínculos con la gente del terruño, sino también poder compartir un taco con ellos. Y no sé qué pienses tú, pero a mí la buena cocina me mantendría conversando con mis degenerados vecinos en cualquier momento.

¿Es verdad que el menudo cura las crudas?

INTESTINAL BLOCKAGE

Querido Gabacho: Ah, sí, el menudo. Sus virtudes terapeúticas para la cruda son la única razón por la que los estadounidenses se interesan en esta picante sopa de panza de res. Fuera de esto, no es más que un espectáculo de burros comestible: una horrorosa y asquerosa invención de un horroroso y asqueroso pueblo.

Pero el menudo es mucho más que unas entrañas de vaca hervidas o que algo para remojar el combustible etílico que te impulsó la noche anterior. El menudo es una lección sociohistórica en tazón: los gordos y blancos granos del pozole han nutrido a los mesoamericanos desde tiempos inmemoriales; el añadido de la panza, y no el de las mejores partes del bovino, es un testamento a su estatus de comida de gente pobre. El menudo es delicioso, la trinidad del firme pozole, la panza fibrosa y el ardiente caldo, color rojo sangre, producen un sabor grasoso que conforta.

Lo más importante: el menudo es amor. Es la sopa en que las mujeres mexicanas trabajan como burros para brindarla a sus hambrientas familias las mañanas del fin de semana, el plato en torno al cual se unen las familias y los adolescentes se enamoran, al cortejar mientras pasan la cestita de las tortillas. Actualmente puede encontrarse menudo enlatado, pero eso es herético. El verdadero menudo constituye una hazaña difícil, cuya creación demanda horas, pero que lleva aparejada una compensación que trasciende las papilas gustativas y se esfuerza por alcanzar lo sublime.

Tomemos, por ejemplo, el menudo de mi madre. Sus mañanas de menudo comienzan en el Supermercado González de Northgate en Anaheim, donde mamá toma una ficha y espera pacientemente hasta que el carnicero vocee su número en un pequeño micrófono.

Ella le dice al carnicero qué trozos de panza desea. Algunas personas preparan el menudo solamente con uno de los cuatro estómagos de la vaca; mi madre emplea tres: el firme buche; el suave y liso cuajar y las ondulantes plumillas del libro. Cada una tiene su propio encanto gomoso y combinar las tres añade una textura más cabal, más robusta al menudo.

Mami compra la panza en piezas del largo de un membrete de carta, luego la trae a casa y la corta en trozos de tamaño masticable. Los lava en el fregadero y no olvida ponerles jugo de limón para absorber el tufo a panza madura. Pone los pedazos preparados en una cacerola de acero con agua hirviente, junto con un trozo de pata de res —incluidos tendones y demás— lo que le dará al guiso más sabor a carne.

El menudo es como un niño: debes monitorearlo en todo momento. Se necesitan cuando menos un par de horas para que la panza se ablande y se convierta en un platillo fibroso y exquisito. Pero, incluso mientras lo cocina, mami tiene que ocuparse de otras tareas relativas al menudo. Llena pequeños recipientes con la cebolla y el cilantro que mis hermanas debían picar, pero que mamá inevitable termina picando. Pone la mesa, calienta las tortillas y llama a sus comadres para que vengan en una media hora. Va a la cochera y saca nuestro bolsón de chiles secos, del tamaño de una mano, procedentes de Caleras, Zacatecas, región célebre por sus chiles ahumados. Los echa a la licuadora junto con dientes de ajo (no usa molcajete: "Es muy tardado, con una licuadora es más fácil"); mami confecciona la salsa para el menudo y la vierte sobre la olla hirviente junto con el pozole. La salsa y el pozole suben con el calor. Entonces baja la flama al mínimo. Para este momento, el calor del menudo irradia por toda la casa y provoca en todo mundo una reacción pavloviana: despertamos de nuestro letargo. Hora de comer.

Mamá solía preparar menudo fresco todos los domingos, pero ya no es algo fijo, porque los años se han ido mermando su vigor. E incluso cuando tenemos festín de menudo, generalmente éste procede de El Camino Real, un restaurante de Fullerton que atrae por igual a mexicanos y gabachos con su menú mexicano de chiles rellenos, enchiladas y pollo. Ahí, mami se encuentra con otras mamás que también toman el atajo. Al igual que en la carnicería, esperan pacientemente en la cola, con las agarraderas de las ollas envueltas en papel aluminio para aislar el calor. El Camino Real llena las ollas hasta el borde, pero las mujeres las llevan a casa como si fueran tan ligeras como el pan dulce.

¿El menudo curará una cruda? Sin duda. Pero si ésa es la única razón por la que lo comes, realmente no conoces el amor.

Si los mexicanos fueron colonizados por los españoles, ¿por qué beben cerveza y no vino?

BARREL OF FUN

Querido Gabacho: ¿Alguna vez te has preguntado por qué los españoles beben sangría? ¿Has probado el vino español? Húmedo, amargo, estiércol vil. Apenas si te emborracha, lo que significa que carece de valor para el mexicano. México tiene sus propias bebidas autóctonas: el mezcal y el gran tequila. Y luego, está la cerveza. En Estados Unidos, buena parte de los mexicanos desdeña las cervezas mexicanas en favor de las estadounidenses. Que los mexicanos beban cerveza gabacha es perfectamente lógico: esto es Estados Unidos y lo primero que los mexicanos adquieren en su inevitable camino a la asimilación son los malos hábitos, como beber cerveza infame (Budweiser y Bud Light ostentan, respectivamente, los números uno y dos en ventas entre los briagos mexicanos de este país), consumir de manera ostentosa y arrojar el papel de baño sucio al desagüe. Otra posible explicación de la inclinación por la cerveza gabacha es el ubicuo patrocinio de las cervecerías estadounidenses a casi cualquier evento mexicano: las transmisiones de la Copa Mundial de la FIFA por Univisión (traída a ustedes por Miller Genuine Draft), las de la Selección Nacional de México (Budweiser), la reciente gira del supergrupo norteño Grupo Intocables (Coors Light), y el Cinco de Mayo (traído a ustedes, según los activistas chicanos, por un sensato intento cervecero de tener a los mexicanos perpetuamente pedos, o bebidos hasta el culo). Pero hay que ser cuidadosos en cuanto a idealizar la cerveza "mexicana", Barrel. Por supuesto, viene de México, pero fueron los inmigrantes austriacos quienes crearon la estupenda Negra Modelo en 1926. La cervecera pionera Bohemia fue, como su nombre lo indica, de origen checo (sobre la Bohemia, John Steinbeck escribió alguna vez: "Ah, cerveza Bohemia y la pirámide del Sol; civilizaciones enteras han creado menos"). El escudo de armas de la Tecate tiene un sospechoso parecido el águila herálica germana. Y uno de los fundadores de la Cervecería Cuahutémoc Moctezuma, el grupo que ahora produce Tecate y Bohemia, fue un inmigrante de San Louis Missouri llamado Joseph M. Schnaider. Eso nos dice que la única gran cervecería mexicana que no tiene vínculos históricos con alemanes, austriacos o checos es el Grupo Modelo, ahora dueño de la etiqueta de la Negra Modelo, pero que empezó con Corona y Modelo (cerveza distinta a la Negra Modelo) y que ahora posee a medias Anheuser-Busch.

Siempre que salgo a comer y pido tortillas de harina, mi amigo me recuerda que ningún mexicano las come jamás. Y suele hacerlo de modo que lo escuche la caliente mesera; supongo que para impedir que yo me congracie con ella. ¿Será cierto?

TACO DEL CONGELADOR

Querido Taco del Congelador: A menos que comas burritos envueltos en pan Wonder, no tienes nada de qué avergonzarte. Pero daré crédito a tu amigo por hacer notar la lucha a muerte entre las tortillas de maíz y las de harina. En principio, los españoles que conquistaron el norte de México y el sureste de Estados Unidos inventaron las tortillas de harina sólo porque eran demasiado estúpidos para aprender las técnicas de cultivo del maíz de los vencidos indígenas, por lo que reemplazaron el maíz con el trigo. Posteriormente, la tortilla de harina se convirtió en el sabor predilecto en las fronteras, y los gabachos rápidamente adoptaron el sabor más familiar de la harina en detrimento del telúrico encanto mesoamericano de la tortilla de maíz. Según el planificador estratégico de ACNielsen, las ventas de tortilla de harina en Estados Unidos durante el periodo comprendido entre abril de 2004 y abril de 2005, fueron de 653.2 millones de dólares, mientras que las de maíz sólo ascendieron a 338.7 millones. La perniciosa difusión de la harina continúa. En *Dietary Patterns and Acculturation Among Latinos of Mexican Descent* [*Hábitos alimentarios y aculturación entre los latinos de ascendencia mexicana*], los investigadores Eunice Romero-Gwynn y Douglas Gwynn descubrieron lo siguiente: "Mientras que sólo 14 por ciento de los inmigrantes informó haber consumido tortillas de harina estando en México, 35 por ciento las consumió luego de la inmigración". Y nuevamente, Estados Unidos: los mexicanos adoptan las costumbres gabachas muy pronto, así que no te sorprendas cuando empiecen a hablar inglés y a discriminarte.

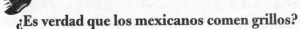

¿Es verdad que los mexicanos comen grillos?
GRASSHOPPERS DO IT JUMPING

La maledicencia gabacha se ceba con gusto en la supuestamente asquerosa dieta de los mexicanos, *delikatessen* como las vísceras de res, la médula de chivo, los huevos de tortuga marina y, sí, también los grillos. Pero deja que te pregunte: ¿alguna vez los has probado? Son popularísimos en el estado de Oaxaca, donde las mujeres los ponen a secar, los salan y, generalmente, les añaden polvo de chile. El resultado es un delicioso, rico y crujiente platillo, con sabor a camarón; pero son absolutamente fabulosos cuando se les sumerge en mole o cuando se les cocina como relleno de quesadillas. Nunca probé los chapulines sino hasta que fui mayor, aquí en Estados Unidos, y eso es lo grandioso de las cocinas mexicanas: en tanto que tú puedes encontrar los *hot dogs* Chicago y los bisteces con queso Philly casi en cualquier punto de la Unión Estadounidense, la cocina mexicana sigue siendo obstinadamente regional, y sus platillos generalmente están disponibles sólo en una región particular de México o de Estados Unidos. Podrías pensar que comer grillos es algo repugnante, pero parece mucho más natural que comprimir sobras de res para convertirlas en hamburguesas. Además, si aprendemos a capturarlos, podemos convertirnos en exterminadores.

¿Cómo es que su comida es tan endiabladamente sabrosa y a la vez tan dañina?

PEPTO-BISMOL PATTY

Querida Gabacha: La comida mexicana es sabrosa porque es comida mexicana, pero ¿quién dice que hace daño? Por supuesto que la diabetes y los ataques al corazón son endémicos entre los mexicanos, pero eso obedece más a la tendencia actual al trabajo sedentario que a un defecto de la dieta mexicana. Los mexicanos han consumido comida mexicana por milenios y están fuertes como robles, porque las enzimas corporales y el aparato digestivo se adaptan al aprovechamiento de los ingredientes de una dieta rica en maíz y proteínas. Empero, cuando introduces una sustancia nueva en el organismo, el cuerpo tiende a reaccionar de distinta manera: en tu caso, aparentemente, con ataques de chorrillo. Sigue consumiendo comida mexicana, la diarrea no es sino un problema temporal, una penitencia necesaria para paladear la mejor comida de la Tierra.

¿Cómo y por qué razón la cocina gabacha se apropió de los chiles chipotles? No logro recordar ningún ejemplo de cocina mexicana que recurra a los ahumados, mucho menos al ahumado de jalapeños. Porque te juro que el auténtico chile chipotle no es ahumado. Es simplemente un chile con sabor a humo. Estoy harto de que los gringos me corrijan, diciéndome: "Es un jalapeño ahumado en hojas de plátano". ¿Le puedes pedir a algún botánico que de una vez por todas corrija este embuste?

NACIONAL ASSOCIATION OF LATINO GOLF AFICIONADOS

Querido NALGA: ¿A qué viene tanto pedo con la fascinación gabacha por el chipotle? Por supuesto, México tiene mucho mejores chiles; yo prefiero el serrano, un chile verde con el picor del jalapeño y la consistencia jugosa del habanero, y sólo como chipotles cuando paladeo una cemita, glorioso sándwich de Puebla. Pero los chefs recurren al sabor del chipotle en señal de respeto, como un reconocimiento de que la comida mexicana pertenece por derecho a los libros de la alta cocina mundial. A los gabachos les gusta precisamente por su gran suavidad. Dejemos pues que sean maricones y reservemos para nosotros los más picantes, los mejores. Además, ¿por qué habríamos de reivindicar la propiedad exclusiva de un alimento? El chocolate salió de México, fue a Europa, y ahora se ha convertido en uno de los favoritos a escala mundial. Lo mismo ha ocurrido con la vainilla, el maíz y muchos otros de los alimentos que engrandecen a una cocina. Todos mexicanos.

TIJUANA TACO, TACOMA, WASHINGTON

¿Por qué los mexicanos genuinos adoran los rábanos? En los lugares más auténticos siempre se les encuentra como condimentos. Me encantan y siempre los como.

BEETS ME

Estudios científicos han puesto de manifiesto que consumir productos encurtidos ayuda a la digestión y muchas de las cocinas del mundo han creado acompañamientos encurtidos que van con todo: como lo avalan los salvadoreños con su curtido, los alemanes con su *Sauerkraut* (o col agria) y los coreanos con su *kimichi,* en realidad, casi todas las culturas, menos los gabachos, que sólo consumen productos encurtidos cuando van a los estadios de beisbol. De manera similar, los mexicanos aman su escabeche, vegetales encurtidos que por lo común incluyen cebollas, nopales, rábanos, tomates, zanahorias o jalapeños. Los restaurantes mexicanos mexicanos ponen escabeche, los restaurantes mexicano-estadounidenses no ofrecen nada, con lo que fomentan la flatulencia.

¿Por qué la comida picante mexicana les produce chorro a los güeros?

DIRTY Q-TIPS

¡Pregunta muy popular! Uno de los peores insultos culturales que puede dirigirse a un pueblo es afirmar que su comida provoca diarrea, y por tal motivo la lengua inglesa echa mano de tantos eufemismos para ese particular: la venganza de Gandhi, la pancita Gyppy, la barriga Delhi, el chorro Rangún, el corre que te alcanza de Tokio. Pero nada ha arraigado tan firmemente en la conciencia gabacha como la venganza de Moctezuma, bautizada así por el nombre del emperador azteca que gobernaba Tenochtitlan cuando llegaron los españoles. Las crónicas españolas sostienen que al Viejo Mocty le encantaba beber su chocolate aderezado con muchos chiles, y que su tracto digestivo se limpiaba casi diariamente. Si esto es verdad o no, es cuestión que sólo compete al interés histórico, pero aquel estereotipo fue rápidamente adoptado por los gabachos ansiosos de completar su crítica de los mexicanos como una raza sucia y fea, cuya dieta puede ocasionar tan desagradable consecuencia. Así es el estilo gabacho: achacar las debilidades de su sistema digestivo a los indígenas.

¿Cuál es el mejor tequila? Yo señalaría mi botella de Gran Patrón, una botella de 1.75 litros de Cazadores o mi colección de botellas rojas, blancas y azules de Corralejo.

TEQUILA TOM

Querido Gabacho: Intentar decidir cuál es el mejor tequila equivaldría a determinar qué grano de arena de la playa es el más bonito. Pero tú mencionas dos de mis favoritos, cuyas respectivas historias ilustran el desarrollo de la industria tequilera en México. La marca

Cazadores, fundada en 1973, se destila en Arandas, Jalisco, población de unos 70 mil habitantes y capital de la región de los Altos de Jalisco. Esta región de cultivos de agave, desiertos de tierra roja y soberbias montañas goza de la reputación de haber sido cuna del mariachi y del tequila; y también se ufana de tener las mujeres más blancas y bonitas de México, algo que nadie le ha rebatido. Cazadores produce tres variedades: Cazadores Reposado, que sabe a fuego líquido; Cazadores blanco, espíritu ligeramente amargo que va bien con las mezclas; y el extremadamente suave Cazadores Añejo, una bebida con aroma de humo y maderas, capaz de hacer que la tarde se diluya con rapidez.

Otro de mis tequilas favoritos es el mencionado Corralejo, la marca de tequila más antigua que se ha producido ininterrumpidamente, desde 1755. A Corralejo se le distingue por sus botellas altas, de colores, y se le destila en el estado centro-occidental de Guanajuato (las leyes mexicanas certifican todo el tequila que se produce en México y exigen que sólo se le produzca en tres estados: Jalisco, Guanajuato y Tamaulipas La mayoría de los tequilas no jaliscienses son pura porquería, pero Corralejo ofrece un golpe de dulzura por su sabor nectarino, incluso con leve perfume de canela. ¿Y qué hay con José Cuervo, el tequila de mayor venta en los Estado Unidos? Bueno, eso sólo demuestra que los gabachos no saben nada acerca de México.

¿Por qué la hierba mexicana es sinónimo de mala marihuana que se contrabandea en Estados Unidos vía llantas de refacción? ¿Es que los mexicanos no pueden cultivar hierba decente a un buen precio?

POCHO POTHEAD

Querido Wab: La mala marihuana de México ha infestado las pipas de agua y los carrujos de Norteamérica desde épocas inmemoriales, incluso la clásica canción "La cucaracha" hace a la marihuana objeto de pitorreo con la línea: "La cucaracha ya no puede caminar / porque no tiene, porque le falta / marihuana que fumar". Nunca antes hubo tantos incentivos para mejorar nuestros cultivos, la droga predilecta de los mexicanos es el tequila o el mezcal. Pero la marihuana mexicana está incrementando su calidad en la medida en que cada vez más de nosotros nos percatamos de que los gabachos desean fumarse la vida entera. Elocuentes son al respecto los comentarios de un oficial de policía de Midland, Texas, quien, en 2006, le dijo a un reportero del *Middland Reporter-Telegram* que la marihuana mexicana "tiene mejor calidad que antes y sigue mejorando día a día. Desde luego, no alcanzará la de la hidro-hierba que viene de Canadá, que tiene un contenido mucho mayor de resina THC y que es muchísimo más cara. Sin embargo, aún concediendo que la marihuana de aquí no sea tan buena como la hidro-hierba, la hierba ahora es mucho más fuerte de lo que solía ser hace algunos años". Y un agente de la FBI añadió: "Lo que acontece actualmente es indicativo de un creciente nivel de sofisticación por parte de los productores [mexicanos] de marihuana". Todo ello viene a demostrar que, cuando hay una demanda gabacha de algo, los mexicanos alzarán la mano y lo harán mejor y más barato.

Veo que hay tipos que invariablemente usan sombreros o hebillas de cinturón con una hoja de marihuana. ¿De dónde viene esta fascinación mexicana por las drogas?

STONED GABACHO

Querido Gabacho: Los mexicanos siempre han sentido fascinación por las drogas. Algunos de los corridos más antiguos hablan de traficantes de droga y el ídolo de la música chicana Lalo Guerrero ensalzaba las virtudes de *Mary Jane* en "Marijuana Boogie" ["El *boogie* de la marihuana"], por la misma época en que Cab Calloway cantaba su música "hi-dee-hi" en "Reefer Man" ["El hombre de la marihuana"]. Pero en los últimos 30 años, gracias a la economía mexicana, México mismo ha ingresado a la era de la "narcocultura" —literalmente, una cultura del tráfico de drogas—, un subproducto de la guerra norteamericana contra las drogas.

Como casi todo lo malo de este mundo, la narcocultura se puede achacar en parte a los excesos estadounidenses. Durante los años setenta —una época de propulsión por drogas—, los empresarios conocidos como narcotraficantes introdujeron los cultivos de ennervantes al campo mexicano, especialmente en el estado de Sinaloa, donde tenían su base los narcotraficantes de más peso. En un intento por erradicar la narcoeconomía, el ejército mexicano aplicó el mismo empeño en perseguir a los contrabandistas y a los cultivadores. Con un enemigo común al frente, los narcotraficantes y la gente de los pueblos se unieron en una simbiosis socioeconómica: los narcos proporcionaban ayuda a los ranchos menesterosos y los ciudadanos sembraban los cultivos.

La benevolencia de los narcos creó sectas de seguidores de los cárteles y sus líderes, entre los que se contaron Amado Carrillo Fuentes, alias el *señor de los cielos*, quien murió durante una cirugía plástica en 1997, Joaquín *el Chapo* Guzmán, que escapó de una prisión de Guadalajara en 2001 y aún sigue prófugo; y el cartel de los Arellano Félix, en Tijuana. Los narcos se han convertido en los modernos héroes populares de México y los medios masivos nacionales los siguen sin darse un punto de reposo.

Empero, junto con los empleos y la adoración, al campo mexicano llegaron los ataques de pandillas y las masacres relacionadas con drogas. Esta violencia fue explotada por una industria fílmica mexicana que había venido declinando desde la década de 1960 y que estaba desesperada por dar con alguna mina de oro... que fue la narcopelícula. Y no eran farsas al estilo Cheech y Chong, sino más bien retratos que pintaban al tráfico de

PEDROLAND.COM; SOUTH OF THE BORDER, DILLON, SOUTH CARLOLINA.

drogas mexicano como una aventura mortal pero glamorosa. Casi siempre los hombres respondían al estereotipo del macho mexicano, en tanto que las mujeres eran putas o vírgenes y las películas resultaban violentas, incluso para los sanguinarios estándares de la filmografía mexicana. Los tiroteos eran la norma: en bodas, en vehículos, en las montañas. Los chicos buenos eran los actores más famosos de las narcopelículas, los hermanos Mario y Fernando Almada, Sucios Geraldos cincuentones que masacraban a quien se atravesaba en su camino. Se convirtieron en ídolos mexicanos y sus películas aún se trasmiten como en interminable espiral en los canales de televisión hispanos.

Pero la encarnación de la narcocultura fue el fallecido Chalino Sánchez. Elvis Presley, John Lennon y Johnny Rotten se fundieron en un solo inmigrante indocumentado mexicano, Sánchez, quien ayudó a transformar el corrido, la estructura de la canción tradicional mexicana, en una crónica de las glorias y terrores del negocio de las drogas: el narcocorrido.

Sánchez cantó narcocorridos no sólo en México, sino también en el sur de California a fines de los años ochenta. Combinaba la violenta imaginería de la narcopelícula con la forma del corrido —que hace hincapié en la narración de una historia— y añadía sus propias ideas. Sánchez hizo del corrido algo muy cercano al periodismo, al cantar sobre personas contemporáneas que de otra suerte hubieran sido perfectas desconocidas, y cuyos únicos merecimientos para la fama eran sus historias de vida (generalmente violentas). Su técnica era experimental, pero también tradicional, pues escribía canciones por encargo, transformando las invisibles vidas de los inmigrantes en épicas tonadas de violencia, trabajo duro y tragedia.

Pronto, la narcocultura se hizo de un atuendo propio, bautizado en honor de Sánchez: el "chalinazo": sombrero vaquero, botas vaqueras de piel de animal exótico, cadenas de oro, un cinturón ornamentado que se conoce como cinto pitiado y camisa de seda. Luego de que Sánchez fuera asesinado en Sinaloa en 1992, su estilo y su música se hicieron reglamentarios para cualquier mexicano que quisiera ser el más chingón de la comarca.

Habiéndose establecido la música y la vestimenta, el vehículo oficial de la narcocultura surgió de los sueños suburbanos de las madres y los padres futboleros: la monstruosa SUV. Muy en el estilo de los añejos corridos sobre caballos famosos, hoy los corridos atruenan las ondas de radio ufanándose de camionetas como "El Cherokee de la Muerte" y "El Suburban". Estas nuevas baladas cantan las alabanzas de vehículos adquiridos con dinero del narco y cuyas divisas heráldicas son los símbolos del rancho: toros, caballos y la Virgen de Guadalupe.

Tal amor por el materialismo ha rendido frutos en la tendencia de moda de la narcocultura: los corridos *heavy* o pesados. Sólo tangencialmente tocan el asunto de las drogas y los narcos, en realidad se concentran en la obscenidad. El protagonista del corrido pesado ha amasado su fortuna con las drogas; ahora se jacta de lo que tiene y jura que te partirá la madre si te metes en líos con él. Lo más notable, los cantantes de narcocorridos maldicen a tope. Y esto ha creado un dilema para la Comisión Federal de Comunicaciones. En la época del surgimiento de los corridos pesados, alrededor de 1999, la radio hispana se vio inundada por la procacidad. Quizá porque los monitores de la Comisión hablaban español pero no el español mexicano en que muchas palabrotas se traducían, así que literalmente no tenían un contenido vulgar evidente. Por ejemplo, *te voy a madrear*, textualmente podría significar, digamos, que voy a ser una madre para ti, pero en el español mexicano se traduce más liberalmente como *te voy a romper el puto culo*. Finalmente, parece que la Comisión captó los matices de las maldiciones mexicanas, y los corridos *pes*ados han sido censurados o llanamente proscritos en la radio hispana. Con los corridos pesados en una cultura, el *rap gangsta* en otra y *American Idol* en posición de predominio, podemos estar a la expectativa de alguna basura interesante en las próximas dos décadas.

¿Es verdad que los burritos no son mexicanos?

CHIMICHANGA CHARLIE

Querido Gabacho: Buena parte de la cocina que los gabachos llaman mexicana —los burritos, los nachos, el chili y las hojuelas de tortilla— no gozan del favor de los auténticos mexicanos o ni siquiera fueron inventados por ellos. En su fascinante estudio *Tacos, Enchiladas and Refried Beans: the Invention of Mexican-American Cookery* [*Tacos, enchiladas y frijoles refritos: la invención del arte culinario mexicano-estadounidense*], Andrew F. Smith profundiza en la historia de dichos platillos. El burrito, por ejemplo, "vio su primera edición en Estados Unidos en 1934. Se vendió durante los años 30 en el afamado El Cholo Spanish Cafe de Los Ángeles. Sólo en torno a los años cincuenta el burrito ingresó a la concina mexicano-estadounidense de otras partes del suroeste y alcanzó aceptación nacional una década después". Entre tanto, la hojuela de tortilla fue creada en 1951 por Rebecca Webb Carranza, de nacionalidad mexicana, en Los Ángeles. Las fajitas provienen de Texas, algunos dicen que de Rio Grande Valley, aunque otros afirman que de Houston. También puedo remitirte a la serie del escritor del *Houston Press*, Robb Walsh, sobre la historia de la cocina Tex-Mex, que empezó a aparecer en el año 2000: él rastrea el lugar de origen de los nachos y las fajitas (todo en Texas, encanto). La popularidad de la cocina "mexicana" se extiende incluso hasta México, donde los burritos y los tacos son hoy en día platillos comunes, lo que demuestra que ni siquiera México puede impedir que los mexicanos invadan todo en el hemisferio occidental.

Pero con tantos malditos mexicanos en Estados Unidos, los gabachos finalmente pueden experimentar una gama más amplia de las especialidades gastronómicas de México, que tiene una de las mejores cocinas del mundo. Del estado meridional de Oaxaca proviene el mole, una embriagadora y espesa salsa hecha con docenas de ingredientes que se sazona durante horas a fuego lento. El estado costero de Sinaloa contribuye con su aguachile: tomates, cebollas y pepinos encurtidos con camarones, que se sirve con jugo de limón y en molcajete, el mortero y majadero que desde siempre han empleado las mujeres mexicanas para remoler cosas. Mi estado de Zacatecas gusta de la asadura, que consiste en un cocido de sangre, pulmones, hígado, corazón y otras cositas comestibles del cerdo: es

TEOTIHUACAN, HOUSTON, TEXAS.

el *haggis* mexicano. ¿No suena todo ello mejor que el frío y viscoso combo de taco y enchilada que reposa en tu refrigerador?

¿Le puedes confiar tu *sushi* a un mexicano?

SAYONARA, UNCLE SAM

Querido Gabacho: Una de las consecuencias no buscadas de la inmigración masiva es el arribo multitudinario de mexicanos a las cocinas y a la preparación de las comidas étnicas de otras naciones. Convengo en que es más bien desconcertante sentarte en un *sushi-bar* y escuchar a un prieto wab gritar: "*¡Domo arigato!*" cuando te estás echando entre pecho y espalda una botella de sake. Pero los mexicanos son camaleones humanos que se adaptan sin esfuerzo al estilo de la tierra y que se apropian de los matices presentes en su lugar de trabajo. Cómete tu *sushi* en paz, Sayonara, y no te llames a sorpresa si te encuentras con una rajita de jalapeño en tu rollo tostado de atún *ahi*. Si les confiamos a los mexicanos cualquier otro empleo menestral pero importante, ¿por qué no también nuestros crujientes rollos?

¿**Por qué los hombres mexicanos cocinan… pero nunca en sus casas?**

ANGRY MEXICAN HOUSEWIFE

Querida Wabette: Sencillo: porque el trabajo es el trabajo y la casa es la casa. El varón mexicano es una especie industriosa, pero cuando llega a casa, lo último que desea hacer es trabajar. Ningún hombre se merece trabajar en casa, así que reculta a su esposa para que haga todo: limpiar, desatascar excusados y, especialmente, guisar. No hay ningún demérito en cocinar, pero las mujeres lo han hecho miles de años y los hombres sólo lo hacen para ganar dinero. Además, ¿por qué molestarse en hacer algo cuando tienes a un buen tonto para hacerlo? Lo que, por cierto, me recuerda, Angry Mexican Housewife: ¿me puedes preparar una quesadilla, pronto?

7

Relaciones étnicas

Chinitos, negritos, gabachos y wabs

Querido Mexicano: mi piel es muy, muy clara a causa de mi origen escandinavo. Por Halloween alguien me preguntó si me había puesto maquillaje blanco. ¿Por qué los mexicanos encuentran mi palidez tan fascinante?

FAIR MAIDEN

Querida Gabacha: *Porque eres blanca.* Los mexicanos aman a los gabachos aunque aunque ustedes hayan jodido a nuestro país durante 500 años, literal (recuerda a los conquistadores violadores de doncellas) y figuradamente (¿alguna vez has tratado de caminar por una acera mexicana durante el periodo de *spring break* sin pisar los estanques de vómito que han dejado los chicos de las fraternidades universitarias?). A pesar de la cogedera y la vomitadera, los mexicanos asocian el blanco con hermosura y poder: es nuestro síndrome de Estocolmo nacional. Echa un vistazo a nuestra elite empresarial, tan blanca como esos engendros endógamos de la casa de Windsor. O la estridencia del falso rubio que lucen las actrices de las telenovelas, la mayoría de las cuales hacen que Nicole Kidman parezca tan morena como un aborigen. El culto al blanquito es evidente, incluso en nuestra veneración a los santos: cuando el Vaticano canonizó a Juan Diego, en 2002, la jerarquía católica mexicana develó el retrato oficial del hombre que vio por primera vez a la Virgen de Guadalupe. Sólo había un problema: el indio de raza pura era ahora un *broder* de piel clara y barba cabal. Así que cuando los mexicanos se te queden viendo como estúpidos, Fair Maiden, camina con orgullo: eres una diosa. Eso, o tienes un culo sensacional.

¿Qué es lo que realmente piensan los mexicanos al ver que los estadounidenses están conviertiendo a su país en un Fort Lauderdale? ¿A los mexicanos no les importa el engorro que representan los estudiantes universitarios en *spring break*, sólo porque tomarán gustosos nuestro dinero? ¿Algún mexicano lo evitaría si pudiera? ¿O les estoy concediendo demasiado crédito a los mexicanos?
COAT CHECK GIRL AND HONOR STUDENT AT SMITH COLLEGE

Querida Gabacha: ¡Gracias por el comercial! El Mexicano dio una conferencia clave el 6 de abril de 2006, en el Smith College en ocasión de las festividades del Mes de la Herencia Latina. Fue justo después del *spring break* del Smith, así que no quedaban muchas chicas calientes para refreír este frijol, ni siquiera tú, Coat Check Girl. Probablemente se unieron a los más de 100 mil estudiantes que, según afirma la embajada estadounidense en México, invaden al país vecino del sur cada primavera. Que tome esta advertencia cualquier estudiante que desee sumarse a las hordas invasoras: los únicos excesos que aceptarán los mexicanos serán los de vulgaridad. Te remito a la consulta del corresponsal del *OC Weekly* en México, Dave Wilenga, cuyo artículo "Too Much Cabo Wabo" ["Demasiado Cabo Wabo"], prevenía a los *spring breakers* de que diversos pasatiempos gabachos, tales como las borracheras en la vía pública, las peleas y la "corrupción de menores —aunque sean sexys— están penadas por las leyes mexicanas" y de que a los transgresores les concederán una estancia en el infernal sistema carcelario mexicano.

Estos universitarios son una espada de doble filo: por un lado, los mexicanos se ven obligados a limpiar sus vomitonas, su sangre, su semen y su orina, pero esos mismos líquidos corporales son el cimiento de empleos que generan billones de dólares. Así pues, ¿qué ha de hacer un mexicano? Pues, fácil: irse al Norte y hacer la misma maldita cosa. Dejemos que los gabachos vivan en carne propia un acertijo idéntico: gravemos en exceso su forma de vida, pero recompensémoslos con mano de obra esclava y con sudor, en vez de tetas y barriles de cerveza. Y luego, tras de nosotros, hagamos que los guatemaltecos limpien todo.

Cuando voy a una fiesta en casa de una familia mexicana, tengo la impresión de que me muestran una falsa hospitalidad, con un fuerte sentimiento subyacente de rechazo porque soy el embajador de Crackerlandia. Cuando voy de compras a tienda de abarrotes mexicana de mi localidad, recibo miradas reprobatorias, como si fuera yo un tipo negro en un prestigioso campo de golf. Los mexicanos siempre me miran como diciendo: "Pinche gabacho". ¿Desde cuándo adoptaron ese antiguo papel de los gabachos, que hacen sentir indeseable y alienada a la gente que no es del mismo color?

TOKEN WHITE GUY

Querido Gabacho: El problema no es que los mexicanos sean groseros sino que tú eres el forastero. Todos los grupos minoritarios muestran un recelo inicial hacia los forasteros, a veces, incluso los matan. Una vez asistí a una fiesta de cumpleaños de un amigo gay, y la docena aproximada de los que éramos *héteros*, en principio, nos sentamos juntos, pues fuimos precisados, cortés pero obligadamente, a segregarnos de *los otros* (*los otros* es la expresión que utilizan los mexicanos educados para referirse a los homosexuales). Sin embargo, los *héteros* no experimentamos ningún resentimiento hacia *los otros*, comprendíamos que estábamos en un ambiente extranjero, que teníamos que trabajar para ser aceptados y que no era nada personal. Al término de la noche, pasamos a formar parte de la tribu y aullamos a coro "It's Raining Man", a voz en cuello, como cualquier *homo*.

Sin embargo, desearía que los gabachos aceptaran así a las minorías. Historia de la vida real: asistí a un espectáculo de mariachi en un club campestre hace un par de años. Mientras estaba en la cola para un horroroso bufet mexicano, una cosita esmirriada y melindrosa se me acercó. Me preguntó si le podría servir frijoles. Me reí. Ya más tarde esa noche, mientras esperaba al *valet* la misma mujer me preguntó si podría traerle su coche. "No, a menos que lo desee sobre brasas de carbón", repuse. Llegó mi Camry. Pagué los 5 dólares del servicio y di al *valet* mexicano 20 dólares extra.

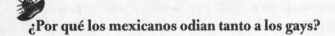

¿Por qué los mexicanos odian tanto a los gays?

JUAN HOLMES

Querido Gabacho: Hay una razón de que Dubya haya ganado 44 por ciento del electorado latino en 2004: el presidente predicó el evangelio antijoto. Desde 2000 aprendió bien la lección, cuando los latinos de California votaron la Proposición 22, iniciativa contraria al matrimonio de homosexuales, por un margen mucho mayor que el de otros grupos étnicos. Y Bush probablemente dio con el estudio del Instituto de Políticas Tomás Rivera, de la Universidad del Sur de California, que revelaba que 60 por ciento de los latinos católicos creía que la homosexualidad "siempre está mal", en tanto que 80 por ciento de los latinos protestantes pensaba lo mismo. En una comunidad entre 92 y 94 por ciento cristiana, eso representa millones de votos. Pero aun cuando la religión tiene mucho que ver con el odio mexicano por los jotos, en realidad se remite a dos estereotipos clásicos que resultan ser ciertos: el machismo y la familia. Mientras que los *bros* de lengua inglesa emplean con despreocupación el término *faggot,* es decir, maricón, te reto a que llames a un hombre (a elegir) fagote, hueco, joto, maricón, mariposa o puto, sin ganarte un botellazo de Corona en plena cara. Y lo que es aún más importante: en la psique mexicana el amor entre hombres amenaza la estructura familiar y no produce bebés. Y sin tales elementos, lo mismo podrías ser un gabacho.

Soy polaco-italiana, pero casi cada vez que me topo con un mexicano, hombre o mujer, me pregunta si soy mexicana. Ninguna persona de otra nacionalidad jamás me ha preguntado tal cosa, ¿por qué lo hacen los mexicanos?

LATINA-LOOKING LADY

Querida Gabacha: Necesito más detalles, LLL. ¿Traías puestos unos Dickies? ¿Limpiabas una casa? Quizá eres gorda y/o luces bigote? Podría ser que los mexicanos pensaran que eras una prima distante. A diferencia de sus contrapartes estadounidenses, que exterminaron la población aborigen, los diversos grupos étnicos que migraron a México a lo largo de los siglos no se avergonzaban de coger con los nativos y éstos los cogían en respuesta. Así, la diversidad fenotípica de la raza cósmica es tan sorprendente que muchas familias extendidas incluyen a personas que podrían pasar por los nubios más negros o por los nórdicos de ojos más intensamente azules (¿y no has visto fotos de Saddam Hussein? ¿No se parece al mozo mexicano de tu oficina?) A la inversa, nuestra mutabilidad implica que otras identidades étnicas frecuentemente den por hecho que somos miembros de su tribu. Por ejemplo, mis ojos grandes, mi cabello obscuro y ondulado y mi piel aceitunada clara hace que la gente piense que soy persa, filipino, vietnamita, japonés, italiano, árabe, chino, indio, libanés, griego, francés, croata.. de hecho, me han llamado de todo, menos mexicano y —¡gracias a Dios!— guatemalteco.

¿Por qué mis empleados chúntaros (inmigrantes mexicanos) parecen rechazar a mis empleados pochos (mexicanos nacidos en Estados Unidos) y viceversa? ¿Hay algo de cierto en esta impresión o todo es producto de mi confundida mente ítalo-estadounidense?

DAMN ABRUZZESE GUINEA BUSINESS OWNER

Querido DAGO: Has descubierto aquello que los demócratas se niegan a aceptar y que los republicanos, curiosamente, se rehusan a aprovechar: la escisión pocho-chúntaro. Los inmigrantes mexicanos ridiculizan a sus primos pochos por haber perdido su "mexicani-dad"; los mexicano-estadounidenses odian a los chúntaros por-que... bueno, porque son mexicanos. Pero el odio intraétnico no es exclusivo de nosotros. Los italianos del norte se pelearon con tus ancestros morenos, DAGO, cuando empezó en serio la inmigración del sur de Italia a Estados Unidos, allá a la

vuelta del siglo xx. De modo similar, la comunidad irlandesa protestante, ya establecida, de mediados de los 1800, sostuvo estrepitosos pleitos con los irlandeses católicos (aquello que tan hábilmente teatralizó Martin Scorsese en *Gangs of New York*, mientras que judíos alemanes evitaban a sus her-manos *juden* de la Europa oriental. Lo que resulta grandioso de Estados Unidos es con cuánta rapidez nues-tras agobiadas y apiñadas masas se convierten en gruñidores y rabiosos aborrecedores de inmigrantes. ¿Ver-dad, Arnold Scharwzenegger?

¿Qué se siente ser conocidos como los nuevos *niggers* de Estados Unidos?

MAMI, EL NEGRO ESTÁ RABIOSO

Querido Negrito: Mira, que Vicente Fox diga algo respecto de los mexicanos, no lo hace cierto. El 13 de mayo de 2005, el ex presidente de México dijo ante un grupo de empresarios: "No hay duda de que los mexicanos y mexicanas, llenos de dignidad, de voluntad y de capacidad de trabajo, están haciendo trabajos que ni siquiera los negros quieren hacer allá [en Estados Unidos]". Justificadamente, los líderes afroamericanos criticaron a Fox, quien de inmediato se disculpó. Pero suponer que las palabras del pendejo en jefe reflejen los sentimientos de su pueblo, es tanto como imaginar que todos los estadounidenses son un hato de ineptos sólo porque Dubya está al frente de la Casa Blanca. Es posible que los mexicanos sean la nueva subclase de Estados Unidos, el grupo étnico al que escupen las otras minorías (¡guatemaltecos, ustedes siguen!), pero matarse trabajando en los campos y las fábricas nunca puede compararse con los grilletes y *Soul Plane*. Los comentarios de Fox son indicativos de su desastrosa administración, que, en última instancia, es la razón por que los mexicanos continúan abandonando su patria en manadas. Después de todo, ¿quién quiere un líder incompetente como ése? Si los estadounidenses fueran tan listos…

Recientemente escuché al Mexicano en la radio y eso me hizo recordar lo que he querido preguntarte. El Mexicano despotricó hace algún tiempo sobre lo afrentosos que resultaban el perro parlante de Taco Bell y el Frito Bandito de Frito-Lay (y me he empezado a reír al escribirlo: pensar que alguien pudiera tomarse en serio a un personaje de caricatura o a un perro parlante. Dios mío). Pero dime, Mexicano, ¿por qué habría de resultar gracioso el personaje infamante que aparece en la columna "¡Pregúntale al Mexicano!"? Y no me salgas con que es una parodia de los insultos previos que la América corporativa ha lanzado. Si El Mexicano estuviera realmente ofendido por el perrito taco parlanchín, sin duda algunos mexicano-estadounidenses suscritos al *Weekly* estarían igualmente dolidos. ¿Por qué no practicas lo que predicas, Mexicano? ¡Qué insultante!

GEEZ, ÜMLAUTS ENRAGE YOUTH

Querido GÜEY: Vaya, muchas gracias. ¿Cómo osas decir que el logo de esta columna es infamante, si es mi retrato? ¿Acaso ignoras que la mayoría de los mexicanos luce así? Por eso el chihuahua de Taco Bell o el Frito Bandito resultan afrentosos para la comunidad mexicana, porque no son suficientemente auténticos. Cuando las organizaciones mexicano-estadounidenses protestaron contra el chihuahua de Taco Bell a fines de los años noventa, nuestra molestia no radicaba en que hablara como Sy, el mexicano, ese personaje de Mel Blanc en el *Jack Benny Show*, sino en que, en su comercial más infame, el perro llevara una boina. ¡Una boina! ¿Y dónde quedó el sombrero? ¿Y dónde está el diente de oro, la barba nopalera y la mirada lasciva del Frito Bandito? La caricatura es menos mexicana que Ryan Seacrest. La autenticidad del logo de "¡Pregúntale al Mexicano!" es lo que lo hace gracioso, GÜEY, y si no eres capaz de reírte de las descripciones racistas de los wabs, chinitos o jotos, entonces, mi querido amigo, no eres humano. O tal vez seas un miembro del Partido Verde.

¿El "orgullo moreno" no es una adopción políticamente correcta y una metamorfosis del "poder blanco"?

SERAPES SCARE ME

Querido Gabacho: Cierto, Serapes. De ahí que celebraciones como el Mes de la Herencia Hispánica sean respuestas poco convincentes a siglos de opresión y exclusión gabachas. Para lo único que sirve el Mes de la Herencia Hispánica es para ver lo ridículamente ignorantes que aún son los administradores, los editores de diarios gabachos —¡rayos! toda la estructura de poder estadounidense— acerca de los latinos. Hornea un poco de pan dulce, añádele un grupo salsero, invita a Edward James Olmos como el orador principal, y eso es cultura, ¿sí? O pasa lacrimosas semblanzas de mexicanos que se han levantado de la nada para convertirse en apenas un poco, tal como lo hacen a diario los periódicos durante el Mes de la Herencia Hispánica, y eso complacerá a los alborotadores latinos que exigen coberturas periodísticas positivas y precisas, ¿qué no?

Lo peor es la letanía de cumplidos que se recopila durante el Mes de la Herencia Hispánica para mostrar que los latinos son como todo el mundo, pero todavía más. Mira: ¡un mexicano astronauta! ¡golfista! ¡doctor! ¡Aquí no hay jardineros! Y que no te sorprenda si escuchas que algún estudiante MEChA sale con una de esas afirmaciones que circulan por ahí, como que Thomas Alva Edison era mexicano, y que el imperio azteca llegaba hasta Michigan porque el nombre de esta entidad suena como el del estado del centro de México, Michoacán, y que las mujeres mexicanas lo prefieren por atrás para preservar su virginidad. Todas esas pendejadas de orgullo cultural acaban por volverse tediosas después de un rato porque no son sino supuestos y complacencias para el populacho. Pregunta a los mexicanos de qué se sienten orgullosos y probablemente te señalarán su nuevecita y reluciente Silverado.

Mi esposa no lo entiende, y yo tampoco estoy seguro de entenderlo. Soy gringo, pero todos mis amigos son *mex*. Casi de manera exclusiva consumo comida mex, veo televisión mex, hablo español todo lo que puedo y escucho música mex. He tratado hacerme más gringo pero no puedo. Cuando me queda tiempo libre del trabajo, a menudo me sorprendo viajando a Monterrey o a la Ciudad de México, para visitar amigos de la preparatoria. ¿Qué debo hacer?

One Confused Gringo

¿Cómo puede convertirse en mexicana una chica blanca como yo?

Wannabe Brown

Queridos Gabacho y Gabacha: Ambos padecen el mal de Edward James Olmos, una afección que se presenta cuando los gabachos ven demasiados retratos positivos de los mexicanos, en películas y televisión, y luego piensan que nuestra vida consiste en luchar contra el racismo, compartir una casa con 17 extraños, sacar un burro de la cocina y sudar el lomo en trabajos donde se gana un peso, pero que todo eso está bien porque tenemos familia y los gabachos no, razón por la cual los mexicanos son un pueblo tan noble. ¿Y no deberían los gabachos ocuparse también de la familia? El remedio para esta enfermedad: vivan como mexicanos. Confused Gringo, renta un departamento en un barrio durante una semana —o, qué va— aunque sea por un día. Los baches, los vagos cholos y los recurrentes vuelos en círculo de los helicópteros de la policía harán que todo el tiempo le agradezcas a Dios por esa piel güera que tienes. ¿Y quién te dijo que es fantástico ser una mujer mexicana, Wannabe? Desde el día que nace, la vida de una mexicana es la guerra. No sólo tiene que lidiar con una madre que piensa que cualquier hija que vuelva de una cita después de las 10 pm está cinco veces embarazada, sino que también debe habituarse a vivir con la tiranía del machismo. Un padre macho. Hermanos machos. Amigos machos. Novios machos. Profesores machos. Sociedad macha. Extraños machos. Columnistas machos que no se molestan en entrevistar a las mujeres mexicanas para su columna sobre la feminidad mexicana. De ahí que muchas mexicanas intenten ser gabachas, lo que explica el cabello decolorado, el maquillaje claro y el exitoso novio blanco. Además, ¿por qué crees que hay cifras récord de mexicanas que estudian en universidades? ¿Por las clases para amas de casa?

¿Por qué muchos mexicanos se autodesignan latinos en vez de mexicanos simplemente? ¿Se avergüenzan de algo?

Coconut Carlos

Querido Gabacho: ¿De qué mexicanos me hablas? ¿De Gloria Estefan? Los autonombrados voceros de la raza, como el columnista "latino" de tu diario o como Dora la Exploradora quieren hacerte creer que los mexicanos se deshacen de su nacionalidad en Estados Unidos en aras de una latinidad panhemisférica. Pues bien: es una pinche mentira. Sólo los gabachos políticamente correctos y los mexicanos que se aferran a ser gabachos políticamente correctos llaman latinos a los mexicanos. Pero en lo que sí tienes razón, Coconut, es que los mexicanos rara vez se llaman a sí mismos mexicanos. Como hay tantos malditos mexicanos en el condado de Orange, por ejemplo, es mucho más común que nos identifiquemos por nuestro estado. Yo, por ejemplo, soy del estado Zacatecas, en la región central de México. Pero como hay tantos condenados zacatecanos en el condado de Orange, generalmente nos subdividimos por municipios, equivalente aproximado de los condados. Soy del municipio de Jerez, Zacatecas, pero como hay tantos infelices jerezanos en el condado de Orange, nos dividimos por ranchos (pueblecitos). Vengo de El Cargadero, Jerez, Zacatecas, México. Pero como hay tantos malditos cargaderenses en el condado de Orange… ¿captas? El provincialismo es tan mexicano como el tequila y el primo inmigrante ilegal: en todo el país hay multitud de ligas de futbol y beisbol organizadas en torno a distintos ranchos, municipios y estados. De hecho, lo último que hace un mexicano es llamarse mexicano, y si lo hace es para diferenciarse en el trabajo de aquel miserable guatemalteco.

Soy pocho y trabajo con un canadiense y con otro mexicano. Semana tras semana, el canadiense y yo leemos tu columna en voz alta, pero el mexicano jamás nos escucha. Cuando lo hacemos, se levanta para ir al baño o no presta atención. ¿A qué se debe el odio de nuestro compañero?

EL POCHO Y EL GABACHO CANADIAN

Queridos Pocho y Gabacho: Primeramente, dile a tu baboso compañero mexicano que se vaya a la chingada. Soy puro zacatecano de la hermosa ciudad de Jerez, Zacatecas. Segundo, todas las críticas de mexicanos a mexicanos provienen de un conflicto de clases. ¡Vuelvan sobre sus estudios chicanos, Pocho y Gabacho! Los mexicanos acomodados siempre han hecho trizas a los mexicanos pobres. Echen un vistazo a la muerte de Zapata, a los típicos argumentos de su telenovela o a la guerra campal entre los mexicanos asimilados y los recién llegados. De modo similar, no hay nada que los mexicanos fracasados disfruten más que fastidiar a los de mejor posición. Es lo que uno de mis antiguos profesores denominaba la teoría del cangrejo: como los cangrejos en una bolsa, a los mexicanos fracasados les gusta jalar a los contados valientes que sueñan con un mundo libre de los juegos dominicales vespertinos de los Raiders, o de la vida en la casa paterna hasta mediar los 30 años de edad. Pero el ninguneo de la propia raza no es una psicosis exclusivamente mexicana. Alguna vez Chris Rock hizo un sorprendente monólogo respecto a cómo los negros de clase baja ridiculizaban a sus hermanos más ricos y listos, a los que tachaban de "pinches negros educaditos". Tales pleitos sirven para mantener el poder de los poderosos: en Ruanda los franceses azuzaron a los hutu en contra de los tutsis, Saddam Hussein hizo lo mismo con los chiitas y los sunitas, y Cortés causó estragos entre los aztecas y los tlaxcaltecas. Así que dile a tu baboso mexicano que deje de odiarnos a ti y a mí y haz que vuelva su bilis en contra del verdadero enemigo: los guatemaltecos.

Soy un gringo de Texas (o Tejas, según lo conocen ustedes) que vive en California. ¿Existe alguna diferencia entre un mexicano en California y un mexicano en Texas?
                                        NOTHING BUT STEERS AND QUEERS

Querido Gabacho: Lo único que sé de los texicanos es que necesitaron más de 6 mil de sus ancestros para quitarles el diminuto Alamo a unos 150 intrusos gabachos, y que los presidentes de los clubs de fans de los músicos texicanos asesinan a sus ídolos. Pero para hacer justicia a los indisputados wabs de la comunidad mexicana expatriada, le pasé tu pregunta al *Daily Texican*, un tejano con residencia en Seattle, cuya columna "Cholo Word of the Day" ["El cholismo del día"] en su blog epónimo es uno de los sitios web favoritos de los mexicanos.

"No conozco muchos chicanos californianos, así que puedo equivocarme", dice el *Texican*, "pero en Tejas, muchos mexicano-estadounidenses asegurarían que han sido aceptados por la mayoría. Los chicanos de California son mucho más militantes que los de Texas, pero también parece haber mucho más rancho". El *Daily Texican* agrega que los texicanos bailan música tejana —bajo, acordeón y ritmo de polka— y no la quebradita —conjunto de metales, sintetizadores y ritmo de polka— como los mexicanos californianos. "Tanto los chicanos texanos como los californianos tienen niños con dientes de plata y el pelo cortado al estilo huno", añade el *Daily Texican*.

Sin embargo, el *Daily Texican* está errado. Primero, los mexicanos de California se autodenominan mexicanos y no chicanos. Y nuestros niños no tienen dientes de plata ni greñas al estilo huno: los dientes son de oro (vean mi imagen; no en balde me llaman Diente de Oro Gustavo) y llevan la cabeza rapada y cubierta por una gorra de beisbol rosa, puesta en un ángulo de 45 grados. Y lo más importante, los mexicanos de California son una raza orgullosa de gente guapa y trabajadora; los texicanos huelen a frijol con chile, tienen frentes abombadas, son flojos, se comen a las criaturas y no ponen el tapón del tanque de gasolina luego de llenarlo. ¡Ah!, y Alberto González seguramente nos llevará a los gulag.

Desafortunadamente, el Daily Texican *fue deportado.*

Tomo clases de español y me pregunto si los mexicanos celebran el *Hanukkah*. Estamos haciendo investigación sobre religiones y no hemos encontrado nada sobre el *Hanukkah*, así que decidí preguntarte. ¿Hay judíos en México?

CHALLAH BURRITO

Querida Gabacha: ¿Clases de español? ¿En Washington? ¿Es que Vicente Fox repentinamente se convirtió en presidente de Canadá? Chula, los judíos son dueños de México. Por eso los mexicanos son tan antisemitistas: un estudio de 2002 de la Liga Antidifamación encontró que 44 por ciento de los latinos nacidos en el extranjero odiaba a los judíos, con mucho el porcentaje más elevado entre los grupos étnicos de Estados Unidos. Los mexicanos ni siquiera pretenden esconder su odio por los judíos. Así, por ejemplo, cuando un mexicano piensa que alguien es una persona sucia o desaliñada, lo llamamos "cochino marrano": es decir, sucio judío. Y no le creas a tu maestra de español cuando eche mano al *Webster's* para leerte que *marrano* significa cerdo. El *Webster's* no sabe una mierda sobre etimologías españolas. *Marrano*, en efecto, quiere decir cerdo, pero también era el término que se aplicaba a los judíos que ocultaban sus creencias para sobrevivir a la Inquisición española. Ah, y los mexicanos sí celebran el *Hanukkah*, sólo que en vez de *menorahs* encendemos policías.

Como asiático, ¿se me podría considerar gabacho o caigo en el cubo amarillo etiquetado como "chinito", aunque no sea chino?

NOT CHINESE!

Querido Chinito: De la misma forma en que los estadounidenses suponen que todos los latinos son mexicanos, los mexicanos piensan que todos los asiáticos son chinos. Cuando yo salía con una mujer vietnamita, mis tías elogiaban a "mi chinita bonita", o sea, a mi encantadora ruca china. Cuando les precisé que, en realidad, era vietnamita, mis tías lo pensaron un minuto y me respondieron: "¡Qué chinita bonita!"

Pero el hecho de que un mexicano te llame chino, Not Chinese, no necesariamente implica que creamos que eres chino. Chino, como muchos otros de nuestros términos insultantes, tiene múltiples sentidos negativos. En la época colonial, un chino era el retoño de un mitad indio, mitad negro y un indio. Esta vinculación racial también transformó *chino* en sinónimo de sirviente y de persona de cabello ondulado. La expresión *barrio chino* también se convirtió en un eufemismo de zona roja. Y un refrán escolar popular entre todos los chiquillos mexicanos que, tarde que temprano, se le canta a sus compañeros de clase asiáticos dice: "Chino, chino, japonés, come caca y no me des".

Así que, ¿de dónde viene el odio mexicano hacia los chinos? Después de todo, los chinos fueron los mexicanos del mundo incluso desde antes de que existiera México, al migrar hacia lo que hoy es América Latina un par de décadas después de la caída de Tenochtitlan. Y nuestro más famoso traje autóctono, el ondulante y colorido atuendo que usan las bailarinas de danza folklórica conocidas como "chinas poblanas", supuestamente fue usado por vez

primera por una mujer chino-mexicana del siglo XVII. No obstante, la intolerancia es la intolerancia, y como la población asiática de México es aún pequeña y mayoritariamente china, agrupamos a los asiáticos en la categoría de chinos. Eso facilita el racismo, ¿sabes?

Por qué los activistas mexicanos se alinean con los afroamericanos, la misma raza a la que la mayoría de los mexicanos tilda de pinches mayates?

FIRMLY PLANTED WHITE GUY

Querido Gabacho: Porque prestan atención a la calle. El 11 de agosto de 2001, el *Christian Science Monitor* informó que el reverendo Al Sharpton y la nieta de César Chávez formaron la Alianza Estadounidense de Liderazgo Latino y Africano, con la esperanza de "impedir que estos grupos se saboteen mutuamente en su competencia por los fondos y programas públicos". Justificadamente, Sharpton y Chávez deseaban hacer algo para contener la escalada de tensión entre mexicanos y afroamericanos en el sur de California, considerando los disturbios raciales en la Preparatoria Jefferson de Los Ángeles en 2005 y el furor que se suscitó después de las declaraciones de Vicente Fox en Estados Unidos, en el sentido de que los mexicanos estaban "haciendo trabajos que ni siquiera los negros quieren hacer".

Pero tienes razón, Firmly Planted: tal vez las relaciones entre los afroamericanos y los mexicanos mejorarían si no nos refiriéramos habitualmente a los afroamericanos como mayates (es decir, escarabajos). Pero ése tal vez sea el insulto racial más educado que empleamos hacia los negros, considerando que muchos mexicanos también les llaman negritos, llanta (neumático), sandía, aguacate (por la obscura piel nudosa de la fruta), negro azabache, chango, Sorullo (por el personaje negro de la cumbia "Capullo y Sorullo"), Memín Pinguín (por el personaje negro de un cómic que apareció en unas ofensivas estampillas que causaron tantos alborotos en 2005), Cirilo (por el niñito negro de una serie de TV, *Carrusel*, el equivalente mexicano de la serie animada *Recess*), Cucurumbé (por el personaje que dio nombre a una famosa canción de Cri-Cri, el

Raffi de México) y muchos, muchos más. Con un vocabulario de racismo como ése, *mayate* resulta tan inofensivo como Booker T. Washington.

¿**Cómo es posible que te llames mexicano? Por definición, eres chicano, no mexicano. Un mexicano es una persona que nació y se crió en México, no en el hermoso condado de Orange. Un mexicano es una persona orgullosa de su país y que aprecia y respeta la bandera mexicana aunque haya salido de su patria hace mucho. En sus años de escuela, un mexicano lee los libros de texto gratuitos de la Secretaría de Educación Pública y estudia la historia de México. Un mexicano es una persona que canta el himno nacional mexicano todas las mañanas de lunes mientras observa el paso del lábaro patrio en manos de una escolta de seis niños. Los mexicanos conocen la diferencia entre los más de 150 tipos de chile que existen en el país. Los mexicanos crecen comiendo dulces con diferentes variedades de chile. Los mexicanos ven Televisa y Televisión Azteca y no Telemundo ni Univisión. Los mexicanos hablan un español fluido y no *spanglish*. Los mexicanos han venido a este país a trabajar de firme y llevan vidas decentes, no destruyen este lugar como tú y tu gente piensan. Los mexicanos creen que la familia y la religión son los valores más importantes. Los mexicanos no planean apoderarse de California: somos demasiado flojos, incluso para pensar en eso y no somos partidarios de las guerras. Puedo continuar describiéndote las diferencias entre tú y yo, pero dejémoslo así. ¿Cómo pretendes siquiera describir nuestra cultura, valores o conducta, si no tienes la más remota idea al respecto? Que comas burritos en Taco Bell, vayas a algunas fiestas mexicanas en Santana o hagas que la abuela te guise algunos platillos mexicanos no te hace mexicano.**

A REAL MEXICAN

Querido Wab: Revisemos tu lista: palomita (casi todo el rancho de mis padres ya se había reubicado en Anaheim por la época en que yo nací); palomita, palomita (el primo de mi papá era maestro de historia en México); palomita, palomita, palomita, palomita (¿De dónde crees que Univisión saca la mayor parte de su programación? ¿De *Lifetime*?), por supuesto, palomita, palomita, y demasiado tarde. Añade a esto mi herencia mestiza, que mi papi fue inmigrante ilegal, que yo no hablé un inglés fluido sino hasta que tenía seis o siete años, que me salió bigote en el tiempo que te llevó leer esta oración, y que soy más mexicano que Pedro Infante. Además, ¿quién te ha nombrado el árbitro de la verdadera mexicanidad, Real Mexican? El carácter nacional nunca es estático y quien sostenga lo contrario vive tan engañado como un *minuteman*.

Casi estoy totalmente seguro de que tus bromas contra los guatemaltecos sólo tienen por fin hacer gracia, pero, "entre broma y broma, algo se asoma". ¿Qué tienes contra la aténtica raza cósmica?

GUATEMALAN GUAPO

Querido Chapín: ¡Bonito dicho, Guapo! Pero no me hiciste ninguna pregunta sobre los mexicanos, pendejo. Está bien, haré una excepción, puesto que Estados Unidos, México y Guatemala están hermanados en la ineptitud futbolera.

Los mexicanos desprecian a los guatemaltecos por muchas y legtítimas razones. Sus tamales son mejores: nuestra endeble variedad de maíz no puede compararse con sus maravillosos paches, tamales de papa rellenos de pollo, que se cuentan entre los bocadillos más llenadores y sabrosos de las Américas. Los mayas hicieron una contribución mayor a la cultura que los aztecas (¿sabías que el calendario maya se tiene por uno de los más precisos en la historia?) Su ave nacional, el quetzal, de largas plumas, es más bonito que el águila dorada. En 1821, libres del yugo del régimen español, Guatemala se unió al floreciente imperio de México —sólo para desdeñarnos dos años después por las Provincias Unidas de Centroamérica, coalición de los países centroamericanos creada para asemejarse a

Estados Unidos, pero cuya corrupción y economía de monocultivos inspiraron la expresión "república bananera".

Pero los mexicanos detestan a los guatemaltecos sobre todo por la inmigración, Guapo. A duras penas México controla su frontera meridional con Guatemala porque el gobierno guatemalteco no hace nada para asegurar su lado, dejando a México expuesto a los inmigrantes ilegales, a los traficantes de drogas y a los terroristas. Los guatemaltecos encabezan la lista anual de deportados de México. Y los guatemaltecos que cruzan se visten chistoso, son de piel más obscura que el mexicano promedio y no les gusta la salsa, y ¡algunos ni siquiera hablan español! Los guatemaltecos son los mexicanos de México, y ¿quién no odia a los mexicanos?

¿Por qué muchos (por no decir la mayoría) de los mexicanos no se molestan en convertirse en ciudadanos estadounidenses, en comprar casas o en educarse? Aquí se ofrecen muchas cosas y no veo que los mexicanos se tomen el tiempo para mejorar. Veo otros grupos étnicos como los asiáticos y los cubanos que llegan más lejos en el proceso de establecerse en el país. Me digo que es por la "teoría del cangrejo".

CURIOUS MICHOACANO MEXICAN

Querido Wab: Te refieres a la teoría del cangrejo, corriente de pensamiento popular entre los académicos chicanos que mencioné en otra parte. Plantea que los mexicanos se comportan como cangrejos en una tinaja, que tiran hacia abajo de los audaces que aspiran a una vida mejor. Las estadísticas parecen corroborarlo: un estudio de 2003 del Instituto Urbano prueba que sólo 34 por ciento de los mexicanos calificados se naturalizaron durante 2001, en comparación con 67 por ciento de asiáticos y 58 por ciento de otros inmigrantes latinoamericanos calificados que se convirtieron en ciudadanos ese mismo año.

Pero no hay ninguna explicación del fenómeno, Michoacano Mexican. La mayoría de los mexicanos que conozco llegaron a este país ilegalmente, y se legalizaron por vía de matrimonio con ciudadanos (o con la amnistía de 1986), compraron sus casas y aprendieron suficiente inglés para votar por los candidatos de apellido hispánico que se presentaban a las elecciones. Conozco mexicanos que aún no tienen ciudadanía y sin embargo, son dueños de negocios, casas y camionetas lo suficientemente grandes para llevar una banda de metales por la interestatal. Que hayan dejado la tierra de sus ancestros por un país que los menosprecia es prueba suficiente de que los mexicanos que están aquí son un puñado de valientes que escaparon de las masas sumidas en la *estanflación*. Compáralos con los ciudadanos gabachos del país, que engordan y ven *Dancing with the Stars* mientras los mexicanos reconquistan la tierra.

¿Por qué a los mexicanos no les gusta que los llamen *hispanos*? Los españoles conquistaron a nuestros antepasados, por eso somos católicos hispanohablantes. ¿Por qué negarlo?
HISPANIC DOESN'T MAKE ME PANIC

Querido Spic: Porque los mexicanos no son hispanos, los mexicanos son mexicanos. Además, la historia de lo hispano entraña dos atributos que los mexicanos desprecian: la corrección política y la burocracia inepta. En 1975, Caspar Weinberg —entonces secretario de Salud, Educación y Bienestar— creó el Comité de Definiciones Raciales y Étnicas para dirigirse a la creciente diversidad del país y para obligar a los burócratas a superar anticuadas y ofensivas denominaciones como *de color, oriental* y *guatemalteco*. De acuerdo con lo que plantea un artículo de 2003 del *Washington Post*, el comité secreto —puesto que no hay minutas de sus reuniones— decidió que el gobierno debería emplear el término *hispano* y no el de *latino* para nombrar a las hordas que, entonces como ahora, pululan en ambos lados de nuestra frontera meridional. No todos los integrantes del comité estuvieron de acuerdo y el debate en cuanto a utilizar *hispano* o *latino* sigue suscitando enconos desde entonces. Hasta ahora ningún bando ha ganado: un estudio de 2002 del Pew Hispanic Center dejó en claro que 54 por ciento de los wabs hispanos o latinos se identifican primordialmente con el país de sus ancestros, mientras que sólo un cuarto de la muestra se autodesigna como hispano o latino. Así, en contra de lo que proclama la leyenda urbana chicana, no fue la administración de Richard Nixon la que instituyó el vocablo *hispano*, pues aunque Weinberger, nativo del condado de Orange, era efectivamente el secretario de Salud, Educación y Bienestar, el tal Ricardo ya estaba lejos de Washington cuando Weinberger, que entonces rendía cuentas a Gerald Ford, fundó el mencionado comité que se decidió por *hispano*. Decepcionante, ¿no? Quiero decir, ¿no habría sido fantástico poder incluir *hispano*, junto con el Proyecto Minutemen, el caso Mendez contra Westminster y el burrito supremo de Taco Bell en el Salón de la Fama del Ninguneo Mexicano del condado de Orange?

¿Cómo es que a los pinches negritos no les gustan los mexicanos? Ellos son bienvenidos en nuestros bares, pero cuando nosotros vamos a los suyos, estos hijos de la chingada se comportan como si pretendiéramos restablecer la esclavitud. ¿Qué no saben estos *chanates* que nosotros no pensamos como los blancos?

NIGGARACHI

Querido Wab: Una y otra vez los wabs como tú me confirman que las tensiones entre mexicanos y afroamericanos sólo están a la espera de un cerillo. Para salvar este peligroso abismo racial, exhorto a los wabs a consultar el trabajo de Nashieqa Washington *Why Do Black People Love Fried Chicken? And Other Questions You've Wondered but Didn't Dare Ask* [*¿Por qué los negros aman en pollo frito? Y otras interrogantes que no te atreves a preguntar*]. Según lo que afirma Washington, a los negros les desagradan los mexicanos porque sienten que éstos, poco a poco, los están desplazando "social, política y económicamente... con sus cambiantes curvas demográficas (es decir, hay más latinos), y tengo fundadas razones para esperar que estas tensiones trasciendan al ámbito de los negros pobres y se extiendan a sectores más amplios de la sociedad". Washington está en lo cierto, estos brotes entre antiguas y nuevas comunidades en Estados Unidos son tan estadounidenses como el *jazz*. Pero algo que Washington no menciona es el nivel de ferocidad con que los mexicanos se ceban en los afroamericanos, lo que les confiere todos los argumentos para desear que nos deporten. ¡Por el amor de Dios, Niggarachi! Si en tu pregunta llamas a los afroamericanos "pinches negritos", "hijos de la chingada" y *"chanates"* (término del español mexicano para designar al pájaro zanate o clarinero, y esto entre otros muchos recursos léxicos del vocabulario del racismo aplicable a los negros), y ¿todavía te atreves a preguntar por qué nos odian?

Para solicitar una copia del libro de Washington, visita la página *www.yourblackfriend.com*

¿Por qué, en tanto grupo que comparte una lengua, los pueblos hispanohablantes se segregan por criterios de nacionalidad o cultura y luego se quejan de que otros los discriminan?

MIXED-UP MESTIZA

Querida Wab: La respuesta segregacionista es harto sencilla: así es como los grupos enfrentan la vida en un territorio nuevo. ¿Qué otra cosa explicaría que los barrios chinos, los "Pequeños Saigones", y los Lower East Sides del país? Si las calles se convierten en "Pequeños Méxicos" es porque, simplemente, estamos acatando la evolución natural de la experiencia del inmigrante. Los gabachos hacen exactamente lo mismo: se les llama los Hampton. Y en cuanto a tu crítica sobre el lloriqueo mexicano a causa de la discriminación, la explicación es todavía más fácil: los inmigrantes aún son mexicanos, ¿no?

Soy un güero mexicano: de tez blanca, ojos verdes y cabello castaño claro. Y experimento más racismo por parte de mi propia gente que de los gabachos. ¿Por qué mi raza de piel obscura siente tanto odio por los güeros mexicanos? ¿Será que a los pinches indios les recuerdo demasiado a sus conquistadores españoles, o simplemente están celosos de que sus calientes rucas me echen los perros siempre, o todo junto?

GÜERO AND LOVING IT!

Querido Pocho: Aparte de Estados Unidos, la relación de amor y odio más fuerte de los mexicanos es con los güeros mexicanos. La culpa la tienen los aztecas: cuando los blancos y barbados españoles aparecieron en México, en 1519, Moctezuma y sus cuates creyeron que los conquistadores eran manifestaciones de Quetzalcóatl, una deidad blanca y barbada que, según la tradición oral, había prometido volver para salvar a la humanidad en 1519, el mismo año en que se dejaron ver los españoles. Los ibéricos rápidamente echaron el mito a la basura, al destruir al imperio azteca, pero aquella reverencia inicial hacia los güeros se grabó con fuego en la psique mexicana. La piel clara se convirtió en sinónimo de poder, riqueza y destrucción. La piel obscura significaba *indio*: fracasado, pobre y lo suficientemente estúpido como para creer que los depredadores eran dioses. Ni siquiera los esfuerzos que hicieron los intelectuales mexicanos de los años veinte para popularizar la idea de la raza cósmica (amasada con sangre negra, indígena y blanca), pudieron contrarrestar la maldición que el *güerismo* ejerce sobre México. Por eso ves mexicanos blanquitos en la televisión, en los palacios presidenciales y en las oficinas corporativas. Ser un güero mexicano es lo único que te llevará lejos, Güero and Loving It, porque, después de todo, sigues siendo mexicano.

¿Por qué los mexicanos están tan orgullosos de su país, si no es más que una asquerosa fosa séptica de putas mentirosas, ladronas y violadoras? Y lo digo porque, particularmente cuando logran emigrar a Estados Unidos, bien podrían decirse: "¡Vaya, puede que haya nacido allá [en México], pero estoy contentísimo de haber salido de aquel pozo de mierda!"

MEXICANS SUCK RICK

Querido Gabacho: ¡Cálmate, Lou Dobbs! Nada en este mundo es puro y sagrado, más allá de la Virgen de Guadalupe y de mi hermana, amigo, así que modera tu patriotismo con una buena dosis de realidad. El patriotismo es el último refugio del canalla y los mexicanos son notablemente patrioteros aun cuando México sea un país tan jodido. Pero, en realidad, ¿qué hay en cualquier país para sentirste tan orgulloso de él? Cada nación cuenta con sus propios esqueletos, ¿o ya te olvidaste de los millones de indios que masacró Estados Unidos para darte el derecho de hacer tu estúpida pregunta? Y en cuanto al mayor pecado que México ha cometido contra el mundo, ahí está el tequila Cabo Wabo, y ése corre por cuenta de un gabacho.

¿Por qué a los mexicanos siempre se les clasifica como no blancos? ¿No son algunos de ellos blancos, y también negros?
BLACK BUMS UNITED

Querido Negrito: Históricamente, los activistas mexicano-estadounidenses han luchado para que se les clasifique como blancos. Así, en 1936, la Liga de Ciudadanos Estadounidenses Latinos convenció a la Oficina del Censo de que reclasificara a los mexicanos como blancos, cambio que se reflejó en el censo de 1940 y que permaneció inalterable hasta que el gobierno recatalogó a los mexicanos como frijoleros, esto en el censo de 1980. Y sin embargo, si tú le crees al gobierno mexicano, resulta que los mexicanos son *todo*: negros, blancos, indios, chinos, todos disueltos en uno. La idea de que los mexicanos constituyen una sola raza se debe a José Vasconcelos, quien fue secretario de Educación en México. En 1925 Vasconcelos escribió *La raza cósmica*, una de las obras más influyentes en la historia de México. Vasconcelos sostenía que el futuro del mundo era el de las razas mestizas y como los latinoamericanos —y en particular México— ya estaban en dicho nivel, México gobernaría soberano. Por mucho tiempo, los mexicanos y sus apestosos primos activistas chicanos, han pregonado la teoría como probatoria de su superioridad racial, pero deberían *leer* en verdad *La raza cósmica*. Vasconcelos era un hipócrita, porque con todo y su retórica sobre la superioridad del mestizo, no pudo ocultar su debilidad por los conquistadores de México, al decir: "Nosotros no seremos grandes mientras el español de la América no se sienta tan español como los hijos de España". Este punto invalida el argumento central de su *raza cósmica* y deja ver por qué los términos *mexicano* e *intelectual* casan tan bien como *Madonna* y *recato*.

¿Por qué los mexicanos odian tanto a los españoles? Los 500 que llegaron con Cortés no hubieran sido capaces de vencer a los aztecas de no haber sido por el aborrecimiento que otros pueblos indígenas sentían por ellos. Es falso aquello de que los españoles masacraron a 100 millones de personas y, por otro lado, los aztecas sacrificaron a muchas más que los españoles. Entonces, ¿qué más da?

POCHO PENOSO

Querido Wab: Realmente: ¿qué ofrece España para quererla? Un pequeño y tímido país que no fue capaz de mantener unido su imperio más de dos siglos y que ayudó a invadir Irak. Son unos putos cuyas únicas contribuciones a la cultura mundial son Picasso, Dalí y la fiestera isla de Ibiza, aparte de que no pueden impedir que los inmigrantes ilegales crucen el Estrecho de Gibraltar. Y, además, está el legado de la conquista. Tú también odiarías a un país que hubiera liquidado a tus ancestros, que los hubiera esclavizado y violado y también sacado billones de dólares de tu tierra. Pero, lo más importante: los españoles menosprecian a los mexicanos por mestizos, así que tenemos todo el derecho a considerarlos europeos medio chiflados. Y, ultimadamente, no jodas. Los irlandeses no quieren a los ingleses; los aborígenes no agradecen a los británicos que les hayan mandado todos sus criminales a Australia, ni los negros autóctonos de Sudáfrica. Uno no ama al padre que lo abofetea, lo viola y lo abandona.

¿Por qué se odia tanto a los indios en México? ¿No es verdad que la mayoría de la población tiene ascendencia indígena?

GERONIMO!

Querido Gabacho: Pocos países tienen una relación más complicada con sus aborígenes que México. Visita las ciudades más importantes de México y probablemente te encontrarás estatuas que honran al último emperador azteca, Cuauhtémoc, reconocido por su valor (y convenientemente olvidado por haberse dejado matar por los españoles). Las pirámides aztecas ornamentan la moneda nacional. Pero luego, ahí está el espinoso problema del mestizaje, la mezcla de sangre indígena y europea que dio lugar a casi 60 por ciento de la población. Los españoles inculcaron en sus hijos de sangre mestiza el principio de que los indios eran seres humanos inferiores y el caos racial consecuente dejó a los indígenas en el fondo, donde aún permanecen hoy en día. Los indios de México son los más pobres entre los pobres y constituyen una vergüenza nacional; de hecho, llamar indio a alguien es tan malo como usar aquí *nigger*. Pero los indios podrían reír al final: el calendario maya, el más preciso que ser humano haya inventado jamás, misteriosamente termina en 2012. Si se cumple —y su precisión ha predicho los ciclos lunares y plantarios a lo largo de milenios— esos mugrosos indios serán los que suelten la última carcajada.

Mi antepasado estadounidense más remoto fue un español que nació en Texas en 1729. Soy la décima generación nacida al norte del río San Antonio. Fatalmente nos convertimos en texanos y estadounidenses. Hemos estado en Texas durante 300 años y nunca nos hemos movido de aquí. Mi familia vivió bajo la enseña mexicana menos de 14 años; de esto hace 260 años. ¿Por qué mis amigos y enemigos anglos me llaman mexicano?

LONE STAR

Querido Wab: Gracias por hacer la exposición del secreto de la inmigración en Estados Unidos. Pese a todo el cacareo sobre Estados Unidos y el incansable crisol estadounidense, la Unión Estadounidense jamás se ha molestado en asimilar a los mexicanos, aún cuando los mexicanos sí se asimilen. Estados Unidos tiene un interés creado en no hacerlo: necesitamos un enemigo racial. El odio al otro fue crucial para modelar la identidad nacional del país y demostró ser el combustible perfecto para impulsar el destino manifiesto, como se aprecia por nuestras guerras indias y la justificación de la esclavitud. Ahora que los afroamericanos son parte del tejido estadounidense y que los indios están convenientemente alejados, en sus cachos de desierto, las necesidades raciales de Estados Unidos se vuelven hacia los mexicanos. Y no podrían haber elegido un mejor oponente: México comparte frontera y se ha visto mezclado en dos guerras con los gabachos. Pancho Villa invadió Nuevo México en 1916 en la última incursión sobre suelo estadounidense hasta que Al Qaeda empezó su relajo, en tanto que anualmente, México continúa remitiéndonos a sus ciudadanos por millones. Y eso tristemente vale para el resto de nosotros, pochos, que podemos tener todo el dinero del mundo, pero que finalmente, y para la mentalidad de millones de estadounidenses, nunca seremos más que mexicanos. Acepta tu destino, Estrella, y aviéntale un taco al próximo gabacho que veas.

¿Por qué todos esos cholos mexicanos nos llaman güeras a las chicas de piel clara? Obviamente, significa blancas o algo así, pero, ¿no sería lo mismo que fuéramos por ahí diciéndoles frijoleros o algo parecido? Y eso va también por las chicas negras, porque les llaman negritas. ¿No pueden llamarnos simplemente por nuestros nombres?

MEXICAN GIRL AT HEART

Querida Gabacha: No hagas a otros lo que no… mira, ¡te estás quejando de que los mexicanos te digan güera y tú los llamas "cholos mexicanos"! ¿No puedes llamarlos simplemente wabs? ¿Temes que te brinquen encima? Pero no puedes culpar a los mexicanos por estar tan obsesionados con la raza, está marcado con fuego en nuestra alma. Así como Estados Unidos jamás saltó realmente sobre la cama del mestizaje, más allá de las ocasionales violaciones masivas de esclavos, México debe su existencia a un "todos se cogen a todos", hasta que la mayoría de sus nacionales se convirtieron en un amasijo mestizo. Para justificar su lugar en la sociedad mexicana, los españoles crearon lo que se conoce como casta, un sistema en que los peninsulares, o naturales de España, ocupaban la cumbre, seguidos por los criollos (europeos de pura sangre, nacidos en México), los mestizos (mezcla de europeo e indio), mulatos (europeo y negro) y degenerando increíblemente en otros 30 segmentos, hasta alcanzar el fondo del fondo, los zambos, mezcla de indio y negro. Era posible mejorar el estatus social mejorando la clasificación racial y, desde entonces, los mexicanos han vivido obsesionados con su mixtura de sangre. Eso no disculpa el racismo de tus amigos mexicanos, pero ahora ya sabes por qué te dicen güera. En todo caso, alégrate de que te llamen güera y no puta.

¿Cuál es la razón de que los mexicanos detesten tanto a los chilangos? ¿Qué tienen los paisanos contra la gente de la Ciudad de México? Parecería que hay un prejuicio antiguo y muy arraigado. Al punto que mi esposo se niega a admitir que nació en el DF, a menos que desee ahuyentar a cualquier potencial "Sancho" que espere su oportunidad.

LA GÜERA LOCA CON ESPOSO CHILANGO

Querida Gabacha: Un dicho muy popular en México es el de: "Haz patria a México: mata un chilango", con el que muy pocos están en desacuerdo. Así como los estadounidenses aborrecen a los neoyorkinos, angelinos y a cualquiera de las grandes áreas urbanas que se crean el epicentro del universo, la nación mexicana desprecia a los más o menos 25 millones de cabrones que viven dentro y alrededor del DF (el nombre oficial de la Ciudad de México es México Distrito Federal, que se abrevia DF). Pero el odio por los chilangos —despectivo que se aplica al oriundo de la capital— es más profundo que el cosechado por los judíos de Nueva York. La Ciudad de México representa a México en toda su aterradora y magnificente gloria. Es la cuna del México moderno, en su impureza y caótica expansión, ahí donde empezó el mestizaje, la sobrepoblación y la contaminación rampante. Se asienta sobre la antigua capital azteca de Tenochtitlan, donde los españoles iniciaron la conquista de México. Es uno de los pocos lugares de la tierra donde los contrastes entre épocas surgen de cuadra en cuadra. Los rascacielos se yerguen a la vista de las pirámides aztecas, las majestuosas catedrales católicas se construyeron con las ruinas de las pirámides. Y encima de todo aquello, los chilangos hablan un argot maravillosamente vulgar, que suena como el chillido de un mono cuando silba, lo que es materia prima para interminables horas de diversión imitadora a cargo de los cómicos mexicanos. "Juntos", escribió Rubén Gallo en su introducción a *The Mexico City Reader*, estupenda colección de ensayos sobre el DF, "[los habitantes de la Ciudad de México] forman un improbable reparto de personajes que hacen de la ciudad un vasto escenario para dramas cotidianos impredecibles: una ciudad caótica, vibrante, delirante." En conclusión, la Ciudad de México es modernidad garabateada con tequila.

Aquí ta' bien difícil pa' un hermano. Primero, tuvimos que lidiar con esos trozos de mierda llamados el KKK y sus partidarios. Y ahora hay que vérselas con la chingada invasión de mexicanos. Ya voy entendiendo por qué los blancos se encabronaron al ver que sus vecindarios se obscurecían, cuando se mudaron ahí Cleophus y LaKeisha. Hoy nos invaden Pedro y María, con sus cargamentos de niños y miembros surtidos de la familia. Si circulas en Dallas, por los barrios de Oak Cliff y South Dallas, ves grasientos puestos de tacos donde antes había grasientos puestos de bagre o pollo frito. Nos están empujando hacia los suburbios, compadre. Solíamos ir a las ventas de garaje, pero ahora las viejas gordas mexicanas acampan ahí afuera toda la noche para llegar primero. ¡Maldita sea, se toman tan en serio las ventas de garaje! Pronto veremos que las escuelas dejarán de llamarse Carver High para convertirse en Cheech Marín High. Y más me vale que aprenda español rápido. Oigan, ¿no sería posible que nos permitieran conservar *algo* de la pinta original de nuestros barrios?

CHITLIN AIN'T MENUDO

Querido Negrito: ¿Por qué buena razón habrían de desviarse los mexicanos del curso de la historia? Las experiencias étnicas estadounidenses se ciñen a una trayectoria rígida que es como sigue: los inmigrantes se establecen en los peores sitios del pueblo porque los gabachos no toleran a las minorías cerca de sus hogares. Dichos inmigrantes revitalizan los vecindarios indeseables. Entonces nace el barrio/ghetto/colonia. Florece durante una generación. Los gabachos sólo lo visitan por sus comederos, prostitutas, drogas, juegos de azar y peleas de gallos. Con el sudor de su frente, los inmigrantes mandan a sus hijos a la universidad, sólo para ver, al final, que los chicos acaban por repudiar a sus wabby padres y por mudarse a los suburbios. Una nueva oleada de inmigrantes, a razón de 18 por sofá cama, se establecen en el viejo vecindario. Los inmigrantes pioneros que aún quedan por ahí desprecian a los recién llegados por modificar la lengua, los negocios y la cultura de sus calles, otrora familiares, pero no pueden detener los cambios. La vieja generación muere. Los nuevos inmigrantes prosperan. Y el ciclo de la vida reinicia. Me aseguras que comprendes esto, Chitlin, así pues, recupera tus perdidos puestos de bagre y únete a Cleophus y a LaKeisha para ahuyentar a los gabachos de los suburbios y lanzarlos de vuelta a sus centros urbanos a la moda. Pero no sientes tus reales por mucho tiempo; en un par de años, los mexicanos se reubicarán en tu vecindario suburbano para huir de los guatemaltecos, quienes están destruyendo nuestros pintorescos barrios, según hemos dicho.

¿Por qué los *spics* [hispanos] y *micks* [irlandeses] se llevan tan bien? ¿Será porque ambas son razas de católicos borrachos, fornicadores y degenerados?

DON MULLETINO

Querido *Mick*: Sírvete a corregir tus insultos étnicos: los mexicanos son wabs, no *spics*. O mejor te lo clavas en la cabeza, cabrón. Y las similitudes no terminan ahí. Antes de los mexicanos, los irlandeses fueron los mexicanos de Estados Unidos. Millones de ellos migraron a este país, en condición de indigencia, como sirvientes por contrato (el precursor del programa de braceros) y aun como inmigrantes ilegales. Huyeron de una patria sitiada por los malvados protestantes, sólo para encontrarse con un trato similar en Estados Unidos. Aquí, los gabachos calumniaron a los irlandeses a causa de su catolicismo, de su curioso inglés, de sus grandes familias y de su perenne estado de embriaguez, estereotipos que la gran prensa se encargó de popularizar. Los irlandeses contraatacaron: formaron pandillas y bloques electorales, y —en el caso del Batallón de San Patricio— cientos de soldados desertaron para pasarse al bando mexicano durante la guerra mexicano-estadounidense de 1846.

Pero los irlandeses de Estados Unidos, prafaseando el famoso libro que publicó Noel Ignatiev en 1995, finalmente se blanquearon, mientras que, a los ojos gabachos, los mexicanos serán mexicanos por siempre. Sin embargo, la conexión *spic-mick* continúa. Conozco muchos niños de ascendencia mexicano-irlandesa, que se autodenominan *leprecanos*, combinación de las palabras *leprechaun* [mítico duende de la isla de Irlanda] y chicano. Muchas organizaciones cívicas irlandés-estadounidenses apoyan la amnistía para los ilegales, dado que unos 50 mil inmigrantes irlandeses carecen de papeles. Tanto México como Irlanda tienen leyes muy severas contra la inmigración ilegal y constantemente tienen que lidiar con sus primos idiotas del otro lado de la frontera: Guatemala e Irlanda del Norte. Y los gabachos han desvirtuado nuestras preciadas festividades del Día de San Patricio y el Cinco de Mayo para convertirlas en bacanales de bebida y mujeres, aunque bien pensado, es un cumplido. Nuestras razas se hermanan en la depravación, Don Mulletino, así que unámonos y juntos echemos a los gabachos al pozo, ¿qué no?

8

Moda

Rubias fingidas, bigotes
y la natación en jeans

Querido mexicano: indefectiblemente, sin importar que afuera esté a 35°C y que todo mundo esté sudando, siempre hay un varón mexicano que camina por ahí, enfundado en una camisa a cuadritos —a veces de manga corta— y sólo con los dos botones superiores abrochados. ¿Qué significa esto?

FASHIONABLY PERPLEXED

Querido Gabacho: Hace años que no veo el "estilo abotonado" de Pendleton. Hoy en día los mexicanos prefieren las camisetas deportivas extralargas o las camisetas con leyendas irónicas como *"Powered by Frijoles"* ["Propulsado por frijoles"] o *"Indigenous Inside"* ["Indígena por dentro"], estilizados como el logo de Intel. Si aún te sigues encontrando mexicanos que lucen el estilo de dos botones, prefiero remitirte a la consulta de un estudio de 1988, del profesor de la UC Irvine, James Diego Vigil, titulado *Barrio Gangs: Street Life and Identity in Southern California* [*Pandillas de barrio: vida callejera e identidad en el sur de California*], que incluso ahora, décadas después de su publicación, los especialistas consideran el *Doing Fieldwork among the Yanomamo* de la antropología mexicana.

En esta obra, Vigil sostiene la teoría de que el estilo Pendleton es popular entre los hombres mexicanos porque "evoca la imagen del grupo que te respalda, incluso si no eres aquello que representas. Se crea un cierto grado de seguridad en esa pausa en que el observador tiene que pensar sobre tus vínculos sociales". Al igual que los tartamudos a la moda que se ponen una decolorada camiseta de Hall and Oates de 30 dólares, los hombres que aún abotonan sus Pendleton son fanáticos de las poses... sólo que estos bien pueden patearte el culo.

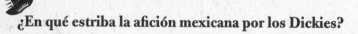

¿En qué estriba la afición mexicana por los Dickies?

DICKLESS

Querido Gabacho: "Irónica y tal vez predeciblemente" —continúa Vigil en su ejemplar estudio *Barrio Gangs*, sobre la popularidad que entre los mexicanos tienen los pantalones kaki como los Dickies— "esto se origina en los recursos públicos: militares y penales". Según apunta Vigil, después de la Segunda Guerra Mundial y de la guerra de Corea, nuestros morenos combatientes regresaron a casa en sus uniformes militares, impecablemente planchados, para admiración de sus hermanos menores. "[Usar kakis] era la forma en que los adolescentes se identificaban con sus hermanos y parientes mayores que habían militado en las fuerzas armadas", apunta el profesor. *Barrio Gangs* también consigna que los chicos se agenciaban la moda kaki tomándola de sus hermanos mayores que estaban metidos en otro tipo de menesteres, como por ejemplo, la cárcel. Y además está el factor pobreza: "Como sucede entre otras poblaciones de bajos ingresos que tratan de estirar sus dólares, los cholos buscan ropa cómoda, confiable, durable y a buen precio". Y como la cárcel y el ejército siguen siendo las principales opciones profesionales para muchos mexicanos de bajos ingresos, no sorprende que los mexicanos continúen usando Dickies. ¿Y qué hay con la actual fascinación que nuestros jóvenes experimentan por los afeminados tenis blancos K-Swiss y el color rosa? La culpa es de la metrosexualidad, la mayor amenaza para el machismo desde que aparecieron los hogares de doble salario.

¿Qué puedes decirme de los hermosos cinturones que usan los mexicanos?

BUCKLED UNDER

Querido Gabacho: Con la decadencia de los tirantes, a los estadounidenses ya no les importa qué sostiene sus pantalones. No así a los mexicanos. Nos gusta usar el cinto pitiado, cinturón de piel clara bordado con hilos de un blanco crema, procedentes de la misma planta que ha ofrecido el tequila al mundo (el agave, estúpido). El cinto pitiado no es ningún saldo de Wal-Mart ni tampoco la correa de un lienzo con hebilla de inicial, que los chicos del barrio prefieren usar con sus Dickies. El cinto pitiado es arte genuino, de uso diario. Es la cosa más hermosa que un hombre puede ceñir en torno a su cintura, sin que tenga cabello largo y ondulado.

Cada cinto pitiado ostenta distintos diseños geométricos ornamentales que corren a lo largo del cinturón: viñas abstractas, acertijos geométricos, elegantes curvas, todo un legado de la influencia artística mora en el mundo hispánico. El carrusel de formas termina en una hebilla con singular logo, que bien pueden ser las iniciales del portador, o la silueta de algún animal de corral. Con la reciente alza de la narcoempresa, algunos traficantes incluso adornan sus cinturones con ametralladoras y hojas de marihuana. Y, ¡demonios!, alguna vez vi un Calvin orinando sobre el logo de un equipo mexicano de futbol, pero es mejor que te mantengas alejado de estas metida de pata de automoda.

Adquirir un cinto pitiado refleja cuánto orgullo depositas en vestir espléndidamente. Puedes hacer una visita a la tienda mexicana de ropa de tu localidad y salir muy elegante, con una imitación de cinto pitiado de 50 dólares, que se produce en una fábrica de Los Ángeles. Pero para hacerte de uno auténtico, de la clase que requiere meses de elaboración y que cuesta el salario de un mes íntegro de asear casas, ponte en contacto con el mexicano de tu barrio, de Jalisco o Zacatecas, donde el arte del cinto pitiado alcanza los niveles del cubismo. Cuando un mexicano visita estos estados, casi inevitablemente regresará con un par de cinturones para sus amigos. Y toma nota, Departamento de Seguridad Interna: contrabandear cintos pitiados es el mejor negocio desde la introducción ilegal de sopa de tortuga.

¿Por qué los mexicanos usan hebillas que parecen cinturones de luchador?

R.I.P. Eddie Guerrero

Querido Gabacho: Piensa en la utilidad, en la vanidad y en Freud. Una enorme hebilla es garantía de que nuestros robustos cinturones no se reventarán bajo el doble esfuerzo que representa cargar las herramientas que les colgamos, ya sean llaves de tuercas, teléfonos celulares o revólveres, y también las barrigas que emergen de nuestro centro, como el Killimanjaro de las planicies de Tanzania. Después de la tejana y de las botas de cocodrilo, el cinturón es el accesorio más preciado del guardarropa de un varón mexicano, así que, desde luego, éste engalanará barrocamente sus hebillas con grabados: nombres, arabescos y escenas pastoriles son los más populares. Pero para los mexicanos no basta con tener una bonita hebilla. Como puntualiza Freud, siempre que los hombres hacen alarde de posesiones descomunalmente grandes —ya sean gabachos con barbas de chivo haciendo ondear la bandera estadounidense en su Ford F250s o militares con sus misiles—, se trata de una sustitución de sus pitos. Sin embargo, en el caso de un mexicano, la hebilla viene a ser un sucedáneo de su modesto miembro (la mayoría de los estudios de sexología ubica a los latinos en el tercer sitio, detrás de los negros y los gabachos, en la escala de longitud del pipí). Así que, señoras, entre más grande la hebilla, más chiquillo el pajarillo.

¿Por qué los varones mexicanos siempre llevan sombreros y botas vaqueras?

WETBACK MOUNTAIN

Querido Gabacho: A los estadounidenses les encantaría creer que los mexicanos jamás se asimilarán a este gran país, pero el estilo indumentario del que hablas es la perfecta evidencia en contrario. Cada región de México tiene su propio y tradicional repertorio de sombreros, desde el fabuloso bordado de los sombreros de Jalisco, hasta los enormes toldos de paja que inmortalizó Emiliano Zapata, pasando por todas las variedades intermedias en materia de humildad u ostentación, pero siempre grandes. Como ocurre con la ropa, la utilidad primordial del sombrero es la de brindar protección contra los elementos, en el caso de México, contra el inclemente sol. Sin embargo, una vez que los mexicanos se han infiltrado en Estados Unidos, adoptan el sombrero estadounidense que mejor se adapte al trabajo en exteriores: el Stetson del *cowboy*, que es nativo de las regiones que alguna vez pertenecieron a México, de ahí su nombre en el español mexicano, tejanas. Te preguntarás: ¿por qué no conservamos nuestro sombrero como lo hacemos con nuestro idioma, machismo, y gusto por los dulces enchilados con base de plomo? Pues, porque somos listos. Los sombreros son tan grandes que resultan el blanco perfecto para las autoridades de migración. Usar un sombrero de esos aquí equivale a gritar: "Por favor, depórtenme". ¿Y qué hay con las botas vaqueras? Entonces como ahora, en este lado de la frontera y en el otro, su comodidad y su terminación en punta las hacen perfectas para patear culos.

La actual moda femenina dicta el uso de *jeans* a la cadera y camisetas cortas que dejan las pancitas al aire. Lo que está muy bien para las mujeres de cuerpos firmes, pero ¿por qué tantas gordas mexicanas insisten en vestirse así? ¡No me puedo creer que se miren al espejo y se encuentren atractivas!

FAT IS MALO

Querido Gabacho: Los varones estadounidenses prefieren fornicar con cositas flacuchas, pero la sabiduría de los antiguos aún moldea el carácter de los hombres mexicanos, y los antiguos amaban a las rollizas. Muchos códices y figuras precolombinos representaban a las mujeres como chicas gorditas. La obesidad significaba riqueza, fertilidad, aquello que Groucho Marx describió como "una brazada de diversión en una fría noche". Pero no sólo los aztecas o los mayas tenían gusto por las mujeres voluminosas. Carl Jung y otros psicomitologistas nos hablan de la Madre Tierra, presente en casi todas las sociedades, como uno de los arquetipos más poderosos del inconsciente colectivo. Las versiones más artísticas de la Madre Tierra la pintan como retevoluptuosa; recuerda a la Venus de Willendorf, la célebre figurilla prehistórica de la diosa de la fertilidad, de senos, vulva y estómago enormes… piénsalo, esta Venus tiene un extraño parecido con esas mujeres mexicanas que tanto detestas, Fat Is Malo. Es cierto que la mala dieta también da cuenta de la obesidad endémica entre las mexicanas, pero todo lo que hace una de estas corpulentas mujeres cuando se embute en los *jeans* a la cadera y en las camisetas cortas, es transformarse en la Madre Tierra e invitar a los varones a participar de su eterna fecundidad. Y a juzgar por los montones de niños que producen las mexicanas, se diría que son más los hombres que aceptan la invitación, que los que la rechazan.

¿Por qué los mexicanos se meten a nadar al mar con la ropa puesta? Quiero decir ¿en mezclilla?

VICENTE FOX'S MOUSTACHE

Sé que esta podría ser una pregunta estacional, pero ¿por qué los a mexicanos les gusta nadar vestidos? ¿Tiene que ver con las creencias católicas? Recuerdo que cuando yo era niño, mi primo pocho católico adolescente incluso se bañaba en casa con camiseta y ropa interior. Me explicaba que las monjas le decían que desnudarse era pecado.

BABOSO

Aunque soy mitad mexicano, simplemente no lo entiendo ¿Por qué los mexicanos se meten a nadar vestidos? Son las únicas personas que lo hacen en la playa o en las albercas públicas. Y es alucinante. ¡Por favor, explícalo!

HALF-MEXICAN

Queridos Pochos: Ésta es, con mucho, una de las dudas que más le plantean a "¡Pregúntale al Mexicano!" Así que, para todos ustedes, ahí va mi propia pregunta: ¿acaso sienten debilidad por los gordos prietos? Al igual que los gabachos, una cifra alarmante de mexicanos está fuera de forma. Según un estudio de 2003 de la Organización para la Cooperación y el Desarrollo Económico, 24 por ciento de la población de México tiene sobrepeso. Es la segunda tasa más alta de obesidad en el mundo, precedida sólo por —atención— ¡Estados Unidos! A diferencia de los gabachos, los mexicanos respetamos al público cuando se trata de exhibir nuestras fofas chichis, pompis y panzas cerveceras. Así que cuando estamos en la playa o cerca de una alberca, nos cubrimos. No se trata del catolicismo, del machismo ni de un homenaje a nuestros nadadores que cruzan el Río Bravo. Sólo son buenos modales.

¿Por qué los mexicanos se ponen su ropita de domingo para ir de compras a Wal-Mart, Kmart, Target y los mercados ambulantes?

FLAT-HEELED MEXICAN

Querida Pocha: Deberías amar a nuestras mamás y tías, ¿qué no? A pesar de vivir en condiciones abyectas, de nunca tener dinero para comprar las vacunas de los niños —y ya olvídate de ahorrar para comprar un Prada esto o un Manolo aquello—, las mujeres mexicanas se emperifollan para algo tan simple como salir a comprar tortillas. Esto es un remanente de la vida en el rancho, donde el día de mercado es más un evento social que un ejercicio de libre intercambio de bienes. Liberadas de sus casas, las mujeres se actualizan sobre el acontecer de la vida con sus comadres, al tiempo que vigilan con el rabillo del ojo a sus sexualmente reprimidas hijas, a sus calientes hijos y a sus borrachos maridos que retozan por el mercado. Por tanto, y como estás bajo la mirada de todo el pueblo, resulta natural que te pongas lo más presentable que tengas a mano. Es de buen tono, es sexy y es mil veces mejor que la plaga de gabachas de mediana edad que sale de compras en pants, con *tops* sin tirantes, cangureras, gorras de beisbol Volcom, *jeans* a la cadera y otras prendas que sacaron del clóset de sus descocadas hijas.

¿Por qué algunas chicas mexicanas se tiñen el pelo de rubio? ¡Se ven tan artificiales! Detesto ver a una mexicana culoprieto con el cabello pintado de rubio. ¿A quién trata de engañar? ¿Dónde quedó el orgullo por el pelo obscuro?

MÁS CABRÓN QUE BONITO

Querido Wab: Desde los bigotes de escobeta que lucen los hombres hasta las cejas delineadas a lápiz de nuestras mujeres, el mundo sigue pendiente de las extravagancias foliculares de los mexicanos. Y nada suscita más mofas que la insistencia de algunas mexicanas en teñirse el cabello de rubio. La explicación fácil es asegurar que las fingidas rubias mexicanas odian tanto sus raíces que literalmente se las decoloran de olvido, en un esfuerzo para asimilarse, fenómeno que las feministas y los profesores de estudios chicanos llaman "colonialismo internalizado". Pero la falsa rubia mexicana, como el obrero ferroviario chino y el acerero eslovaco antes que ella, son arquetipos de la tenacidad del inmigrante estadounidense. La falsa rubia mexicana sabe que todo mundo se va a reír de su aspecto, y sin embargo, se tiñe el pelo. Y nadie va a negarle el derecho a verse tan espectacular como un pavorreal, ni los estadounidenses, ni los varones mexicanos, ni el buen gusto. La falsa rubia mexicana es una mujer fuerte. Es una sobreviviente. Se ve como una sueca recién llegada del Sahara. Pintarte el pelo de rubio siendo mexicana no es un crimen de lesa moda, Más Cabrón que Bonito, es un despliegue Randiano de individualidad que ningún gabacho se atrevería a intentar. Y por ello, chicas mexicanas rubias fingidas, en honor de ustedes alzamos nuestras botellas de peróxido.

¿De dónde viene el "gusto" de los mexicanos para combinar los colores? He visto camionetas azul agua, granate y amarillo, ¡todo en el mismo vehículo! ¿Lo hacen a propósito? ¿Saben que se ve de la chingada?

BLINDED BY THE BLIGHT

Querido Gabacho: Alan Burner no cree que el amor mexicano por los colores vibrantes sea ninguna mierda. Burner es profesor del Instituto de Arte de California del condado de Orange, y también uno de los más calificados teóricos nacionales del color; su texto *The Dynasty of Light* es lectura obligatoria en las escuelas del país. "El color es muy espiritual y es simbólico de la naturaleza interna de la persona", dijo al Mexicano el buen profesor. "En todo el mundo, entre los grupos étnicos de rica herencia se encuentran colores vibrantes porque esas personas están energizadas. Fíjate en los mexicanos, son apasionados de lo que hacen. Cuando trabajan, trabajan en serio. Cuando juegan, juegan duro." Eso se traduce en los camiones, casas y tonos de pelo que chamuscan la retina y que tanto te ofenden, Blinded. Burner añade que la censura gabacha a los colores brillantes es "simplemente hablar por ardor, porque no tenemos los arrestos que se necesitan para hacer lo que hacen los mexicanos. [Los colores fuertes] representan una forma valiente de hacer frente a la vida, demuestran que no se le teme a las emociones. Los estadounidenses somos perezosos y letárgicos. Somos aburridos, incoloros. Invertimos demasiado esfuerzo en construir fachadas y no en ser auténticos. Nosotros diríamos: 'No es sofisticado pintar tu casa de un rosa brillante' pero eso lo afirmamos sólo porque desearíamos que todos fueran tan fingidos y plásticos como nosotros". Traducción: Blinded, eres tan cobarde como un guatemalteco.

¿Qué significan todas esas verjas de hierro forjado en las zonas mexicanas de los pueblos? Parecería que todo mundo trata de superar al de junto con estos sorprendentes alardes metalúrgicos. ¿Será para proteger los coches estacionados sobre el pasto y de evitar que el ganado se escape? ¿O es sólo una vía para ganarse instantáneamente el respeto y la envidia del vecino?

WHROUGHT IRON TO ENVY (WHITE) GUY

Querido Gabacho: Ésta es una cuestión que fascina incluso a los sociólogos. El Mexicano fue colaborador especial en un seminario que organizó en 2005 la Escuela de Comunicación Annenberg de la Universidad del Sur de California, titulado "La latinización de la cultura estadounidense". Ahí, el profesor de la Universidad de California en Los Ángeles, David Hayes-Bautista, mostró con fotografías de verjas de hierro forjado lo que los gabachos han de esperar cuando los mexicanos se mudan a sus barrios. Pero también se puede encontrar la respuesta en la frontera de Estados Unidos con México, WHITE: bardas. Millas y millas de bardas hechas en Estados Unidos. De tres capas. Dentadas. Mortales. Es la tarjeta presentación de la sociedad estadounidense cuando entramos ilegalmente a Estados Unidos. Y como todos los mexicanos desean asimilarse, las verjas son lo primero que uno coloca una vez que se hace de una casa: barras amenazantes, terminadas en puntas y recubiertas de alambre de púas orgánico, como las bugambilias o los rosales, para mantener a los mexicanos a raya. Y aún así —como lo evidencian los limones que se roban de mi prado frontal noche tras noche— los mexicanos las saltan.

Mi pregunta tiene dos partes: ¿por qué las mujeres hispanas se depilan las cejas y por qué tal cosa resulta atractiva para los hombres?

BROW BEATEN

Querido Gabacho: Depilarse las cejas es tan antiguo como la civilización misma. Los arqueólogos que hacen excavaciones en Ur, pueblo natal de Abraham, encontraron pinzas para depilar en una tumba que, según la datación de carbono, es de alrededor del año 3 500 a. C. Los sexólogos vinculan la atracción masculina a las cejas delgadas y otras regiones femeninas depiladas con una obsesión por las formas femeninas jóvenes. Pero, dicho en serio, Brow, alégrate de que las mujeres depilen sus cejas tan finamente. Si no lo hicieran, la hirsutez natural de nuestras mujeres brotaría sin medida y todas se parecerían a Frida Kahlo, cuya uniceja y leve bigotillo siguen siendo el definitivo cubetazo de agua fría para un hombre.

¿Por qué tantos mexicanos llevan bigote? ¿Hay alguna historia detrás de esto?

BIGOTE BILL

Querido Gabacho: Yo no estoy bien dotado; bueno, ni siquiera cerca de estarlo. Necesito frenos, entrenador personal y LASIK. Pero nada de esto importa, me crece el bigote.

Brota casi desde el momento en que me rasuro por la mañana; para el mediodía ya es una pelusa como de dos días; y si transcurre un par de días se transforma en una línea peliaguda que me rodea la boca. Después de una semana, tengo un bigote digno de César Romero, y al mes, de Emiliano Zapata. ¿En un año? En su interior podrías meter de contrabando a una familia entera.

Generalmente, no me dejo el bigote. En principio porque la moderna sociedad estadounidense ha desterrado todo pelo facial, que no sea barba de candado, a los dominios de los jotos y los árabes. De hecho, casi todas las gabachas que me han visto con bigote expresan sus objeciones en voz alta. "¡Vaya!", me dijo boqueando una vez una sexy hawaiana que no me había visto durante un par de semanas, "con bigote pareces un mexicano".

Ésa era justamente la intención, chula.

Los mexicanos son diferentes. Ellos tratan aquellos incipientes setos obscuros que se desperdigan sobre mi labio superior como si fueran los primeros semilleros de primavera. En reuniones sociales me reciben con murmullos de "Te ves bien" y "Deberías dejártelo".

Los hombres comparten su envidia bigotera, lamentándose de que a ellos no les sale tan grueso y largo como a mí. Sin él, pensarían que me veo como mujer.

¿Y las damas? Sólo he tenido dos novias mexicanas en mi vida, y las conocí cuando llevaba la cara bien afeitada. Luego de unos cuantos días de que nos acostáramos por vez primera, ambas me pidieron que me dejara crecer el bigote.

Señoras, una lengua con *piercing*, sobre las partes pudendas, no puede igualar lo que hace un crecimiento supralabial de cuatro días. Imaginen un bigote deslizándose por su cuello, a lo largo de la espalda, sobre su abdomen en dirección a la cálida y húmeda Tierra Prometida; un bigote que cepille sus senos, sus muslos, su *todo*; no como un beso, sino mucho más. ¿Les gustaría? Digamos simplemente que por algo me conocen como la Boca del Sur.

Pero el amor por el bigote mexicano no se predica sólo por las sensaciones sexuales; está arraigado en algo más profundo, mucho más esencial en el laberinto mestizo: el machismo. El bigote es poder, es respeto a las órdenes y gana elecciones. Arquímedes dijo que movería el mundo con una palanca y un apoyo; algunos observadores políticos dicen que el magnífico bigote obscuro de Vicente Fox lo lanzó a la silla presidencial en el 2000.

Como casi todo lo que resulta inexplicablemente "retro" en la sociedad mexicana, hemos de achacar este fetiche folicular a la conquista. A principios del XVI, cuando llegaron los españoles, los aztecas no sólo se maravillaron de sus armaduras metálicas y de sus venados (en realidad, caballos) "tan altos como casas", sino también de los extraños brotes en los rostros de estos caras pálidas. Un códice azteca del periodo hacía notar, con gran dramatismo, que las tropas de Hernán Cortés llevaban "[barbas] largas y amarillas, y bigotes también amarillos". Esta obsesión no era trivial: los aztecas, a quienes sólo les salían unas tristes pelusas en mejillas y mentón, creían que los españoles eran deidades a causa de su vello facial. Y Cortés vino a dar a México justo en el año en que, según la mitología azteca, Quetzalcóatl había prometido volver para salvar a su pueblo. Para los aztecas un bigote bien tupido significaba poder, salvación, un encuentro fortuito con los cielos (aunque, por supuesto, aquello acabó en genocidio, pero ésa es otra historia).

A casi 500 años de distancia, la cultura mexicana aún conserva su culto al bigote. Nuestros padres los llevaban; en las fotos oficiales, nuestros mayores líderes —Pancho Villa; la leyenda ranchera, Vicente Fernández y el Frito Bandito— los esgrimen como si fueran revólveres. Cualquier varón que se respetase llevaba bigote, dando a entender que los únicos sectores de la población masculina que no lo portan son los indígenas y los asimilados a Estados Unidos.

Y así, me dejo el bigote. Cuando le conté mis planes a una amiga, sus ojos se animaron, incluso con un brillo de temor. "¡Vaya! Te verías respetable, rudo, pero al mismo tiempo peligroso", exclamó.

Ya lo sé.

He tratado que mi esposa mexicana recorte su vello púbico para darle forma de pista de aterrizaje, pero no he logrado convencerla. Una vez pude hacer que se lo afeitara completamente y se veía fabulosa, ¡pero ahora no quiere ni recortarlo! Ya ni se lo pido. ¿Recortarse el vello púbico es tabú en la cultura mexicana?
PANOCHA PAUL

Querido Gabacho: La vulva peluda mexicana existió hasta hace una generación, cuando el arreglo femenino aún era —¿cómo decirlo?— cosa de gabachas descocadas. Pero los tiempos han cambiado: según indica un estudio reciente de Remington Bushmaster, 67 por ciento de las mujeres menores de 45 años se afeita la colita. El estudio no hace clasificación por etnia o clase, pero una señora del salón de belleza de donde vive el Mexicano puede avalar que las chicas mexicanas se ocupan del cuidado de sus panochas (pidió permanecer en el anonimato porque su jefe no desea publicidad en todo el país, y también porque cree que más mexicanas vendrían si proporciona el nombre del negocio). "Diría que un tercio de mi clientela es mexicana" agrega. "Y recibo de todo: hablantes exclusivas de español, chicas cholas, mujeres ricas, señoras mayores, etcétera." Y aunque suscribe la teoría de que a muchas mujeres inmigrantes les enseñaron a "no tocarse allí abajo", la estilista afirma que las mujeres con mayor carga de culpabilidad son en realidad las indígenas y las europeas. "La principal razón por que las mujeres recurren ahora a la cera depilatoria es porque desean estar limpias y eso las hace sentirse bonitas", y añade "y eso es aplicable a todas las razas." Si tu esposa permite la excesiva floración de su rosa, Panocha Paul, bien pudiera ser o que ya no está interesada en ti o que está haciendo audiciones para la serie porno *Hirsute Honeys* [*Queridas peludas*].

Sencillamente no entiendo el arreglo personal de los mexicanos. Los hombres se alisan el pelo con aceite de bebé, gel o vaselina, o se lo afeitan del todo. Las mujeres llevan el pelo en cola de caballo con una banda verde neón, en una trenza o se hacen flecos con la mayor plancha rizadora del mundo. ¿De veras se miran al espejo antes de salir a la calle?

Tommy Toupee

Querido Gabacho: No solamente contemplamos nuestro cabello en el espejo, también le lanzamos besitos a nuestra imagen mientras musitamos: "¡Ay papi chulo, eres mucho más bonito que esos feos gabachos!" Si hay algún rasgo físico del que los mexicanos se jactan —aparte de las gloriosas panzas de nuestros hombres y de los grandes culos de las mujeres— es de los folículos, repositorios del ADN capilar del mundo. Quebrado, lacio, rizado u ondulado, el pelo de las cabezas mexicanas está preñado de posibilidades y los mexicanos hacen todo lo posible para atraer la atención sobre lo que los seres humanos pueden hacer con un peine y kilo y medio de gel. Algunos peinados son utilitarios: el mexi-*mullet* protege el cuello del inclemente sol, mientras que los flecos permiten a nuestras damas ocultar navajas. Otros estilos, como las muy indígenas trenzas o el esponjado afro de Zach de la Rocha, son un canto al cuerpo mexicano. Pero el mejor pelo mexicano supone el uso de la brillantina Three Flowers, esa gelatina de petróleo ligeramente perfumada que ha contado con la veneración de generaciones de mexicanos por su firmeza, agradable olor y brillo, que rivaliza con el de las linternas. Las mujeres la usan para alisar su pelo en chongos, los hombres para esculpir copetes Morrisseyescos. ¡Oh clase! vuestro nombre es *mexicano*. Ah, y en oposición a la creencia popular, ningún hombre que se respete se afeita la cabeza; ése es dominio exclusivo de los pendejos cholos y de sus primos chicanos.

¿Qué hay con las calcomanías de toros sobre las puertas de las camionetas? ¿Es algún negocio secreto, algo que se gana en un innombrable concurso al sur de la frontera o una hermandad de algún tipo? Incluso pensé en tomar clases de español para preguntar educadamente a alguno de estos tipos.
NATIVE CALIFORNIA WHITEY

Querido Gabacho: La calcomanía de toro no es ningún símbolo de capa y espada. Los toros en los camiones no son más que arquetipos culturales, una manifestación de la teoría de Jung de que los caracteres, festivales y monumentos recurrentes en la sociedades representan una memoria compartida de su inconsciente colectivo. Los estadounidenses decoran sus vidas con motivos similares: los prados de las casas (recordatorios de —elige—: las sabanas de tus raíces africanas, las mansiones inglesas o las praderas abiertas de los días fronterizos), el día de Acción de Gracias (ceremonia conmemorativa de los ancestros puritanos) y la ininterrumpida popularidad de Mickey Mouse (que simboliza nuestra fascinación por el pícaro). De igual manera, los mexicanos consideran al toro un recordatorio del rancho que han dejado atrás, de aquella vida que ya nunca retornará. Además, mientras que los arquetipos culturales se suceden, la calcomanía del toro resulta ser uno de los mejores. Piensa en el despliegue de los atributos de ese animal: ferocidad, virilidad, protección, cuernos. Es todo lo que una sociedad desearía que fueran sus miembros, y mucho mejor que el afrutado trébol o que la calcomanía de la bandera estadounidense en tu Scion, ¿o no?

**¿Qué pasa con los obituarios que aparecen en las ventanas trase-
ras de los coches mexicanos? Algunas veces, cuando circulo por la
zona mexicana del pueblo, me siento como en un cementerio.**

MUERTE MAN

Querido Gabacho: Rumiar sobre la obsesión mexicana con la muerte
resulta algo tan vano y trillado como un reportero vinculado a los
gangsters. Sí, los mexicanos le tienen apego a la muerte: la elogiamos
en canciones, la santificamos en días festivos y sí, también pegamos
los nombres y fechas de nacimiento y muerte de nuestros seres queridos difuntos en las ventanillas de los coches, en tatujes en la espalda
e incluso en sudaderas. "En los hogares mexicanos al otro lado de
Aztlán, generalmente se encuentra un altar", indica la Pocha, artista
de Santana que se especializa en las tradiciones del Día de Muertos.
"En esta era moderna, en que pasamos más tiempo en nuestros
coches que en nuestros hogares, los mexicanos con inventiva han
puesto minialtares móviles en sus vehículos. Ahora puedes honrar a
tus muertitos mientras circulas en tu Chevy. ¡Eso es progreso!"

"[La muerte] está presente en nuestras fiestas, en nuestros juegos,
en nuestros pensamientos, escribió Octavio Paz en su clásico de
1950, *El laberinto de la soledad.* "Morir y matar son ideas que pocas
veces nos abandonan. La muerte nos seduce."

Pero antes de que cites a Paz —junto con los sacrificios humanos
de los aztecas, las peleas de gallos, las corridas de toros y las primeras páginas de los tabloides de Tijuana— como prueba de nuestra
inherente avidez por la sangre, Muerte Man, piensa en esto: ¿no
hay algo honorable en vivir en presencia de la muerte, algo valioso,
incluso, en recordar nuestra mortalidad? ¿Por qué relegar la muerte
a los cementerios, como hacen los protestantes gabachos? ¿Por qué
olvidarse de los que se han marchado antes que nosotros? Nuevamente, Paz: "El culto a la vida, si de verdad es profundo y total, es
también culto a la muerte. Ambas son inseparables. Una civilización
que niega a la muerte, acaba por negar a la vida."

¿Por qué los mexicanos han cambiado sus Impala de los años sesenta y sus Monte Carlo de los setenta por Toyotas 2000? ¿*Toyota* significa algo en español o es un simbolismo, como el emblema del Thunderbird azteca en los Ford T-bird que ya no manejan ustedes?

LOWRIDERS UNITE

Querido Gabacho: Se te están confundiendo los prietitos. Son los primos cholos de los mexicanos, los chicanos, los que poseían Monte Carlos e Impalas arreglados. Sin embargo, tienes razón en advertir que los mexicanos están locos por los Toyotas. Según una compañía de investigación automotriz, R. L. Polk & Co., el número de latinos que poseía un Toyota aumentó 45 por ciento entre 2002 y 2004, mientras que la cifra total de registro de vehículos de otras marcas entre los latinos apenas se incrementó en 15 por ciento durante el mismo perido. Y Toyota fue el de mayor venta entre los latinos durante el primer tercio de 2004. Los observadores del ramo dan buena parte del crédito a Steve Jett, gerente nacional de Toyota en publicidad y promociones de camiones, quien tuvo la inventiva y echó a andar vigorosas campañas publicitarias de tema mexicano, como un comercial en que una portería de futbol protegía a un camión de los balonazos. Pero la verdadera explicación es que Toyota ofrece ocho tipos de camiones, vans y SUV, en lo que sólo cede el primer sitio a Ford entre los mayores armadores. Toyota comprende que los mexicanos necesitan vehículos grandes para llevar a la familia, para cargar herramientas o simplemente para ir a México y hacer ostentación de su riqueza. Y sí, Lowriders Unite, *Toyota* significa algo en español: barato, eficiente y de manufactura no gabacha.

¿Por qué los mexicanos manejan camionetas que cuestan más que sus casas? Cuando pasas por los barrios, ¡ves Lincoln Navigators estacionadas frente a miserables casuchas!

STUCK WITH MY KIA

Querida Gabacha: Lo dices como si fuera algo malo, Kia, pero regocíjate: si los mexicanos gastamos más en coches que en casas, es sólo una prueba más de que nos estamos asimilando a la vida estadounidense. Una huella reveladora del gabachismo es el consumo conspicuo, fenómeno identificado por los economistas estadounidenses. En el clásico de Thorstein Veblen, de 1899, *Teoría de la clase ociosa*, Veblen sostenía la hipótesis de que la gente del común compra los productos más caros y ostentosos en aras de alcanzar estatus social, o de mantener un mano a mano con los González, si lo prefieres así. El consumo ostentoso, y no la frugalidad, es lo genuinamente estadounidense. Ve a nuestro gobierno, por ejemplo, que habla sobre la responsabilidad fiscal y que sin embargo gasta más y más en locuras bélicas, sin que le importe la salud de su nación. A nadie le importa que se inflen los presupuestos federales o tener que alquilar el garaje a cinco pervertidos de Guerrero a fin de ganarse algo, mientras uno pueda presumir sus chingadas baratijas.

¿Por qué, tradicionalmente, a los mexicanos les gustan los Chevy? ¿Alguna vez y por alguna razón Chevy hizo un objetivo de la base de consumidores mexicanos y esto le funcionó?

POCHO IN A PONTIAC

Querido Pocho: Una leyenda urbana sugiere que a los mexicanos no les gustan los Chevy (pronunciado con una *ch* fuerte, como en chicken y chupacabras, gracias), porque el gigante de la industria automotriz bautizó a unos de sus coches de los años sesenta como Nova, que en español se entiende como *no va*. Pero las estadísticas de General Motors muestran que con el Nova le fue bien a la empresa, incluso en México. Y no sólo con el Nova. Los mexicanos consumen los Chevy como si fueran mezcal y, bien pensado, a veces hasta juntos. En el informe de 2003, *Market Trends: Hispanic American and the Automobile Industry* [*Tendencias del mercado: los hispanos de Estados Unidos y la industria automotriz*], el autor Raúl Pérez encontró que Chevrolet se ubica en el primer lugar, o casi, en la lista de preferencias de los compradores hispanos (el pendejo y políticamente correcto término para *mexicanos*) de primera vez y de vehículos usados. Pérez no nos explica los porqués, pero según el libro *Lowrider* (2003), de la revista *Lowrider* —la Biblia de ranflas y rucas, o sea de los coches sensación y las chicas calientes—, la proclividad mexicana al Chevy "fue una consideración de tipo económico", que se remonta a la cultura automotriz de la década de 1930. Simplemente se trata de que los Chevy resultaron "más baratos y satisfactorios" que otras marcas.

Hoy en día, los mexicanos adquieren costosas camionetas y SUV Chevy (Chevy no ha vuelto a manufacturar un "mexcelente" coche desde el Impala de 1964) como un útil símbolo de estatus: no hay nada mejor para meter de contrabando a tu familia que una reluciente Suburban del tamaño de la sala de un departamentito. Por supuesto, los mexicanos deberían invertir su dinero en cosas mejores que Chevy con tapones giratorios y televisiones de pantalla plana, pero métanse esto en la cabeza, gabachos: mientras más y más de ustedes dejan plantado a Detroit en favor de las chatarras ensambladas por los criadores de peces de colores, los mexicanos compran lo estadounidense. ¿Quién es más patriótico, cabrones?

¿Dónde se originó la guayabera? Veo que los mexicanos y los filipinos se disputan la invención de estas camisas.

SLAVIC PRINCE

Querido Gabacho: Los orígenes de la guayabera —la camisa translúcida y bordada que usan los mexicanos en los días cálidos— se pierden entre México, Cuba y Filipinas, donde se le conoce como *barong*. Algunas leyendas apuntan al río Yayabo de Cuba, donde se supone que un ranchero inventó la camisa. Otros historiadores de la moda advierten que en México, a la guayabera también se le conoce como *filipina*. México se ubica entre los dos países, así que es más probable que la prenda se haya originado allí y que luego se exportó a las otras dos naciones. Por otro lado, la propensión mexicana al robo sugiere que los mexicanos quizá sean tan inventores de la guayabera como pudieran serlo los gabachos.

Sobre la imitación de la camiseta de Los Simpson

El mercado de pulgas es la plaza comunal del sur de California, a donde nuestra cultura consumidora destierra sus modas antiguas en bazares de toldos apestosos y camionetas abiertas. Pero por un breve e inauténtico momento, a principios de los años noventa, los mercadillos fueron los Rodeo Drive del último grito de la moda estacional: la imitación de la camiseta de *Los Simpson*.

En esa época, aún se creía que *Los Simpson* era simplemente un fenómeno pasajero y no el hito cultural estadounidense en que a la postre devino, así que Fox inundó las tiendas con figuras de acción, camisetas y álbumes de música de *Los Simpson*. Niños y adultos por igual adquirieron montones de camisetas, anunciando visualmente al mundo sus índices de audiencia a la última moda .

Un astuto comerciante de ropa —cuya identidad se ha perdido para la historia, pero que probablemente tenía un puesto de sudaderas malayas— debe haberlo advertido, puesto que las camisetas de imitación de *Los Simpson* pronto aparecieron en los mercados ambulantes. La marca distintiva estaba en la firma: las camisetas autorizadas de la Fox llevaban el autógrafo del creador de *Los Simpson*, Matt Groening; los productores piratas no se molestaron en atender a ese detalle final. No importó en lo más mínimo, las imitaciones más baratas se popularizaron igual que las auténtica McClure.

Luego las cosas se tornaron extrañas. Los vendedores de los mercadillos empezaron su pregón de las camisetas de *Los Simpson* que recreaban al clan como rastafaris, lagartijas e incluso como mexicanos de jorongo, fumando mota y tocando guitarra. Casi todas las camisetas piratas (según las define el español mexicano), empero, se centraban en Bart Simpson, que era el punto focal del programa. Uno de los géneros pirata de camisetas representaba a un Bart que asumía la identidad de las estrellas deportivas más populares de la era: Michael Jordan, Joe Montana y la máquina del futbol y beisbol, Bo Jackson. En tanto que otras camisetas sencillamente desafiaban cualquier clasificación, como las de Bart entre las posaderas de un luchador de sumo, con la leyenda: "El *crack* mata" o las de Bart que, a golpes de karate, reducía a cachitos sangrantes a sus competidores de los dibujos animados: las Tortugas Ninja Jóvenes Mutantes.

Con todo, la mutación más infame de camiseta de *Los Simpson* es la de la serie "No puedes tocar esto". Nunca volverás a ver a Bart así: negro, con las uñas rojas, enseñándole su dedo medio al mundo desde el pecho del portador, con las leyendas "No puedes tocar esto" y "Pinche Bart" como apoyo a la cabeza de Bart. Los maestros censores de mi escuela primaria obligaban a los chicos que llevaban camisetas como éstas a ponérselas al revés. Muestra de que pocos directores saben que la seña obscena del dedo sigue ofendiendo con efectividad a través de la sutil y transparente tela de una camiseta.

En gran medida, las camisetas desaparecieron una vez que el programa de TV se convirtió en una institución; entonces los manufactureros hicieron que sus fábricas se concentraran en *Mighty Morfin Power Rangers* y en *Pókemon*. Pero el legado pervive: en el episodio clásico "Behind the Laughter", el falso narrador advierte que *Los Simpson* se hicieron tan populares que sus rostros se muestran en mercancías chatarra. En la animación correspondiente aparece un exhibidor de tienda, de donde cuelgan camisetas con la imagen de un sonriente Bart que profiere sentencias muy poco bartianas, como "Puedes apostar tu pajarito, compadre" y "La vida inicia en la concepción". Malditas sean las marcas registradas.

Mientras trabajaba en un centro vecinal que atendía a la comunidad latina de San Francisco, advertí que una gran cantidad de los mexicanos y centroamericanos que conocí allí tenían un fuerte aroma a detergente. Además, los tipos mexicanos adoran su apestosa agua de colonia. ¿Cómo se explica esto?

STINKIN' SAMMY

Querido Gabacho: Hay una razón para que la denigrante expresión *sucio mexicano* se nos haya quedado pegada tanto tiempo, y es que los mexicanos son los James Brown de la economía estadounidense, pues sudamos como boxeadores y nos cubrimos de suficiente tierra como para cultivar maíz en nuestros *jeans*. A veces la regadera no está disponible porque los otros quince compañeros de habitación ya utilizaron toda el agua caliente, así que a los mexicanos sólo les queda, o bien rociarse con mucha agua de colonia o bien improvisarse un baño empleando detergente de lavandería, humedeciéndolo en el lavabo y frotándose la espuma por todo el cuerpo. Quizá no sea el más higiénico de los métodos, pero siempre será mejor un mexicano limpio que un sucio mexicano, ¿no?

¿Por qué los padres mexicanos les ponen a sus hijas vestidos tan recargados?

LACY LAURA

Querida Gabacha: ¿Alguna vez has visto las diversas advocaciones de la Virgen María en México: la Virgen de Guadalupe, la de San Juan de los Lagos, la de Zapopan, la del Rosario de Talpa, la de Izamal? Siempre llevan trajes que cubren todo, excepto la cara y las manos. Tal es el modelo que las chicas mexicanas deben seguir, y los padres ayudan a sus hijas vistiéndolas con los trajes multicapas más sofocantes que se hayan visto desde la serie de TV *Petticoat Junction*. Se trata de un esfuerzo para enfriar la libido masculina y mantener a las muchachas tan puras como la nieve recién caída. Pero las mujeres mexicanas modernas se vuelven contra tales vestidos al identificar a la mismísima Virgen María como la inspiradora de tanto encaje. En su ensayo de 1996, *Guadalupe, the Sex Goddess* [*Guadalupe, diosa del sexo*], la famosa escritora chicana Sandra Cisneros escribió: "Cuando veo a la Virgen de Guadalupe, me dan ganas de levantarle el vestido, como hacía con mis muñecas y ver si trae chones [ropa interior] y si su panocha [vagina] es como la mía, y también si tiene pezones obscuros. Y sí, estoy segura de que sí." Amén, hermana.

Se diría que es obligatorio que a toda bebé mexicana se le perforen las orejas. Y puede que algunas de estas bebés tengan sólo unos minutos de nacidas y que aún estén húmedas. Las enfermeras deben estar serenas y preparadas con una aguja para el instante

mismo en que la niña salga. ¿Hay algún significado cultural en esto?

BUBBA

Querido Gabacho: Perforar las orejas de una chica al momento de nacer es una práctica que se remonta a los días en que las mujeres eran poco más que enseres domésticos. Los patriarcas proporcionaban a las mujeres de su clan elegantes aretes para que el resto de la sociedad se enterara de la riqueza familiar. Y aun más frecuentemente que los diamantes simples o los broqueles de perlas, muchos mexicanos hacían que sus hijas llevaran arracadas, soberbios aretes grabados con fascinantes diseños tomados de los moros. Entre más complejo el diseño, mayor la riqueza familiar y mejores perspectivas de que la hja se casara con un rico. En su estudio *Mexican Jewlery [Joyería mexicana]* de 1963, Mary L. Davis y Greta Pack también mencionan que la mayoría de los mexicanos no considera a una mujer elegible para el matrimonio hasta que sus lóbulos no hayan sido perforados, así que, siendo México México, entre más pronto hagas esto, mayores serán las oportunidades de que tu hija se case. Los gabachos pueden llamar a esto un asalto de cunas, los mexicanos dicen simplemente que es empezar con ventajas.

¿Por qué las mujeres mexicanas usan tanta sombra de ojos?

MYOPIA MARY

Querida Gabacha: En la naturaleza, los animales hacen despliegue de extravagantes colores o partes del cuerpo para mostrar atractivo sexual, en un fenómeno que se conoce como aptitud biológica. De modo similar, las mujeres hacen lo mismo con sus ojos. Pero las mexicanas se exceden porque, francamente, sus ojos son más bonitos que los de algunas de las otras razas de mujeres en el mundo. Platillos luminosos que vienen en todos los colores imaginables. Fíjate en los pimientos de Salma Hayek o de Eva Longoria o de cualquier señorita picosa; casi todas tienen ojos sensacionales. ¿Por qué no tratar de llamar la atención sobre ellos?

¿Por qué muchos mexicanos usan dientes de plata?
GAP-TOOTHED GRINNER

Querido Gabacho: Pocos estereotipos resultan más convincentes que el del mexicano con metal en la dentadura: oro en mi caso, plata en el de otros wabs. Todo tiene que ver con el brillo, nene. Los mexicanos saben lo que los artistas de *hip-hop* apenas están descubriendo: que nada resulta más amenazador que un diente de plata. Sí, claro, sirve de relleno a nuestras caries, pero un solo destello mete miedo en el corazón de cualquier gabacho, y en un país en que en todo momento encaramos la discriminación, tomaremos la más mínima ventaja que podamos.

¿Por qué los mexicanos consideran a Charles Bronson el más *chic* de los gabachos?
DEATH WISH 1000

Querido Gabacho: Pregunta a un grupo de veinteañeros mexicano-estadounidenses si vieron películas de Charles Bronson, y verás como bajan la cabeza. Finalmente, alguno reconocerá avergonzado que sí, que sus padres alquilaban todos los episodios de la serie *Death Wish*; que una noche familiar en el pueblo, a mediados de los ochenta, suponía ver el último baño de sangre de Bronson en la pantalla grande, y que su madre creía que el actor del peinado de casco era el adonis más guapo de la pantalla desde Ricardo Montalbán. Liberados de la presión de ser los únicos en el predicamento, pronto todos, como en manada, admitirán lo mismo y las conversaciones derivarán hacia cuál de los papeles de Bronson es su favorito.

Incluso después de muerto, el actor del gesto torvo mantiene una fanaticada fiel en todo el mundo, a causa de una larga carrera de caracterizaciones de psicópatas inexpresivos. El amor por Bronson en México y sus colonias estadounidenses, empero, se aproxima a la hagiografía y no nada más porque la mueca arrugada del actor le haya permitido representar con cierta credibildad a personajes mexicanos o mitad mexicanos en películas, como a Bernardo O'Reilly en *The Magnificent Seven*, de 1960; a Rodolfo Fierro en *Villa Rides!*; y a Teclo en *Guns for San Sebastian,* ambas de 1968. La galería de guerreros urbanos de Bronson arrebató la imaginación cinematográfica mexicana como pocas otras cosas durante la última parte de los setenta y el principio de los ochenta. Y esto aún persiste a pesar del surgimiento de estrellas más "étnicas" y violentas.

El culto mexicano por aquel hombre, en realidad llamado Charles Buchinski, está en todas partes. Los canales de televisión hispanos ofrecen sinfonías de destrucción bronsoniana tales como *The Valachi Papers*, *Mr. Majestyk* y *The Evil That Men Do*, en horario estelar y casi semanalmente. Las tiendas de video de los barrios mayoritariamente latinos están pendientes de reforzar sus catálogos de Bronson y aún así continuamente se quedan sin existencias. Y cuando no hay churros de Bronson disponibles, muchos mexicanos se conforman con lo siguiente que más se le aproxime y rentan una *narcopelícula*. Este género de géiseres de sangre que surgió a mediados de los setenta —y que no gratuitamente fue la misma época en que Bronson se consolidó como una de las grandes atracciones fílmicas en el mundo— es el tipo más popular de cine en México y consiste en poco más que actores mexicanos que asumen el arquetipo arrugado de Bronson, de "primero disparo y después disparo". De hecho, la presencia más famosa de la narcopelícula, Mario Almada, de 84 años, tiene una trayectoria profesional muy similar a la de Bronson. Ninguno de los dos fue éxito de taquilla sino hasta cumplir 50 años y ambos hicieron, una y otra vez, el mismo tipo de película de alegres venganzas, incluso cuando el argumento hacía que estos septuagenarios derribaran a hombres con un tercio de su edad. Y un extra: ambos lucían el mismo fabuloso y colgante mostacho.

Y así volvemos a: ¿por qué la obsesión mexicana con Bronson? Es posible abordar la pregunta desde una perspectiva sociocultural y afirmar que Bronson personificaba una especie de hipermachismo arraigado en la mentalidad masculina mexicana que determina el valor de un hombre en relación a su capacidad para proteger a la mujer de su vida. Luego entonces, el personaje de Bronson resulta atractivo para los varones mexicanos en función de que sus papeles implican el fracaso y la redención de tal filosofía. Recuerda al empresario de Manhattan, Paul Kersey, en las películas de *Death Wish*, que se convirtió en un tipo presto a disparar sólo después de que su esposa fuera asesinada y su hija violada, lo que manchó su honra. Kersey recuperó su testosterona mediante el recurso de liquidar a un hombre tras otro.

Pero dejemos ya esta intrascendente cháchara de escolares. Cuando era niño, mis padres me llevaban al autocinema a ver los churros de Bronson y me tapaban los ojos con las manos cuando las escenas eran violentas. Ver a Bronson tragarse enteros a gorilas intoxicados con opio era una de las escasas ocasiones en que mis padres y sus amigos mexicanos se arriesgaban a incursionar en el mundo anglohablante. Después de todo, las lluvias de balas no requieren subtítulos.

9
᭜᭜

Trabajo

Naranjas, jornaleros
y haraganes de Kentucky

Querido Mexicano: Estoy harto de que los gabachos destrocen la pronunciación de mi nombre, César. ¿Me lo debía cambiar por Caesar?

CÉSAR THE WEATHER GUY

Querido Wab: Quítate el nombre, punto. Los gabachos tienden a asociar el nombre de César con el difunto líder obrero César Chávez, pero ese apelativo se ha desgastado irremisiblemente, gracias a sus herederos. La serie en cuatro partes sobre el viejo sindicato de Chávez, la United Farm Workers, que publicó el *Los Angeles Times* en 2006, trata sobre su degeneración, a partir de la conciencia del movimiento chicano, en una organización cuyo legado más probable es el nepotismo, las falsas promesas a los pizcadores migrantes, y los explotadores de la herencia de Chávez. Y Chávez tampoco sale tan bien parado: la periodista del *Times*, Miriam Pawel, abre la tercera parte de su obra con un recuento escalofriante sobre un Chávez que obligaba a los líderes de la Unión de Campesinos (UFW, por sus siglas en inglés) a participar en una intimidación psicológica que denominaba "el juego" —que recuerda mucho a un campo de reeducación maoísta— donde los amigos se ridiculizaban groseramente unos a otros frente al grupo. Luego de esto, según afirma Pawels, Chávez se convirtió en un prieto Howard Huges, purgó a los disidentes de la UFW, estudió "sanación mental" y se rodeó de lambiscones, lo que selló la lenta pero inexorable muerte de su organización.

¿Por qué los negros no pueden reponerse del huracán Katrina cuando los mexicanos que han resultado afectados por desastres naturales parecidos siempre se recuperan sin ayuda gubernamental? Ellos se han reorganizado sin gritar: "*Queremo* comida. La gente se está muriendo. *Ayúdeno*, *señó* Bush".

¡Qué Chocolate City ni Qué Chingada!

Queridos Lectores: Este wab trae a colación tres importantes cuestiones. Primero, en su estridente racismo —su uso del dialecto de Stepin Fetchit— muestra por qué muchos afroamericanos no apoyan a los mexicanos en el debate actual sobre inmigración. Segundo, véase el seudónimo del wab, que es maravillosamente idiomático. La expresión hispano-mexicana *¡qué [sustantivo] ni qué chingada!* equivale en castellano simple a *no me vengan a mí con cuentos*, aunque, por extraño que parezca, la variante decente de este giro sería: *¡qué [sustantivo] ni qué ocho cuartos!*, una frase que tiene tanto sentido como un mexicano vegetariano.

Pero aparte de la intolerancia y de la habilidad con el lenguaje, la tercera cuestión que trae sobre el tapete este wab es con mucho la más interesante. Hace largo tiempo que los mexicanos comprendimos que el gobierno no sacará nuestro culo de ningún apuro, sea que se trate de un devastador terremoto, de un tremendo huracán o de una economía estancada. Así que hemos aprendido a ser autosuficientes, de un modo que haría que los libertarios pareciesen socialistas. La infraestructura de México ha mejorado espectacularmente en las dos últimas décadas porque los inmigrantes mexicanos en Estados Unidos han reunido, por sí mismos, los fondos para ello; el gobierno los empezó a ayudar (igualando las remesas en los tres niveles de gobierno: federal, estatal y municipal), sólo cuando se dio cuenta de que el dinero salvaría a México. Los estadounidenses, por otro lado, aún esperan que sus líderes electos les ayuden en tiempos de necesidad. Pero las víctimas de Katrina, y todos los estadounidenses, tendrían que saber esto: que no sólo se ha diluido la frontera entre Estados Unidos y México, sino que el gobierno estadounidense ha asimilado la ineptitud y la corrupción que distinguen a las administraciones presidenciales mexicanas. En esta era de globalización y movimientos masivos de personas, el gobierno no hará maldita la cosa por ti: la salvación sólo llegará vía los mexicanos.

¿Cómo es que tantos mexicanos envían su dinero a México?
GÜERO POWER

Querido Gabacho: Gabacho, gabacho, gabacho. Tienes a tu servicio a un Mexicano que puede responder cualquier pregunta sobre su país, desde por qué los mexicanos golpean a sus esposas (la misma razón por la que lo hacen los blancos), pasando por cuál es el restaurante local que prepara los mejores grillos picantes (El Fortín, en Fullerton), hasta dónde puedes encontrar las licencias de manejo falsas más baratas (visita el Centennial Park de Santa Anna por las noches y pregunta por el Kennedy). ¿Y esto es lo único que se te ocurre? Vamos, pendejo, ¡usa tu cabeza, cabrón! Pero deseas una respuesta, una respuesta… ¿recuerdas lo que George Mallory dijo sobre los Himalaya? ¿Que la gente escala sus montañas porque están ahí? Pues es lo mismo con los mexicanos y su dinero. El gobierno mexicano ofrece un programa "tres por uno": por cada dólar que un migrante invierta en los proyectos municipales de su pueblo natal, el gobierno lo iguala en los ámbitos municipal, estatal y federal. Dada la oportunidad de mejorar un país tercermundista, los mexicanos han respondido con entusiasmo; según Banamex —el mayor banco de México— los mexicanos de Estados Unidos han remitido una cifra aproximada de 14 billones de dólares en 2005, lo que hace de las remesas la segunda fuente de ingresos más importante del país, después del petróleo. Semejante altruismo no ha sido igualado en la historia de la humanidad, así que tendré que preguntarte, Güero

Power, ¿por qué no hacer como los mexicanos y ofrecer tu dinero al Tío Sam, en aras de mejores escuelas, carreteras e infraestructura? ¡Ah, claro! Porque eres estadounidense.

Creo detectar un fuerte prejuicio antiestadounidense en los medios locales de habla hispana, ¿o es sólo mi imaginación?

VIVA LOU DOBBS

Querido Gabacho: Remití tu pregunta a Pilar Marrero. Es columnista de cobertura nacional y también editora del periódico *La opinión*, con sede en Los Ángeles, el diario en lengua española más importante del país.

¿Por qué la prensa en español es antiestadounidense?

¿Quién dice que los medios de habla hispana son antiestadounidenses?

Algunos gabachos. ¿Por qué crees que tantos estadounidenses le temen a la prensa en español?

Muchos estadounidenses ni siquiera tienen noticia de que existe una prensa en español... No tengo por un hecho que, como tú dices, los estadounidenses le tengan miedo a la prensa en español. Creo que a muchos estadounidenses los desorientan sus líderes para que recelen de los extranjeros y los inmigrantes, sólo porque está en la naturaleza humana experimentar miedo hacia lo que es diferente. Y los líderes lo aprovechan para manipular a la gente por razones políticas.

¿Recibes e-mails gabachos que te acusan de ser anti-estadounidense?

No, nunca he recibido un correo electrónico de gabachos que me tachen a mí [o a *La Opinión*] de antiestadounidenses. Los gabachos, como tú los llamas, rara vez leen *La opinión*. Creí que lo sabías.

Sólo para dejar constancia: históricamente, los gabachos han desconfiado de los medios en lengua extranjera de Estados Unidos desde que los inmigrantes utilizaron los periódicos y los programas de radio para adoptar el radicalismo; por ejemplo, los Trabajadores Industriales del Mundo (los infames *wobblies*) publicaron su periódico en finlandés, mientras que los socialistas judíos utilizaban impresos en *yiddish*, tales como el *Forward*, para expresarse. Pero no te preocupes por los medios hispanohablantes de hoy en día, Viva Lou Dobbs: con la excepción de *La opinión*, están tan desprovistos de contenido como los medios gabachos, aunque tienen más enanos y chicas tetonas.

¿Por qué los mexicanos llaman a todos los cereales *cornflakes*? Si hasta dicen: "¿Qué tipo de *cornfleis* quieres: Fruity, Pebbles, Cheerios o Wheaties?" ¿Me podrías aclarar esto?

CONFUSED ABOUT CORNFLEIS

Querido Gabacho: Los herederos de César Chávez saben bastante sobre la fascinación mexicana por los *cornfleis* (así lo pronuncian los mexicanos porque la letra *k* casi de hecho no figura en español fuera de palabras tomadas del inglés como *kilometer*). El *Times* informó que la Fundación César E. Chávez aceptó una donación por 25 mil dólares de la Kellogg's Company, fabricante de los desayunos favoritos de los wabs, como los Froot Loops, Rice Krispies y los ya mencionados Corn Flakes. A cambio, la fundación permitió que la Kellogg's sacara una edición limitada de la caja de Corn Flakes durante el Mes de la Herencia Hispánica, caja que ostentaba una foto de Chávez y de la leyenda salsera, Celia Cruz. Ya no están disponibles en los supermercados, pero puedes buscar cualquier camión de venta de productos en Santana y comprarte una caja por 6 dólares, el doble del precio de venta al menudeo. Si eso no resulta un dato suficientemente oficial para ti, Cornfleis, la Fundación César E. Chávez revende las cajas de Corn Flakes Chávez autografiadas por la viuda de Chávez, Helen, junto con el eslogan "¡Viva la causa!", por 20 dólares, 5 más del precio que tenía sólo un mes antes de que apareciera la historia sensación del *Times*. En otras noticias, Coretta Scott King se negó a aceptar una oferta de Uncle Ben's Rice [El Arroz del Tío Ben] para colocar el rostro de su martirizado esposo en su producto durante el Mes de la Historia Negra, con el argumento de que era vulgar.

¿Por qué los mexicanos siempre venden naranjas en las esquinas? ¿Es algo así como la fruta nacional de México?

A. HOT TAMALE

Querida Gabacha: ¿Y qué querías que vendieran? ¿Steinways? Las naranjas son fáciles de transportar, tienen demanda todo el año y le dejan grandes ganancias al vendedor. Según Dolores, quien vende naranjas a la orilla de la Carretera 91, en la Calle Euclid, en el acceso a Anaheim, puede ganar casi 100 dólares a la semana expendiendo la fruta. Eso promedia más de 5 000 dólares al año, y como es economía subterránea, ¡no paga impuestos! Pero no, la naranja no es la fruta nacional de México, es nuestra arma de asalto ultrasecreta. ¿Alguna vez viste la película *Born in East LA*, obra de 1987 de Cheech Marín, que equivale al *Nanook of the North* de México? El personaje de Marín, Rudy, vende naranjas en Tijuana a fin de reunir el dinero para cruzar la frontera. Rudy termina regalando la mayor parte de sus existencias a una familia de indigentes. A la postre, la misma familia salva a Rudy de una paliza lanzando las naranjas a sus atacantes. Si los policías fueran listos, armarían a los residentes con bolsas de naranjas de dos kilos y medio. Apuesto a que harían más para detener la violencia en las comunidades de inmigrantes que la estrategia actual de combate al crimen de los departamentos de policía mediante la deportación de inmigrantes.

¿Por qué ninguno de los mexicanos en Louisville tiene empleo?

BLUEGRASS GABACHO

Querido Gabacho: Porque tomamos ejemplo de la gente de Kentucky.

¿Por qué los mexicanos se dividen en dos clases de trabajadores: los que se matan trabajando mientras todo mundo duerme la siesta y los que duermen una siesta mientras los demás se matan trabajando? ¿Son los *MexiCAN* y los *MexiCAN'T*?

PERSON UNDERSTANDABLY TICKED OFF

Querido Gabacho: PUTO, tendrías que comprender que son los padres los que jamás duermen la siesta y que son los hijos los que haraganean y se convierten en el estereotipo del mexicano flojo que tanto deleita a los gabachos. En un estudio sociológico de 1993, los etnógrafos Alejandro Portes y Min Zhou averiguaron que entre más asimilado sea un joven mexicano-estadounidense, peor suerte tendrá en la vida. "Al ver a sus padres y abuelos constreñidos a desempeñar humildes labores manuales y cada vez más conscientes de ser disciminados por la cultura blanca dominante", apuntan Portes y Zhou, "los hijos de los inmigrantes mexicanos ya nacidos en EUA pronto se unen a una subcultura de reacción como una vía para proteger su autoestima". Traducción: los chavos mexicanos ven a sus padres sudar y trajinar para pasar de un departamentito a un lóbrego condominio y sólo para descubrir que los gabachos los rechazan en tanto espaldas mojadas, y renuncian para siempre a la vida. Mientras que los padres continúan trabajando 18 horas al día para pagar el alquiler, los chicos van a la universidad, se unen a un grupo de activistas como la MEChA, usan una camiseta del Che durante un par de años y viajan por Centroamérica "para encontrarse". Regresan como inútiles, vagos, conformistas, que se vuelven vegetarianos y que hablan de revolución mientras van de un empleo de cobrador a otro. En otras palabras, se vuelven estadounidenses.

El respeto que me merecían los demócratas se fue a pique cuando le permitieron a Alberto González obtener la confirmación. ¡Vaya! Los mexicanos te roban el coche y tus libertades civiles. Estropean tus vecindarios y tu Constitución. ¿Por qué los mexicanos lo joden todo, ya sea que trabajen para un cultivador de fresas o para el presidente?

A FORMER MECHISTA

Querido Pocho: Parece incomodarte que González se haya convertido en el primer fiscal general latino; ¡sigue el ejemplo de grupos de abogados latinos como la LULAC, el Consejo Nacional de la Raza, la Asociación de la Barra Nacional Hispana y la Asociación Nacional Mexicano-Estadounidenses, y siéntete orgulloso! Si puedes decir algo bueno de la administración Bush es que no reserva las chingaderas monumentales, nacionales y riesgosas para la seguridad, exclusivamente para los gabachos. Mira a Condoleeza Rice, la primera mujer afroamericana que llega a secretaria de Estado en el país y dama que, sin ninguna ayuda, pudo haber iniciado la Tercera Guerra Mundial. O toma en cuenta a Colin Powell, hijo de inmigrantes jamaiquinos, el hombre que urdió las mentiras sobre las armas de destrucción masiva de Dubya ante las Naciones Unidas. Y luego, ahí está el coreano-estadounidense John Yoo, que escribió para la adminsitración Bush los memos que justificaban las torturas a los sospechosos de terrorismo y que auxilió a González en la defensa que este último hizo de los referidos memos. Y en nuestro propio condado de Orange está Viet

Dinh, el autor del Acta Patriótica de Estados Unidos. Y ahora, justo cuando los mexicanos finalmente van a tener la misma oportunidad para destruir nuestras libertades, tú pretendes quitárselas. Pinche pendejo, ¿no has oído hablar de la *tierra de las oportunidades*, un sitio mágico donde cualquier inmigrante que trabaje duro tiene la oportunidad de elevarse hasta un puesto desde donde puede limitar las oportunidades de los demás?

Nunca he logrado comprender qué hace un mexicano que gana el salario mínimo para tener montones de hijos, conducir una camioneta estadounidense tragona de gasolina y nuevecita, pagar la renta en California y todavía disponer de dinero para ropa y entretenimiento. ¡Qué raza más ingeniosa! Puedes pasarme la receta?

MONEY-CHALLENGED GRINGO

Querido Gabacho: Es algo muy simple. Mete a cinco familias en una casa y cóbrales la renta. Haz que tus hijos trabajen a costa de su educación y luego oblígalos a entregarte tres cuartas partes de su sueldo. Crea una asociación de beneficencia para tu pueblo natal y luego desfálcale la caja. Consíguete tres empleos de salario mínimo y arregla jardines o limpia las casas de al lado. Haz trueque con todo lo que necesites. Encárgales los niños a los abuelos. Vende la tierra que en México perteneció a tu familia por generaciones. Y como todo esto se hace por debajo de la mesa, pues ¡no pagas impuestos! Con márgenes de ganancia como éstos, sorprende que más gabachos no hayan visto cómo entrarle.

Cuando estuve en la Marina, los mexicanos constituían la mayor parte de los enrolados no gabachos. Serví con Gunny Ramírez, el sargento mayor Sánchez, el capitán Guzmán, etcétera. En medio de tanto sentimiento antiinmigrante, ¿cómo se explica que las fuerzas armadas hagan circular anuncios de reclutamiento en

lengua española? ¿Será que los mexicanos son mejores soldados y marinos?

IGNORANT IMMIGRANT MARINE

Querido Pocho: El Tío Sam adora a los chicos y chicas pobres, especialmente si son inmigrantes y ¡no se necesita el inglés! "Los soldados inmigrantes siempre han sido un sector importante en las fuerzas armadas de Estados Unidos, y esto se remonta a la época de la guerra entre México y Estados Unidos, cuando los inmigrantes irlandeses formaron un gran contingente en el ejército estadounidense", afirma Jorge Mariscal. Veterano de la guerra de Vietnam, profesor de literatura en la Universidad de California, San Diego y editor de la colección *Aztlán and Viet Nam: Chicano and Chicana Experiences of the War* [*Aztlán y Viet Nam: experiencias de chicanos y chicanas en la guerra*] (1999). "Hoy no es muy distinto. Los inmigrantes tienen oportunidades educativas y económicas limitadas y muchos tienen deseos de 'demostrar' que son ciudadanos con sentido patriótico." Mariscal dijo al Mexicano que el Departamento de Defensa destina cerca de 27 millones de dólares de su presupuesto de reclutamiento —que asciende a 180 millones de dólares— a los anuncios en lengua española y al personal bilingüe; dichos anuncios recurren al arma de doble filo de la familia y el machismo para convencer a los reclutas latinos de que la vida de la muerte es para ellos. Y la estrategia funciona: según un artículo publicado en el *New York Times* el 9 de febrero de 2006, la cifra de reclutas latinos en el ejército ascendió 26 por ciento en los últimos cuatro años, mientras que la proporción de latinos en todas las ramas de las fuerzas armadas se elevó en 18 por ciento. Y aquí no importa si los inmigrantes son legales: recordarás que la primera víctima de la guerra de Irak del condado de Orange fue el residente de Costa Mesa, José Angel Garibay, un inmigrante ilegal de sólo 21 años de edad que recibió la ciudadanía estadounidense luego de su funeral, en abril de 2003.

¿Por qué los mexicanos tienen en sus patios animales de granja (sobre todo pollos y cabras)? ¿Crían estos animales para tener una fuente de alimentos más económica? ¿Es seguro? ¿Es legal?

LA VACA GORDA

Querida Gabacha: Muchos códigos municipales en áreas urbanas autorizan a la gente a poseer cantidades limitadas de animales de granja, de acuerdo a ciertas dimensiones de las casas y a su proximidad respecto de otras. Pero que no te importen las leyes. ¿No te gustaría tener diariamente leche y huevos frescos, Vaca Gorda? O un festín mensual de cabrito preparado en horno de tierra? ¿Y qué tal un humeante chorizo? A los mexicanos les gusta la comida fresca, libre de conservadores y que corre libremente por el campo. Si nos colocas a nosotros y a nuestro establo de patio en Napa o en Chiapas, seremos "granjeros orgánicos". Si nos colocas en un barrio estadounidense, somos "espaldas mojadas".

Constantemente escucho que los mexicanos envían billones de dólares a México. Entonces, ¿por qué no mejora ese país?

FOOTING THE BILL

Querido Gabacho: No prestas atención. Esos billones son la salvación de México. Los mexicanos en Estados Unidos envían billones organizándose en asociaciones de beneficencia de los pueblos, que son grupos con recaudadores de fondos destinados a proyectos de infraestructura en sus pueblos natales. Y tales grupos no son ninguna novedad en Estados Unidos. Muchos grupos de inmigrantes crearon estas organizaciones para ayudar con recursos y cultivos (para mayor información, puedes leer el folleto de 1981 de la Universidad de Michigan, *Records of Ethnic Fraternal Benefit Associations in the United States: Essays & Inventories* [*Registros de Asociaciones de Beneficencia Fraternal en Estados Unidos: ensayos e inventarios*]). Lo que sí resulta notable es que el gobierno mexicano —históricamente hostil con los mexicanos que abandonaban la patria— haya respondido bien a estos grupos. En 1993, el estado de Zacatecas puso en marcha un programa denominado "Dos por uno", en virtud del cual el gobierno igualaba las remesas de los inmigrantes en escala municipal y estatal. Aprovechando el éxito, el gobierno mexicano lo extendió a 26 estados, con la adición de recursos federales a tal fondo. Lo que esos billones han hecho es digno de mención: en el pueblo del Mexicano, Jomulquillo, Zacatecas, ¡ahora tenemos agua potable y WC con agua corriente! ¡Y en vez de un solo teléfono para todo el pueblo, ahora tenemos dos! Alégrate de que esto suceda, Footing. Si los mexicanos no estuvieran remitiendo todos estos billones de dólares, te garantizo que el gobierno mexicano ya habría encontrado alguna forma de hacer que los estadounidenses enviaran billones de dólares de ayuda urgente para México. Y mientras el gobierno pueda aportar servicios a los inmigrantes ilegales aquí, cuando menos los gabachos obtienen a cambio beneficios como mano de obra barata y tacos.

¿Por qué los mexicanos tiran tanta basura? Dicho en otros términos: ¿por qué son tan cerdos?

OSCAR EL GROUCH

Querido Gabacho: ¿Acaso no ves televisión? Los mexicanos no son cerdos… son burros. No, espera, son chihuahuas. Perdona, son ratas. Los mexicanos son ratas que eluden a Sam Bigotes. Y muchas ratas se ganan la vida limpiando la basura de otros. Luego de un día entero de limpiar los culos batidos de excremento de los bebés gabachos, lavar coches, deshierbar jardines, trapear pisos o limpiar los restos de la cena bufet de El Torito, ¿crees que los mexicanos desean volver a casa a planear como arreglarán sus hogares y sus calles? ¿los carpinteros terminan su día de trabajo y fabrican cajas en sus camas? Realmente no puedes esperar que mantengamos nuestras casas impecables… que para eso están los guatemaltecos.

¿Por qué los mexicanos cometen tantos crímenes? He visto en las noticias las persecuciones policíacas y en las corretizas siempre aparece un hombre latino.

LOOKING FOR A NEW JOHN WAYNE

Querido Gabacho: Mira, que los mexicanos exalten y hagan evocación romántica de la violencia y el asesinato en películas, canciones, arte, televisión, cultura popular y matrimonio, no significa que sean más propensos a la violencia que, digamos, los invasores estadounidenses de Irak. De hecho, más bien es lo contrario: una publicación del Rand Center, *Social Anatomy of Racial and Ethnic Disparities in Violence* [*Anatomía Social de las disparidades raciales y étnicas de la violencia*], encontró que las tasas de violencia entre los latinos, comparadas con las de los gabachos, son en realidad 10 por ciento más bajas. A conclusiones similares llegó *Latino Homicide: Immigration, Violence and Community* [*El homicidio entre los latinos: inmigración, violencia y comunidad*] (2002), cuyo autor, Ramiro Martínez estudió los índices de homicidio entre los latinos en los últimos cinco años y encontró que son significativamente menores que los promedios nacionales. Entiendo de dónde proviene la visión deformada, ya que en los noticieros de las 11 generalmente predominan los criminales mexicanos o de apellido hispano. Además, la criminalidad es un elemento rampante entre las poblaciones pobres: recordarás la misma exaltación y elevadas tasas de violencia en el Viejo Oeste, en el Sur y entre los afroamericanos.

Entonces, ¿qué se puede decir sobre esta obsesión gabacha respecto del crimen y los mexicanos? Pues tú ya lo has indicado: los medios, en asociación con el Proyecto Minuteman y el Tratado de Libre Comercio de América del Norte, han fomentado la idea de una conspiración criminal mexicana que resulta tan demencial como el falso aterrizaje en la luna. "El criminal inmigrante siempre ha proyectado una imagen violenta en la imaginación pública, pero la creación de un 'bandido latino' conforma una nueva caricatura y da vida a un nuevo estereotipo étnico", apunta Martínez. Él ubica este fenómeno en el tiempo de la Revolución mexicana, que tuvo lugar, justamente, cuando el cine mudo también revolucionaba a Estados Unidos. "Los periódicos documentaban los hechos de armas y describían el derramamiento de sangre en los campos de batalla entre las tropas, traduciendo las imágenes reales de violencia en imágenes ficticias de bandolerismo y, a la vez, tranformando al bandido en un criminal volcado en la violencia. El estereotipo del bandido mexicano sediento de sangre penetró profundamente en el imaginario público. Los mexicanos, pues, eran violentos en el campo de batalla y también fuera de él." Y, oye, Estados Unidos: te preocupas excesivamente por el casi 25 por ciento de los delincuentes en prisión que, supuestamente, son inmigrantes ilegales, pero ¿qué hay con el 75 por ciento que no lo son?

¿Por qué los mexicanos trabajan mucho más arduamente en la construcción (mano de obra pura) que los negros? A lo largo de mi vida he tenido que recurrir a la contratación de mano de obra temporal para que me auxilie en algunas tareas harto pesadas; las veces que he recibido trabajadores negros de la agencia, se diría que estoy viendo una película en cámara lenta. Pero cuando me mandan mexicanos, el trabajo se hace mucho más rápido y mejor. ¡Así se debe hacer!

GRACIAS, HOME DEPOT

Querido Gabacho: ¿Y qué esperabas? Pon a un mexicano en tu jardín, en la sala de juntas de consejo, o en la oficina especializada en espionaje del Fiscal General —de hecho, en cualquier lugar— y verás cómo supera en el trabajo a cualquier otro. La construcción es un magnífico ejemplo. Y bien puedo decirte por qué los afroamericanos no son buenos trabajadores de la construcción: porque son estadounidenses y el país siempre ha dependido de sus inmigrantes para levantar la infraestructura nacional. Para muestra, ahí están los obreros ferroviarios chinos; los italianos, monos trepadores de rascacielos, y ahora el colocador de tirol mexicano. Según el *Latino Labor Report, 2004* [*Informe de trabajo latino, 2004*] del Pew Hispanic Center, aunque los latinos integran el 20 por ciento del total de la fuerza de trabajo de la construcción, representaron 40 por ciento de la suma total de fuerza laboral en 2004. Y mientras tú y yo charlamos, los mexicanos están invadiendo Nueva Orleans para hacer trabajos de alto riesgo, batiéndose con el fango y la humedad para reconstruir esa gran urbe. El trabajo perfecto para los mexicanos es el de la construcción, tarea cuyo buen desempeño exige la intervención de todas las partes del cuerpo. Dejemos los empleos especializados del tecleo a los gabachos, los mexicanos se sienten orgullosos de realizar las faenas propias de los verdaderos hombres.

¿Por qué los mexicanos están parados en la calle esperando conseguir trabajo? ¿Qué no pueden conseguirse un empleo formal?
WELFARE CHEESE

Querido Gabacho: Entiendo que te refieres a los jornaleros, quienes compiten entre sí por el derecho a trabajar ese día, mientras que los gabachos enarbolan letreros que proclaman que sus portadores son veteranos de la guerra de Vietnam o que necesitan un dólar para gasolina, a fin de volver a casa. Por lo demás, los otros mexicanos que esperan a la orilla de la calle o son personas que aguardan el autobús o son vendedores de naranjas, rosas, fresas, CD piratas... pero ya estoy divagando. ¿Trabajos en serio, trabajos de verdad? Quieres decir algo así como sentarte en un cubículo a actualizar tu cuenta de MySpace mientras te cercioras de que aparece ahí tu imagen vomitando? En *The Economic Transtition to America* [*La transición económica hacia Estados Unidos*], los investigadores del Pew Hispanic Center encontraron que dos tercios de los inmigrantes latinos que respondieron a su cuestionario de diciembre de 2005 trabajaban en la agricultura, la construcción, la manufactura y la atención hospitalaria: los más auténticos de los trabajos auténticos. El trabajo manual y el autoempleo son marcas registradas de la experiencia de los inmigrantes en Estados Unidos; son los hijos de los mexicanos los que consiguen los trabajos fáciles, aquellos en los que las únicas cuotas que paga el cuerpo son el síndrome del túnel carpiano y la expansión del culo. Además, los trabajos reales que desempeñan los mexicanos son una promesa de movilidad social ascendente, después de todo, si empiezas desde abajo, el único camino posible es hacia arriba.

Mi hijo asiste a la facultad de medicina en Guadalajara. Siempre le mando cosas, pero nunca llegan. ¿Por qué es tan complicado enviar paquetería por correo a México?

NEXT DÍA DELIVER

Querida Gabacha: Lo que hay que hacer es recurrir al servicio adecuado, Next Día. Los traficantes de droga y los polleros pueden transportar voluminosas mercancías con seguridad y de manera eficiente, pero cobran miles de dólares por sus servicios. Las empresas de paquetería estadounidenses, como DHL y UPS tienen que vérselas con las pinches aduanas. Pero incluso estas opciones resultan mejores que las negociaciones con SEPOMEX, el servicio postal nacional mexicano y objeto de escarnio mundial. Según la revista *Latin Trade*, un estudio de la agencia mexicana de encuestas Parametría puso de manifiesto que 29 por ciento de los mexicanos ni siquiera había oído hablar de SEPOMEX, mientras que casi un tercio echaba mano de agencias privadas de paquetería. *Latin Trade* señalaba que SEPOMEX no ha podido recuperarse del devastador terremoto que sufrió la Ciudad de México en 1985 y que arrasó los recursos clave. Entre tanto, los mexicanos crearon los servicios postales necesarios para sus remesas, que van desde la empresa multimillonaria con sede en Houston, Estafeta USA, hasta el restaurante regional de tu localidad (pregunta por Pablo). La aparición de servicios de correo mexicanos demuestra, nuevamente, que los mexicanos son republicanos por naturaleza: creyentes de los gobiernos en pequeña escala, autosuficientes y eternos antagonistas de los gays y los guatemaltecos.

¿Qué fue primero: los dizque empleos de mísera paga que los estadounidenses no quieren, o los mexicanos dispuestos a dormir

con dos o tres personas más en una habitación de tres por cuatro para desempeñar esos trabajos?

VIVO CONTONTOS

Querido Gabacho: Lo que nos presentas es una prueba de Rorschach: nuestras respuestas revelarán nuestra postura en relación con la "cuestión mexicana" y dirán más de nosotros que los efectos reales de la participación mexicana en la economía. Si los inmigrantes mexicanos han hecho bajar los salarios, si han mejorado la economía o incluso si no han traído consecuencia alguna (o si son parte de una triple alianza con los fascistas islámicos y los chinos para apoderarse de Estados Unidos) son materias tan complicadas que fácilmente encontrarás expertos y estadísticas para apoyar cualquier posición. La edición del *New York Times Magazine* del 9 de julio de 2006, por ejemplo, presentó los debates entre profesores de economía que combatieron *round* tras *round* para no llegar a decisión alguna. Éste es el parecer de El Mexicano: los mexicanos seguirán tomando los empleos que los estadounidenses rechazan hasta que el Gran Capital pague salarios dignos al otro lado de la frontera o hasta que los estadounidenses estén dispuestos a recoger la fresa por un salario mínimo. Y no apuestes por lo primero; aunque si los estadounidenses hicieran lo segundo, sería porque están desesperados o porque se han vuelto estúpidos. O mexicanos.

¿Por qué los mexicanos protestan contra el departamento de policía siempre que los chicos de azul disparan contra un cocainómano o un pandillero?

CURIOUS WHITE GUY

Querido Gabacho: Eres muy afortunado, ¿lo sabías? Las únicas ocasiones en que los gabachos se inquietan por la policía es cuando queman los sofás o cuando beben cerveza en el jardín de su casa el día de la Independencia. Pero los mexicanos y los salvadoreños y los negros y los asiáticos —carajo, cualquiera que sea pobre y no blanco— tienen que preocuparse a diario por los policías propensos a usar las armas. Por eso los activistas latinos se enfurecen cuando los uniformados matan a un mexicano. No estoy defendiendo a la víctima ni satanizando a los oficiales involucrados —no he leído el informe policiaco— pero, en algún momento tienes que preguntarte, ¿qué ha ocurrido entre los policías y las minorías muertas? ¿O alguna vez has escuchado algo sobre lluvias de balas en casas de los millonarios cuando tienen una disputa doméstica? Sólo son preguntas.

Te diré algo más, White Guy, date una vuelta por mi vecindario, el condado de Orange. En la ciudad de Huntington Beach, hay un barrio mexicano histórico llamado, alternativamente, Oak View o las Casuchas de Lámina. Plantea ahí tu pregunta a los vecinos. Te contarán la historia de Antonio Saldívar, un adolescente desarmado de 18 años, que en el 2001 murió a manos del oficial Mark Wersching, y todo porque el joven se ajustaba vagamente a la descripción que se hizo de un pandillero al que Wersching perseguía. Dos años después, un jurado federal entregó a la familia de Saldívar una indeminzación de 2.1 millones de dólares por esa muerte injustificada; Wersching permanece en la corporación policiaca de Surf City (fue legalmente exonerado de responsabilidad por tres investigaciones independientes). ¿Y el pecado de Saldívar? Llevar la cabeza rapada y ser moreno. Ajá, los polis siempre tienen la razón.

Habiendo viajado por todo el mundo, he visto turistas de todas las nacionalidades, excepto mexicanos. Sé que tienen los recursos, pues así lo indican sus compras de montones de camionetas Chevy devoradoras de gasolina y de cadenas de oro que hacen juego con sus dientes. Me encanta viajar, pero ¿dónde están mis compadres?

CHICANO MALINCHISTA

En todos los sitios del mundo donde he estado, jamás me he topado con un viajero mexicano. Cuando comento el tema con mis compañeros de trabajo mexicanos, veo que su idea de los viajes es comer tacos llenos de polvo del camino, beber tequila

y ser hostigados por los federales en Rosarito Beach. ¿Será por eso que tienen un concepto tan estrecho del mundo?

WINNEBAGO GÜERO

Queridos Pocho y Gabacho: ¿De qué me hablan, cabrones? Los mexicanos son la imagen consagrada del viajero. ¿Por qué creen que los gabachos nos llaman los grillos de la frontera? Pero no andamos de mochileros por Europa como tú, Chicano Malinchista, porque los mexicanos conciben los viajes de un modo distinto. Cuando salimos, vamos al rancho para lucir nuestros mencionados dientes de oro y cadenas, y nuestras Silverado cuyas dimensiones pueden rivalizar con cualquier vehículo que Estados Unidos haya desplegado en Fallujah. Cualquier otro sitio, fuera de la patria, es un lujo que sólo está al alcance de quienes tienen empleos estables e ingresos extras, condiciones de las que pocos mexicanos pueden jactarse. Este Mexicano, por ejemplo, no ha tomado un periodo vacacional desde la primavera de 2004. Y es que temo que, mientras yo estoy fuera, la gerencia pase mi rastrillo a otro mexicano más joven y que cobre menos (¡o quizá a un guatemalteco!) Tal vez esta limitada experiencia vacacional explique que los mexicanos tengan un visión estrecha del mundo, Winnebago, pero aquí te cedo la palabra: el incremento espectacular en el número de pasaportes que se extendienden a los estadounidenses, de 7.3 millones en 2003 a 8.8 millones en 2004, no se ha traducido aún en una consecuente ampliación de los horizontes mentales gabachos. Porque todavía seguimos en Irak, ¿no es cierto?

El diario de un jornalero: Drama humano en cinco partes

Prólogo
Una vez trabajé para un veterano de la Segunda Guerra Mundial que perdió en combate una pierna. Todos creen en el estereotipo del anciano blanco extremadamente racista, pero éste fue el mejor patrón que tuve jamás. Me pagaba bien, nos trataba respetuosamente a mí y a mis

amigos, nos compraba hamburguesas e incluso nos permitía comer en su oficina, con aire acondicionado, para que no nos cocináramos al sol. Sufrió mucho en la vida y aunque yo nunca he perdido un miembro, creo que se le puede relacionar con nosotros. La gente que ha pasado muchos sufrimientos en la vida se relaciona muy fácilmente.

—Tió, 53 años

Sin importar lo que hagas, corres. Sin importar que estés a centenares de metros o a 50 centímetros de distancia, corres. Tu vida depende de ello. Tu vida depende aleatoriamente de un extraño que podría matarte, que probablemente no te respete y que seguramente te pagará mucho menos de lo que mereces. Pero incluso tales prospectos resultan mejores que los que tenías antes. Así es la vida de los jornaleros, los trabajadores por día. Mejor conocidos por estar apostados en las esquinas de las calles, en busca de trabajo, su vida en realidad consiste en correr, en sentido figurado y literal. Corren de una vida de miseria en pos de la promesa estadounidense que se les presenta en forma del más menestral de los trabajos manuales. Corren del peligro que representa la *migra*, hacia los empleadores, absolutos extraños con coche, algo de trabajo y algo de efectivo.

Aun cuando la mayor parte del día de un jornalero sea sedentaria —estar de pie en una esquina, esperando un trabajo— siempre debe estar listo para correr. Su día es una constante anticipación. Según lo descubrí en mis tres días como jornalero, no correr lo suficientemente rápido marca la diferencia entre un día de trabajo y un día de dolorosa espera.

Día 1: el mexicano chino

Durante un par de años trabajé en una fábrica, pero la paga era mala y las condiciones horrorosas. Haces lo mismo una y otra vez, te pagan una mierda, y te partes el lomo por el mismo pinche sueldo, independientemente de cómo hagas el trabajo. Aquí ganas mucho más que en una fábrica o en un restaurante. Sí, es un trabajo duro, pero hago algo distinto cada día. Y lo tengo que hacer bien. Si no, no trabajo.

—Miguel, 31 años

Llegué cerca de las 11 am a la puerta de un Home Depot en una plaza comercial en Brookhurst y Crescent. Es uno de los principales puntos de reunión de jornaleros en Anaheim. Algunos de los hombres que quedan, alrededor de 20, habían esperado un trabajo desde las 6 de la mañana; para las 10 ya se han hecho casi todas las contraciones; para las 11, esperar trabajo es confiar contra toda esperanza.

Obviamente, éste no es mi sitio, no importa cuando me esfuerce por encajar en él. Llevo el atuendo adecuado: zapatos cubiertos de polvo, la camiseta más delgada que tengo, pantalones luidos y un sombrero que será mi única protección contra un sol de justicia. Pero uso lentes. Mis manos son tersas y no acusan huellas de trabajo duro. Y mi piel, aunque algo morena, sólo debe su color bronceado a la iluminación artificial.

Esto explica lo que sucedió a continuación: al aproximarme a los jornaleros, creen que estoy buscando trabajadores y no que busco trabajo. Un hombre con camiseta de futbolista se me aproxima.

—¿Necesita un trabajador? —me pregunta en inglés.

—¿Mande? —replico en español.

Una mirada de perplejidad asoma a su rostro. No esperaba que le contestara en su lengua.

—¿Que si está buscando trabajadores? —me interroga su amigo, esta vez en castellano.

—No —repuse, nuevamente en español—. Estoy buscando trabajo. ¿Qué, ustedes piensan que soy un pinche gabacho?

Todo mundo se ríe; la tensión se ha diluido.

—Nah —me dice—. Creímos que eras chino.

—Sabía que habías nacido aquí —me dice orgullosamente un hombre, luego de que le confesé que era nativo de Estados Unidos y que sí, que había terminado la preparatoria—. Desde que te acercaste. Tú sabes si la gente nació aquí sólo por la forma en que camina.

La gente de aquí camina, en teoría, mucho más rígidamente. Los hombres con los que hablo, todos mediando la treintena, muestran curiosidad: ¿por qué un estadounidense de origen mexicano y con estudios de preparatoria se pone en una esquina para conseguir trabajo?

No les dije que también tenía un título universitario y que estaba haciendo un posgrado. Simplemente actuaba como ellos. No recurría al inglés para nada, por el contrario, utilizaba el español mexicano cantadito del rancho, debidamente salpicado con palabrotas gráficas para darme a entender.

También hice preguntas que dieran cuenta de mi ingenuidad. Al advertir mi falta de experiencia, un caballero de edad me ofrece consejo. Se llama Julián. Tiene 47 años y es un inmigrante de Guerrero que ha trabajado sin papeles durante 20 años y aún tiene intenciones de mejorar su vida. "Voy a clases de computación para aprender a usar las máquinas", me dice con orgullo. "Hace poco compré una computadora para mis hijas que están en la universidad y hacen sus tareas, pero yo también quiero aprender a usarla."

Julián me enseña los secretos para conseguir empleo en un medio en que el trabajo le cae sólo a los que corren. Me habla sin darle importancia, como entre dientes, mientras escruta la calle.

—Tienes que presentar cierta imagen. Muchos de estos tipos —me dice señalando a los que charlan en pequeños grupos— quieren trabajo, pero no les parecen adecuados a sus prospectos de empleadores porque sólo están de pie, platicando. Tienes que estar todo el tiempo a las vivas para conseguir trabajo. Cada persona que pasa, cada coche es un posible empleador.

—¿Y cómo sé quién realmente está buscando un trabajador y quién no? —le pregunté.

Julián me mira de hito en hito, mientras me transmite su sabiduría ancestral:

—A veces, la gente es tímida y tú tienes que acercarte. Otras veces son más directos. No importa. Cuando lleguen tienes que correr como un pendejo.

Me quedo hasta las dos de la tarde. Nadie llega y para entonces, soy uno de los pocos jornaleros que quedan. Los hombres regresan de un día entero de trabajo, sucios pero sonrientes. Advierto que la mayoría recoge su transporte del estacionamiento de bicicletas en el cercano Carl's Jr. Y mientras manejo de vuelta a casa en el Camry que dejé estacionado bastante lejos, me siento un niño mimado.

Día 2: el hispano maniático

A la gente que nos contrata le tiene sin cuidado la ley, o si tenemos
papeles, y tampoco les importa a los polis. Lo único que quieren es
gente que pueda hacerles el trabajo por una paga menor que la de un
profesional. Quieren ahorrarse la mayor cantidad de dinero posible.
Por eso a las compañías y a la policía de aquí no les importa. También
están metidas en el ajo.

—Anónimo, 18 años, Mexicali

Una Silverado entra al estacionamiento y de inmediato la rodean unos
15 hombres. Con la misma rapidez, un hombre se sube a la camioneta
y estrecha la mano del conductor, un viejo blanco que, al parecer,
lo conoce. No hay nada extraordinario en el trabajador, un tipo con
una barba zarrapastrosa y un sombrero que dice "Spice Girls". Los
hombres en torno a la camioneta gritan: "Cuántos trabajadores?" y
"¿Qué tipo de trabajo?" Pero el conductor se despide de ellos. "Lo
siento", les dice. "No necesito a nadie más. Quizá mañana."

Llego a las 8 am. Cerca de 40 hombres están en lo que, medio
en broma, llaman su "oficina": una banqueta frente a Home Depot.
Por acuerdo tácito entre los jornaleros, la policía y los comercios
cercanos, la banqueta es la única área del centro comercial donde
los hombres pueden permanecer en espera de trabajo. No pueden
deambular por el estacionamiento. No pueden entrar y salir de las
tiendas. De ancho, la banqueta tiene menos de metro y medio, y
de largo, todo lo que mide el estacionamiento. Pero los hombres
se congregan sólo en sus primeros 30 metros, los más próximos a
Brookhurst, por donde entran los vehículos que van a Home Depot
y que, por tanto, representan una posibilidad laboral.

La "oficina" funciona como cualquier edificio de oficinas. A la
hora de la comida, los hombres recurren al restaurante chino, a Carl's
Jr., o al equipo de padre e hija que llega como a las 11 para vender
cacahuates, pepitas de calabaza y CD. Alguien amarró a los árboles
unas bolsas de plástico que hacen las veces de botes de basura, de
modo que nadie tire desechos por ahí. Los baños están en Carl's
Jr., que también se utiliza como refugio con aire acondicionado —si

uno cuenta con el dinero necesario—, para huir del brutal calor que apenas empieza.

La mayoría de los hombres pasa casi todo el día a la espera. Para pasar el tiempo conversan o simplemente observan de continuo la calle. Todos intentan apiñarse bajo la minúscula sombra que proyectan un gran anuncio o los enclenques y escasos árboles del lugar. Incluso a primera hora de la mañana, el sol nos chamusca a todos.

En el instante en que pasa un coche, todos utilizan la misma táctica: correr hasta el borde de la banqueta y alzar las manos, para llamar la atención del conductor. Gritan a voz en cuello su especialidad, o sólo la palabra *¡trabajo!*. Cuando un auto pasa o se detiene para recoger a alguien, la negociación dura sólo dos minutos. Pero lo ordinario es que los vehículos sigan de frente. Cuando así acontece, los jornaleros regresan a su espera del próximo prospecto de empleador. Y a veces, esto puede estar a muchas horas de distancia.

Mis amigos que han trabajado en ventas dicen que los humanos —o al menos consumidores— estamos unidos como una especie de organismo multicelular; que todos acudimos juntos a teatros, tiendas de abarrotes o lo que sea, salimos juntos y luego regresamos. La multitud fluye. Así el trabajo. A las 11:30 de la mañana, entra una fila de coches en busca de trabajadores. Yo corro hacia cada vehículo, pero el trabajo se lo quedan los más veloces. Y esto sucede una y otra vez. En cuanto recoge a un trabajador, el chofer intenta marcharse, pero todos los hombres que rodean el auto le ruegan que les dé trabajo. Los conductores ordinariamente les dicen, con cortesía, que ya no necesitan más obreros. Aunque en ocasiones también se deleitan en hacer más miserable la vida de los jornaleros.

Un botón de muestra: una camioneta se detiene a la mitad de la calle. El chofer es un latino conservador, a juzgar por el ejemplar de *National Review* en el asiento del pasajero. Nos arremolinamos en torno a la camioneta, pero el hombre ordena molesto a los trabajadores que se retiren.

—¿Hay algún Manuel por aquí? —pregunta—. Estoy buscando a un Manuel.

El inglés que habla es apenas mejor que el de los trabajadores.

—No, aquí no está. Contrátenos—, le pide un tipo al conductor.

—No; quiero a Manuel. Trabaja bien.

Un joven se abre paso entre la multitud hasta la ventanilla del pasajero y alardea de que él puede hacerlo mejor que Manuel, quien quiera que sea.

—¿Ah, sí? ¿Tú puedes hacerlo mejor? —le pregunta el conductor en español.

—Cualquier cosa —responde con confianza el chico.

—¿Sabes aplanar?

—Por supuesto.

—¿Y qué es aplanar?

El muchacho empieza a explicar:

—Es poner yeso en las paredes interiores de la casa…

Pero el chofer lo interrumpe groseramente:

—Lo siento, es enyesar el exterior de los muros de la casa

Finalmente, Manuel aparece de entre la masa de hombres, se sube a la camioneta y se marchan.

El chico sabía bien de lo que hablaba, pero el conductor sólo deseaba escuchar términos que únicamente los profesionales entrenados emplean, y la mayor parte de los jornaleros nunca ha recibido capacitación profesional. O quizá sólo deseaba encontrar placer en atormentar a alguien.

Hablo con el trabajador rechazado, muchacho de 19 años cuyo nombre nunca entendí. A estos hombres les interesa más saber de qué estado mexicano procedes, y averiguo que viene de la ciudad de Toluca, en las cercanías de la Ciudad de México. Sólo lleva aquí una semana y no tiene parientes ni amigos en el condado de Orange. La única cosa que el toluqueño ha hecho, aparte de buscar empleo, es pagar por adelantado 175 dólares al mes, a cambio del derecho a dormir en el sofá de una señora.

Aunque es un recién llegado, ya entiende las reglas de este lugar de trabajo. "O eres el primero en hablar [con los empleadores] o ya te jodiste", me dice con amargura. "Cada vez que llega un coche, la gente lo rodea, y el conductor no puede escoger a alguien por sus verdaderas habilidades o por su ética laboral. Generalmente se queda con el que llega antes. No hay orden y podemos acabar chingándonos entre nosotros porque rodeamos los coches." Y lo que es peor —afirma— es que no conoce a nadie.

Pero hay un aspecto en que ser jornalero se parece a trabajar en cualquier otra actividad: mientras más personas conozcas, mayores oportunidades tienes.

"Muchas personas que vienen a buscar trabajadores quieren a los que ya les han hecho trabajos", me cuenta el toluqueño. "Y si ese trabajador tiene un amigo, el empleador se llevará al amigo confiando en su palabra. Si no tienes amigos aquí, es casi imposible conseguir empleo."

Carezco de habilidades manuales y tampoco tengo amigos que me puedan enganchar con ellos. Eso explica por qué no consigo emplearme y también la mala suerte del chico. Él es yo, aunque sólo estoy aquí fingiendo que hago aquello de lo que él depende para sobrevivir. Su mochila, llena de herramientas impresionantes, es indicadora de que tiene habilidades verdaderas.

Al verlo cerrar la mochila y volver a la calle, me digo: si realmente estuviera en sus zapatos, probablemente no tendría hogar. Y ese pensamiento no ha abandonado mi mente.

Día 3: el reino de los blancos

Tienes que estar aquí constantemente. Voy desde las 8 de la mañana y por lo general soy el último en irme. Algunas personas se van a la hora de la comida; yo salgo a las 4 de la tarde. Tal vez no consiga trabajo hoy, pero quizá alguien que me vio parado aquí mucho tiempo, me recuerde: "Esa persona quiere trabajar y la próxima vez que la vea, la contrataré sólo porque ha estado ahí, de pie, todo este tiempo".
—Migrante anónimo, 29 años, Jalisco

"Por supuesto que ellos saben gozar de la vida", me dice con sarcasmo un hombre mayor, al ver a cuatro varones anglos, sin camisa, corriendo alrededor de la cuadra. Los jornaleros no pueden disfrutar de estos lujos de la moda, la atención de la salud y otros problemas exclusivos de la vida clasemediera. Sus vidas dependen de la espera, de mantenerse firmes —literalmente, de estar mucho más tiempo sobre sus dos pies que los otros— y de correr rápido. Según el estudio que en 1999 realizó el doctor Abel Valenzuela, del Centro de Estudios sobre Pobreza Urbana de la UCLA, cerca de 20 mil jornaleros operan en más de 90 ciudades en el área Los Ángeles y el condado de Orange. Casi todos ellos —98 por ciento— proceden de México o Centroamérica, y 95 por ciento de éstos ingresaron al país de manera ilegal; casi todos siguen sin documentos. La mitad de los trabajadores encuestados afirmaron que sus empleadores habían abusado de ellos por lo menos una vez, generalmente no pagándoles o pagándoles menos de lo convenido. Cincuenta por ciento se ha dedicado a esto durante más de 10 años; la otra mitad sólo por menos de un año, lo que sugiere que gran parte de los trabajadores son inmigrantes recientes cuyas vidas penden de un hilo, como la del toluqueño.

Estos hombres son, simple y llanamente, trabajadores. Puede que tengan vidas personales, pero su existencia gira en torno a la obtención de empleo, no importa cuánto tiempo requiera esto.

"Nunca puedes perder la esperanza", me dice un caballero, cuya elección de un sombrero de los Mighty Ducks y una camiseta de los Kings demuestra su desinterés por las rivalidades deportivas. "Una vez permanecí aquí, debajo de la sombra, ya era el único que quedaba y estaba a punto de irme cuando escuché un claxon. '¿Quiere trabajar?', me preguntó el tipo. Por supuesto que sí. Trabajé cinco horas y me dieron 60 dólares por un trabajo fácil."

Interrumpe su historia. Mientras habla, todos señalan hacia la calle. He bajado la guardia; llega una camioneta. Corro a pedir trabajo. No puedo ver al conductor, pero los hombres empiezan a gritar: "¡Es un chino!"

No se me ocurre pensar en cuál podría ser la diferencia, hasta que un tipo me dice más tarde: "Los mejores [para trabajar] son los blancos, porque todo lo que te piden es que hagas bien el trabajo para que te lo paguen. Los chinos —expresión universal en el español mexicano para designar a los asiáticos— exigen más y pagan poco".

Los prospectos de empleadores generalmente actúan con nerviosismo. Conducen con lentitud por la calle, probablemente vacilando entre si deberían apegarse a su retórica antiinmigrante o si contratan mano de obra barata. Luego de dar dos vueltas, entran al estacionamiento aún remoliendo sus hipocresías. Pero el chino exuda autoridad, como si hubiera hecho esto docenas de veces.

—Doy ocho horas y ocho dólares —dice el hombre en un inglés mocho—. Tres trabajadores. Construcción.

Un clamor surge entre los hombres.

—Diez dólares, dos trabajadores —grita uno.

—No, ocho —insiste con firmeza el asiático—. Ocho horas, lo garantizo.

Entonces elige a un hombre con cola de caballo, que inmediatamente le pide al viejo que contrate a sus dos amigos.

—¿Quiénes son tus amigos? —pregunta el viejo.

Todos gritan: "¡Yo, yo!", pero el de la cola de caballo llama a sus amigos y se meten a la camioneta. Los que se quedan se encogen de hombros disimulando su desconsuelo.

—¿Ocho dólares? Es muy poco —dice uno—. Estoy seguro de que más tarde puedo encontrar otro que pague mejor.

Aunque entre los rechazados hay desolación, los elegidos se han transformado. Es un contraste sorprendente y descorazonador. Las caras de los jornaleros afortunados están llenas de vida y siempre inician pequeñas charlas con la persona que los ha escogido. Aunque de seguro el trabajo será mortalmente pesado y sin duda recibirán una paga miserable, los que se quedan en la banqueta serían capaces de matar por cambiar lugares con ellos.

Aquí no existe la categoría de trabajador no especializado. Todos tienen alguna especializad: aplanados, construcción y su multitud de requerimientos, jardinería, etcétera. Algunos pueden hacer de todo. Pero ay del hombre que carezca de alguna habilidad. Nunca será elegido.

A mí jamás me eligen. Mientras recorro la acera para ir a comer, cerca de la 1 pm., la ironía no se aparta de mi mente: tengo formación universitaria, soy joven, estoy saludable en cuerpo y mente. Pero en este mundo, cualquiera de estos hombres tiene mucho más que ofrecer a un prospecto de empleador que yo.

Epílogo

Siempre trato de ayudar a los otros. A veces, llega a mí una persona que me ofrece un trabajo que no sé hacer. Pero quizá conozco a alguien que sí puede hacerlo. Le grito a alguno que aquí tienen un trabajo para él. Claro que aquí hay competencia para trabajar, pero prefiero asegurarme de que otros consigan el trabajo que yo no sé hacer, a que se quede vacante un puesto y que eso prive a alguien del ingreso de un día.

—El panzón, sin edad precisada, Michoacán

"Entonces, ¿quieres trabajar o no?"

Irme a comer me coloca casualmente en el lugar perfecto para alcanzar una camioneta antes que nadie. Inmediatamente le pregunto a la conductora por el tipo de trabajo que ofrece. Busca gente para que deshierbe su jardín, algo que incluso yo podría hacer.

Por fin, llega mi oportunidad para trabajar ocho horas al día por 10 dólares la hora, un ingreso regio. Repaso rápidamente las ventajas de decir que sí, pero rechazo el trabajo. Y no era la cuestión de deshierbar: toda mi vida lo he hecho y sé lo básico sobre jardinería. Pero no puedo tomar el empleo. Despojaría a estos hombres del dinero que necesitan para subsistir, especialmente con este trabajo, que tiene buena paga. Y sigo de frente mientras otros se arremolinan en torno, algunos serán los ganadores de esta cruel lotería.

Por supuesto que es un trabajo duro, pero lo padezco para enseñar a mis hijos el tipo de vida que no deben llevar. Muchos estadounidenses han estado aquí desde siempre: sus padres, abuelos, bisabuelos y demás. Están acostumbrados a una vida de lujos. Si un niñito rompe su juguete, simplemente espera hasta que sus padres vuelvan a casa para que le compren otro y tiren a la basura el roto. Por el contrario, nostros, los inmigrantes, venimos de una vida de privaciones. Apreciamos a Estados Unidos mucho más que los gabachos. Todos los que estamos aquí sólo queremos trabajar.

—Enrique, 38

Un viejo esterotipo nos dice que los mexicanos son flojos y faltos de ambición. ¿Se debe a eso que no hayas podido responder mis preguntas?

DOUCHE CHILL CHOLO

Querido Gabacho: Paciencia, gentil gabacho, paciencia. Tengo tantas preguntas en cola que hasta me recuerda a la fila de revisión en la frontera. "¡Pregúntale al Mexicano!" ha pasado a ser, de un mero pretexto para imprimir la inmortal maldición *pinche puto pendejo baboso*, a la fuente primordial de información sobre todo lo mexicano. Las preguntas me llegan diariamente vía burro o correo electrónico, o bien me las descargan de los culos de las mulas de la droga —como mis primos wabby— y siguen llegando. Si el Mexicano aún no ha respondido tu interrogante, es porque probablemente tu pregunta no es lo racista, sexista o escatológica que se requiere, o porque no incluye las suficientes referencias al bigote. Te doy mi consejo: trabaja más duro. O pide a un mexicano que haga la pregunta por ti. Lo hará mejor y más barato.

¿Tienes alguna pregunta picosa sobre los mexicanos? Pregúntale al Mexicano en: themexican@askamexican.net. Y para quienes aún tengan preguntas, recuerden incluir un seudónimo divertido, o nosotros se los inventaremos.

Agradecimientos

**Querido Mexicano: ¿por qué sus familias son tan endiablada-
mente grandes?**

FAMILIA FEUD

Queridos Lectores: Se trata de un estereotipo que no intentaré echar
por tierra. ¡Carajo! Si tengo más de 100 primos hermanos. Y ésa es
nada más la parte biológica de mi familia. Como todos los buenos
mexicanos, hay centenares de miembros en mi familia extensa, a
todos los cuales debo miles de *gracias* y tamales por haber hecho
posible este libro.

La familia teológica: vaya un grito para mis santos patronos: la Virgen de Guadalupe (santa patrona de México), el Santo Niño de Atocha (santo patrono de el estado natal de mis padres, Zacatecas), San
Bonifacio y San Judas Tadeo, santo patrono de las causas perdidas.
Gracias por atender a mis plegarias; intentaré ir a misa pronto.

La familia biológica: A mami y papi, que me enseñaron que es
posible hablar un mal inglés y aun así, ser más estadounidense que

John Wayne. A mis hermanos, Elsa, Alejandrina y Gabriel, que nunca me dejaron salirme con la mía y son el orgullo de mis padres y el mío propio. A mis abuelos —mi Pepe y Papá Je— ambos antiguos cosechadores de naranja en el condado de Orange, que me protegen desde el Cielo; ojalá que estén orgullosos de mí. A mis abuelitas, Angelita y Mamá Chela. A todos mis primos que se han hecho gente de bien y que han demostrado a esos pinches gabachos que los mexicanos no son siempre unos fracasados. A mi "media chica", que me enseñó que las segundas partes son a veces mejores que la primera. Corazoncito.

La familia laboral: El hombre que soy ahora se lo debo a Will Swaim. Este cuarto de wab no sólo me dio la idea de "¡Pregúntale al Mexicano!" también echó a andar mi carrera de periodista y sigue exigiendo lo mejor de mí, semana tras semana. Guillermo, jamás creí en los héroes de la vida real hasta que te conocí. Dios me ha llenado de bendiciones desde que hizo que nuestras vidas se cruzaran. Y siento lo mismo respecto de todos aquellos con quienes he tenido la suerte de trabajar en el *OC Weekly*; una muy abreviada lista incluye a Nick (aún tengo que vencerte en el tenis), Rebecca, Steve, Theo, Dave, Ellen, Tom, Vickie, Scott, Matt, Anthony, Stacy, Rich, Chris, Patty, Tenaya, Jenn, Ofelia y demás practicantes que han revisado y verificado los datos de mis artículos; los diversos recepcionistas: Nadia, Sarah, Erin, Leslie, Kevin, a quienes fastidié cada vez que me llegaba el bloqueo del escritor; y a todos los fanáticos que trabajan en producción, clasificados y anuncios. Oye, Estados Unidos, éste es el mejor piche periódico del país, después del *Weekly World News*. Visítanos en www.ocweekly.com.

La familia periodística de circulación nacional: Gracias a todos los rotativos que insertan "¡Pregúntale al Mexicano!" en sus ediciones por tener los cojones de publicarlo. En cuanto a mis reconocimientos, la lista incluye a *OC Weekly, LA Weekly, La Prensa San Diego, Alternate 101, Las Vegas CityLife, Salt Lake City Weekly, Phoenix New Times, Flagstaff Live!, Tucson Weekly, Seattle Weekly, Jackson Hole Weekly,*

Weekly Alibi, Houston Press, Dallas Observer, Urban Tulsa Weekly, Wichita City Paper, The Pitch, Westword, Nashville Scene, The 11th Hour y el pequeño *Coastal Beat* en Naples, Florida. Cualquier editor periodístico interesado en captar muchos lectores, puede hacerse de la columna escribiéndome a GArellano@ocweekly.com.

La familia corporativa: Sí, Virginia, soy acólito de los bárbaros de Phoenix, conocidos también con el nombre de Village Voice Media, y antes llamados New Times Corporation. Gracias, Jim Larking, por permitirme conservar las regalías de este libro. Gracias, Scott Spear, for dejarme llevar la columna al ámbito nacional. Gracias, Andy VandeVoorde, por difundir la palabra evangélica de El Mexicano en nuestras publicaciones hermanas. Y, tú, Mike Lacey, cabrón borracho irlandés, ¿cuándo nos echamos esa botella de tequila?

La familia profesional: A Rubén Martínez, Sam Quiñones, Yvette Cabrera, Lalo Alcaraz y Tony Ortega, por aceptar los correos electrónicos de un aspirante a periodista de 22 años y por asesorarlo con sus consejos; a Daniel Hernández, por escribir para el *Los Angeles Times* aquel perfil que cambiaría mi vida; a Al Rantel, Tom Leykis y Joe Escalante, por haberme brindado la oportunidad de recibir preguntas sobre los mexicanos en sus programas de radio, lo que derivó en hilarantes resultados y en índices de audiencia más altos para ustedes; a la pandilla de *Air Talk with Larry Mantle*, por permitirme quincenalmente ser el izquierdoso loco a lo largo de dos años; a Nick Goldberg y a Matt Welch por permitir que un escritor de la competencia formara parte, como editor asociado, de las páginas editoriales de opinión de *Los Angeles Times*; a Ben Quiñones, por estar siempre a tiro de llamada telefónica: *LA Weekly* no sabe de lo que perdió contigo, mano; a Kevin Roderick, por dejarme subir mi material a laobserved.com; y a Rick Reiff, el genio de la televisión.

La familia Scribner: A mi editor ranchero, Brant Rumble, a su jefa, Nan Graham, y a la jefa de todos, editora de Scribner, Susan Moldow: gracias a todos ustedes, por tener fe en mí; a mi publicista, Kate Bittman, por facilitarme la venta de mis favores a los medios

masivos nacionales, y a todos los demás lunáticos del mejor sello editorial del planeta (¡orignalmente lo publicamos como *How the Other Half Lives*, pendejos!)

La familia promocional: A David Kuhn, mi agente, por no sentirse ofendido cuando le di cinco minutos para que me dijera por qué no debía colgarle la primera vez que hablamos. A Billy Kingsland por responder pacientemente mis preguntas. A Jason Corliss, por llevarme a vender mis favores al circuito de conferencistas.

La familia de los amigos: A Art, Victor, Plácido y Danny (¿recuerdas que te prometí incluirte en mis agradecimientos por quemar mis DVD? Ahí te va); a las hermanas González, Javier y Pelos; Sali y Carla, Mateo y Adriana; el Club de Medianoche; Ben, Sarah y Mike; a todo el Centro Cultural de México y a todos los cuates de Calacas; Los Abandoned; a los doctores Apodaca y Ortiz-Franco de la Universidad Chapman; a los señores Cross y Logan, a las señoritas Spykerman y Sinatra en Anaheim High; al grupo Librería Martínez de los genios McArthur. Los quiero a todos.

La familia miscelánea: A Jim Gilchrist, quien me enseñó que uno puede pensar de manera diametralmente opuesta y aún así, ser un caballero; a los lectores de mi columna, tanto a quienes la aman como a quienes la aborrecen: sin el favor de ustedes, sólo sería otro mexicano abrumado de trabajo. A la gente que me llama vendido y/o apologista de la "reconquista": sus diatribas siempre traen risas a mi día de trabajo. A Mark Dancey, por sus fabulosos dibujos. A Robert Diefenbach, mártir del Mexicano.

Y, finalmente, un agradecimiento muy especial a mi terruño: el condado de Orange, California, el más antimexicano del país. Fue tu xenofobia hacia mis padres y mi cultura la que permitió que mi columna causara furor. Cuídense, naranjeros, lo próximo que escribiré será sobre nosotros.